FLENSBURGER HEFTE

Liebe Leben

Homosexualität und die Vielfalt der Lebensformen in Zeiten der Individualisierung

Die Autorinnen und Autoren

Dieses Buch ist innerhalb mehrerer Jahre im Arbeitskreis „Bi/Homosexualität und Anthroposophie" entstanden. Mitgewirkt haben:

Christoph Kranich
Anna Merklin
Linda Steger
Christiane Hauch
Marnix Schaubroeck
Gabriele Schneider
Elisabeth Buser
Erika Gdynia
Jan Wandtke
Michael Schlegel

Etliche weitere Autorinnen und Autoren können oder wollen aus den verschiedensten Gründen nicht namentlich genannt werden.

Anfragen und Zuschriften an die Kontaktpersonen für den Arbeitskreis „Bi/Homosexualität und Anthroposophie", *Christoph Kranich* und *Linda Steger,* werden vom Flensburger Hefte Verlag (selbstverständlich ungeöffnet) weitergeleitet.

Inhalt

Liebe Leserinnen und Leser!

Am Puls der Zeit zu sein ist uns seit mehr als zwei Jahrzehnten ein Anliegen. Immer wieder versuchen wir, für Sie die Themen zu erarbeiten, die gerade en vogue sind oder auch zu zeitlosen Dauerbrennern werden. Einen nicht unerheblichen Teil an der Auswahl unserer Themen haben Sie, liebe Leserinnen und Leser, weil Sie uns immer wieder Themenvorschläge unterbreiten. Alle Wünsche können wir natürlich nicht erfüllen, manche werden erst nach Jahren bearbeitet.

Eines der Themen, die uns am längsten bewegen – seit nunmehr zwei Jahrzehnten –, ist das des vorliegenden FLENSBURGER HEFTES. Immer wieder wurde es im Laufe der Jahre gewünscht, und immer wieder sahen wir uns außerstande, die Gleichgeschlechtlichkeit im Lichte der Anthroposophie zufriedenstellend und umfassend zu behandeln. Demgegenüber stand die Notwendigkeit, die vielfältigen, mit der gleichgeschlechtlichen Liebe zusammenhängenden Fragen und Probleme zu erarbeiten und zur Diskussion zu stellen, denn im anthroposophischen Bereich ist die Homosexualität oft immer noch ein Tabuthema oder doch zumindest ein weitgehend leeres, unbeschriebenes Blatt.

Deshalb sind wir froh, in diesem FLENSBURGER HEFT die Ergebnisse vorstellen zu können, die der Arbeitskreis „Bi/Homosexualität und Anthroposophie“ seit vielen Jahren zum Thema der gleichgeschlechtlichen Liebe und der Vielfalt der Lebensformen erarbeitet hat.

Es grüßt Sie
Ihre
FLENSBURGER HEFTE-Redaktion

Einleitung

Die Bandbreite anthroposophischer Literatur ist umfassend, zu fast allen Bereichen des Lebens ist etwas gesagt worden – allerdings nur zu *fast* allen. Homosexualität ist bis heute nur sporadisch Thema, und das in einer Zeit, in der sich immer mehr Menschen zu den unterschiedlichen Formen der Liebe bekennen. Derselbe blinde Fleck findet sich auch in der Entwicklung der „real existierenden Anthroposophie", also in der anthroposophischen Bewegung: Die geistigen Impulse aus der Anthroposophie greifen in alle Lebensbereiche ein, sie befruchten Kunst, Pädagogik, Landwirtschaft, Medizin ... In der Gestaltung des individuellen Lebens jedoch finden sich nur allzu häufig noch alte, überkommene Formen, vor allem die traditionell gelebte Ehe.

Angesichts dieser erstaunlichen Einseitigkeit hat sich eine Gruppe von Menschen auf den Weg gemacht, moderne Gedanken der Anthroposophie aufzugreifen, um Erkenntnisstreben und Lebensrealität in ein neues Verhältnis zu bringen.

In diesem Buch wird ein weiter Bogen geschlagen: von der Klärung methodischer Voraussetzungen bis hin zur höchsten Dimension der Liebe, der spirituellen. Dazwischen wird die Vielfalt des realen Lebens entfaltet: die vier Dimensionen der Liebe, die wichtigsten Richtungen der Liebe, die Frage nach Mann und Frau als Geschlechtern der Liebe, die sozialen Formen der Liebe – und schließlich zum Schluß ein Kapitel mit Materialien zu einer Pädagogik der Liebe. Viele Interviews und biographische Berichte, aber auch einige Auszüge aus der Schönen Literatur ergänzen die theoretische Auseinandersetzung.

Während bis heute viel zu oft nur die Risiken und Nebenwirkungen „abweichender" Lebens- und Liebensformen beschworen wurden, suchen wir vor allem die *Chancen* und möglichen *Aufgaben,* die mit der Vielfalt des Lebens und Liebens einhergehen.

Mit diesem Buch wagen wir ein Experiment: als Gruppe ein Buch zu schreiben. Seit 16 Jahren entwickelt ein Arbeitskreis – zuerst mit dem Namen *Homosexualität und Anthroposophie,* seit 1991 als Arbeitskreis

Bi/Homosexualität und Anthroposophie – Grundgedanken für ein neues Verständnis der Vielfalt von Lebensformen. Er bildet ein Forum für die Diskussion aller Themen um Liebe und Sexualität und ihrer sozialen Ausdrucksformen – immer verbunden mit eigenen Erlebnissen im Zusammenhang mit einer gleichgeschlechtlichen Lebens- und Liebensweise.

Nicht alle Themen dieses Buches sind die Themen aller am Entstehungsprozeß Beteiligten; an jedem Kapitel haben andere mitgedacht und mitgeschrieben. Natürlich sind wir einzelne Menschen, aber die Gedanken, die diesem Buch zugrunde liegen, sind bei mehr als 50 Wochenendtreffen von insgesamt etwa 250 Menschen entwickelt, diskutiert und bewegt worden.

Beide Arbeitskreise wurden ins Leben gerufen von und für Menschen, die zwei Dinge zusammenbringen wollten: Denen erstens die Auseinandersetzung mit den Gedanken der Anthroposophie ein wichtiges Anliegen ist, und die zweitens auf die eine oder andere Weise mit dem Thema Homosexualität konfrontiert sind – in der Regel als eigene Orientierung oder Lebensform.

Bei allen Interviews und biographischen Berichten wurden die Namen der Autorinnen und Autoren oder Interviewten geändert. Einerseits zum Schutz ihrer persönlichen Sphäre, in die sie uns Einblicke gewähren; andererseits aber auch oft zum Schutz vor Repressalien, die auch heute noch befürchten muß, wer sich zu individuell gestalteten Lebensweisen bekennt, erst recht, wenn dabei auch die eigene Sexualität erwähnt wird.

Noch eine Bemerkung zur sprachlichen Behandlung von Frauen und Männern. Oft konnten wir uns kaum entscheiden: Sollen wir, wenn wir Frauen und Männer meinen, z.B. von „FreundInnen" sprechen, oder von „Freundinnen und Freunden", oder einfach nur von „Freunden" und voraussetzen, daß Frauen, wie traditionell üblich, einfach mitgemeint sind? Dürfen wir bei einem Buch, das den Geschlechtergegensatz so ausdrücklich zum Thema macht, diesbezüglich auf einen sorgfältigen Sprachgebrauch verzichten? – Fast überall haben wir Formen gefunden, die beide Geschlechter berücksichtigen. In einigen wenigen Fällen entschieden wir uns für die einfacher lesbare und sprachästhetisch gefälligere männliche Variante – und bitten alle Leserinnen, selbst das eigene Geschlecht mitzulesen. Nicht zuletzt wollen wir den dualistischen Geschlechtergegensatz eher mildern als verfestigen, wie aus dem Inhalt dieses Buches hervorgehen wird.

Vom Tabu zum Thema

Gibt es noch Tabus, Tabuthemen? Wer diese Frage in seinem Umkreis prüft, wird zu eigenen, vielleicht erstaunlichen Ergebnissen kommen. Gerade die Sexualität, die heute scheinbar so offenliegt, ist doch in vielen Facetten noch tabu.[1]

Für Tabuthemen ist charakteristisch, daß sie sehr schnell eine emotionale Reaktion erzeugen, während die gedankliche Auseinandersetzung sehr viel später einsetzt – oder gar nicht. Gerade dies ist aber nötig: sich mit ruhigem Denken einer Sache widmen, um ein Tabu zum Thema zu machen – und damit auch zum Gegenstand der Forschung.

Am Beispiel Homosexualität wollen wir Wege für einen bewußten Umgang mit Tabus aufzeigen – denn für dieses Thema sind wir, die Autorinnen und Autoren dieses Buches, aus eigener Erfahrung kompetent. Und zugleich wollen wir den methodischen Ansatz dieses Buches deutlich machen.[2]

Beispiel Homosexualität

Wer sich mit dem Thema Homosexualität auseinandersetzt, interessiert sich oft wenig dafür, was dieses Phänomen ist und wie er oder sie Verständnis dafür entwickeln könnte. Viele fragen nur nach den Ursachen: Ist die Bevorzugung des gleichen Geschlechts genetisch veranlagt? Oder ist sie durch frühe Familienverhältnisse geprägt oder durch andere spannungsreiche Erlebnisse? Oder wurde sie durch Verführung in der Jugendzeit erworben?

---

1 „*tabu,* n, rituelles oder gesellschaftliches Verbot (< 19. Jh.). Entlehnt aus frz. *tabou,* m, und ne. *taboo,* diese aus polynes. *tapu.* Zunächst Bezeichnung für geweihte, unberührbare Dinge, die dem weltlichen Zugriff entzogen waren." Aus: Kluge, Friedrich: Etymologisches Wörterbuch der deutschen Sprache. Berlin/New York 1999.

2 Den Begriff Homosexualität in seinem Verhältnis zur Sexualität und zu den anderen Dimensionen der Liebe werden wir später betrachten (siehe Kapitel: Dimensionen der Liebe, und: Richtungen der Liebe).

Wer so fragt, geht von der Annahme aus, Homosexualität sei krankhaft oder zumindest „unnormal“: Die Frage nach ihrer Ursache wird wahrscheinlich von der bewußten oder unbewußten Hoffnung gespeist, sie bei Kenntnis der Entstehungsbedingungen verhindern oder heilen zu können. Im Zeitalter der Naturwissenschaft und Technik ist diese Art zu fragen üblich. Das instrumentelle Denken verzichtet darauf, etwas in seinem Wesen und seiner spezifischen Gestalt erkennen zu wollen, sondern beschränkt sich darauf, seinen Gegenstand beherrschbar zu machen.

Unbefangenes Denken stellt andere Fragen: *Was ist* Homosexualität? Wie zeigt sie sich dem erkenntnissuchenden Blick? Nur bei solcher Art zu fragen öffnen sich Aussichten auf *Chancen* und *Aufgaben,* die mit dieser – wie jeder – Eigenheit verbunden sein können. Erst dann kann die eigentliche Erkenntnisarbeit beginnen. Dabei ist erstens, wie für jede wissenschaftliche Arbeit, methodische Genauigkeit erforderlich, und zweitens stellt sich die Frage: Wie muß anthroposophisch orientierte Forschung bei einem solchen Phänomen vorgehen, um eine sachgemäße Beurteilung zu ermöglichen? Wir wollen hier die ersten Schritte dieses Weges aufzeigen.

Methodische Grundlagen

Die wissenschaftliche Behandlung eines Themas stellt – wie eigentlich auch jede Betrachtung im Alltag – zwei Grundforderungen:

- Als Forscherin oder Forscher muß ich mich meinem Thema *vorurteilsfrei* nähern. Ich muß vermeiden, eigene Meinungen und moralische Wertungen, ohne es zu merken, schon in die Wahrnehmungen einzumischen. Dies fällt besonders schwer beim Thema Homosexualität, das durch jahrtausendealte Tabuisierung und Verdammung belastet ist und bei vielen Menschen sehr starke emotionale Widerstände auslöst. Unser Blick ist grundsätzlich geprägt durch den Kulturkreis, in dem wir aufgewachsen sind und ausgebildet wurden, und durch seine Geschichte. Dadurch festigen sich oft tief verborgene Vorurteile. Diese Einschränkungen muß ich ständig berücksichtigen und als Teil des Forschungsprozesses erkennen und akzeptieren.

- Meine Urteile und Erkenntnisse müssen auf *eigener Wahrnehmung* beruhen. Ich muß mir selbst eine Anschauung von dem Gegenstand machen, über den ich urteile. Das ist bei Themen wie Homosexualität gar nicht selbstverständlich. Ob ich andere befrage oder ob ich meine eigenen Anteile gleichgeschlechtlicher Orientierung betrachte: Stets muß ich entscheiden, ob ich meine Wahrnehmungen schon verallgemeinern darf – oder ob ich noch einen viel zu kleinen oder einseitig geprägten Ausschnitt aus der Gesamtheit meines Forschungsfeldes erfaßt habe.

Über diese allgemeinen Forderungen an wissenschaftliche Betrachtung hinaus gelten für anthroposophisch-geisteswissenschaftliche Erkenntnisbildung zwei weitere Maximen:

- Die erste: Der Mensch ist nicht nur Gattungswesen, sondern vor allem *Individualität.* Merkmale, die er mit anderen gemein hat, können ihn nie hinreichend als einzelnen beschreiben:

> „Es ist unmöglich, einen Menschen ganz zu verstehen, wenn man seiner Beurteilung einen Gattungsbegriff zugrunde legt. Am hartnäckigsten im Beurteilen nach der Gattung ist man da, wo es sich um das Geschlecht des Menschen handelt."[3]

- Die zweite notwendige Hypothese: Leibliches ist Ausdruck von Seelischem, und dieses wiederum Verwirklichungsform von Geistigem. Ich muß den Blickwinkel über die physisch-materielle Ebene hinaus vor allem dorthin richten, von wo aus sich das Geistwesen Mensch für eine bestimmte Gestaltung seiner seelischen und leiblichen Instrumente entscheidet.

Das ist eine sehr hohe Anforderung, die in der Regel nur hypothetisch gelingt. Ein solcher hypothetischer Blickwinkel ist allerdings wesentlich: Er liegt jeder goetheanistisch-anthroposophischen Forschung zugrunde und hat enorme praktische Auswirkungen. So ist es ein Kerngedanke der anthroposophischen Menschenkunde und Pädagogik, daß das Geistwesen Mensch sich vor der Geburt die Bedingungen für seine Verkörperung sucht – dabei manchmal auch stark eingeschränkte –, durch die es bestimmte Erfahrungen machen kann, die ihm nur so möglich sind. Wer z.B. als Pädagoge in die Zusammenhänge keine eigenen, hellsichtigen Einblikke hat, geht dennoch ständig hypothetisch von dieser Prämisse aus und versucht, dem zu erziehenden Menschen gerade dadurch hilfreich zur Seite zu stehen.

Auf unser Thema bezogen erfordert ein solcher hypothetischer Blick – wir nennen ihn hier den „Blick von oben" –, daß wir mit dem Begriff

---

3 Steiner: GA 4, Kapitel XIV: Individualität und Gattung.

Homosexualität nicht nur die rein körperliche Ebene des Zusammenseins bezeichnen, sondern die Ganzheit gleichgeschlechtlicher Menschenbegegnung ins Auge fassen.[4] Denn wenn Körperliches Ausdruck und Instrument von Seelisch-Geistigem ist, gibt es kein „Nur-Körperliches". Um Mißverständnissen vorzubeugen, kann noch besser von gleichgeschlechtlicher Orientierung oder gleichgeschlechtlicher Liebe und von gleichgeschlechtlichen Lebensformen gesprochen werden.

Schwierigkeiten und Hindernisse

Warum ist es gerade beim Thema Homosexualität so schwer, schon die einfachsten Anforderungen an wissenschaftliches Vorgehen zu erfüllen – ganz zu schweigen von der dritten Maxime, dem Individualprinzip, und der vierten, dem „Blick von oben"?

- Die eigenen Wahrnehmungen sind dadurch erschwert, daß ich meinen Mitmenschen die geschlechtliche Orientierung – anders als die Hautfarbe oder eine Körperbehinderung – in der Regel nicht ansehen kann.

- Viele müssen – und können – ihre Homosexualität aktiv verstecken, um nicht diskriminiert und aus mitmenschlichen Zusammenhängen ausgegrenzt zu werden. Dadurch wird es für die anderen schwieriger, sich ein zutreffendes und anschauliches Bild davon zu machen, welche Bedeutung die gleichgeschlechtliche Neigung in ihrem Leben hat und wie sie mit ihr leben.

- Unsichtbarkeit und Verstecken nähren die Vorurteile über das angeblich typische Leben und Verhalten homosexueller Menschen: Es fallen nur die auf, die sich nicht verstecken, die oft tatsächlich durch Aussehen, Kleidung und Verhalten in die weitverbreiteten Klischeevorstellungen passen – z.B. weil sie sich gegen dieses Verstecken-Müssen und gegen den sozialen Anpassungsdruck an die heterosexuellen Lebensnormen wehren.

- Ein anderer Weg, auf dem sich Vorurteile verstärken, führt über Ärzte und Therapeuten: Das Vorurteil, Homosexualität sei eine Krankheit, wird

[4] In diesem Dilemma hat ein evangelischer Geistlicher vorgeschlagen, statt Homosexualität für die Ganzheit gleichgeschlechtlicher Menschenbegegnung das neue Kunstwort *Homotropie* zu verwenden, die „Geneigtheit" zum gleichen Geschlecht. Diese umfaßt bei ihm die drei Ebenen Homophilie als Liebe im Geistigen, Homoerotik als seelische Anziehung und Homosexualität als körperliche Ebene. (Siehe Looser.)

immer wieder scheinbar bestätigt, weil tatsächlich mancher hofft, er könne von der Homosexualität geheilt werden. Nur wer die Einschränkungen, Behinderungen und Diskriminierungen kennt, denen homosexuell lebende und liebende Menschen ausgesetzt sind, kann in Betracht ziehen, daß nicht die Homosexualität, sondern das Leiden unter diesen Bedingungen die eigentliche Krankheit ist.

■ Schließlich sind es die gleichen Vorurteile, die unsere letzte Forderung, den „Blick von oben", so schwierig machen. Ein Grundprinzip der anthroposophischen Pädagogik ist, sich moralisch-wertender Beurteilung zu enthalten und jeden Menschen, auch den schwächsten Schüler und die schwierigste Kollegin, als vollkommenes Geistwesen vorauszusetzen. Bei bestimmten Eigenarten, etwa bei der Homosexualität, gelingt dies aber vielen sehr viel schwerer. Woran liegt das? Vielleicht daran, daß sich viele Homosexuelle selbstbewußt zu ihrer Lebensweise bekennen und jeder „heilenden" Behandlung trotzen? Oder könnte es sein, daß gleichgeschlechtlich lebende und liebende Menschen die anderen an eine zurückgedrängte, unausgelebte und unbequem ins Bewußtsein drängende Möglichkeit erinnern, die in uns allen schlummert?

■ Ein weiterer Grund für die Schwierigkeiten vieler anthroposophisch orientierter Menschen mit dem Thema Homosexualität könnte auch sein, daß keine Aussage Rudolf Steiners über dieses Thema veröffentlicht ist.

Konsequenzen

Bevor wir über Homosexualität, gleichgeschlechtliche Orientierung oder Liebe Erkenntnisse gewinnen und weitergeben, müssen wir also eine vorurteilsfrei und an echten Wahrnehmungen gebildete Beobachtung üben. Aussagen nach dem Muster, „Ich habe jedes Jahr mehr Homophile in meiner Praxis erlebt, also hat die Homophilie zugenommen", sind weder korrekt noch hilfreich.[5] Denn solche Autoren verwechseln ihre eingeschränkte Wahrnehmung mit dem Ganzen. Ebensowenig tragen pauschale

5 „Wenn ich selbst [...] auf einen Erinnerungsraum von 65 Jahren zurückschauen kann, kann ich mit Sicherheit mitteilen, daß Homophilie am Anfang dieses Jahrhunderts eine relative Seltenheit war", schreibt der anthroposophische Arzt L.F.C. Mees in *Die Kommenden* (20/1983), und in einem Leserbrief an *Info3* (6/1987): „Ich weiß jetzt noch, daß es in meinem Dorfe (20.000 Einwohner) 2 Fälle gab."

Aussagen zu einer sachgemäßen Erkenntnis bei, etwa solche, die im Zusammenhang mit Aids gemacht wurden: daß in homosexuellen Kreisen häufiger Partnerwechsel so sehr viel üblicher sei als in den Kreisen der Heterosexuellen.[6] Hier liegt derselbe Zirkelschluß vor wie bei der oben angeführten These von der „Krankheit Homosexualität": Wenn ich dorthin gehe, wo ich Homosexuelle finde, die ihre Sexualpartner häufig wechseln, und sie befrage oder beobachte, komme ich natürlich zu der Aussage, daß diese Homosexuellen promisk leben, d.h. ihre Sexualpartner häufig wechseln. Aber selbstverständlich kann dieser Schluß keineswegs auch für die vielen anderen gültig sein, die in festen Partnerschaften leben, die ich gar nicht kenne und daher auch nicht befragen konnte.[7]

Forschungsfelder, deren Teil wir selbst sind, stellen ganz besondere Anforderungen. Auch wenn wir etwas betrachten, das wir nicht selbst mitgestaltet haben, mischt sich doch unsere prinzipielle Fähigkeit zu solcher Gestaltung ein und kann die Wahrnehmung verfälschen. So kann z.B. die Feindlichkeit gegenüber der Homosexualität (Homophobie) als verdrängter eigener homophiler Anteil gedeutet werden.[8]

Der „Blick von oben" enthält das Anerkennen der Gesetzmäßigkeit wiederholter Erdenleben (Reinkarnation). So wie in der Pädagogik das Einbeziehen dieser Dimension – auch als Hypothese, als Möglichkeit – der Bemühung der Lehrerin um jeden noch so schwachen Schüler einen tieferen Sinn gibt, führt auch bei anderen Themen schon die Berücksichtigung der bloßen Möglichkeit der Reinkarnation zu erstaunlichen neuen Fragestellungen. Für die gleichgeschlechtliche Liebe wäre etwa zu fragen: Was hat sich ein Mensch vorgenommen, der bis in den erotisch-sexuellen Bereich hinein Menschen des gleichen Geschlechts sucht?

---

6 Z.B. „der häufige Partnerwechsel der männlichen Homosexuellen" (Bavastro, S. 13); oder wenn es heißt, „eine dauerhafte Lebensbeziehung" sei bei Homosexuellen „sehr selten und unüblich" (Michael Debus: Die gefährdete Individualität – Zum geistigen Hintergrund von Aids, in: Debus/McKeen/Schad/Treichler, S. 145).

7 Vgl. McWhirter/Mattison.

8 „Homophobie stellt sich zumeist als mit religiösen, moralischen oder wissenschaftlichen Argumenten begründete Ablehnung, Abwertung u.ä. der Homosexualität dar und beruht wohl darauf, daß jedermann, auch der Normalste, der homosexuellen Objektwahl fähig ist, sie irgendeinmal im Leben vollzogen hat und sie in seinem Unbewußten entweder noch festhält oder sich durch energische Gegeneinstellungen gegen sie versichert. (Freud 1910/1919)". (Dunde, S. 364)

Dimensionen der Liebe

Vieles deutet darauf hin, daß die *Liebe* als universale Kraft alles in der Welt durchzieht. Sie öffnet, wärmt, interessiert und verbindet nicht nur Menschen, sondern auch andere Wesen und kann sogar scheinbar leblose Dinge umfassen. Sie wird uns zunächst mitgegeben: Als Mutter- oder Elternliebe erleben zumindest die glücklicheren von uns das voraussetzungslose Angenommensein durch einen anderen Menschen. Später müssen wir allerdings oft schmerzlich lernen, daß Liebe nicht nur eine allgemeine Kraft und ein unerschöpfliches Reservoir ist, sondern auch eine Fähigkeit, ja vielleicht sogar eine Kunst.[9]

Das Thema birgt Gefahren: Mit der Verklärung der Liebe zum fernen Ideal ist eine Abwertung der *Sexualität* verbunden, die dann als Abgrund dargestellt wird. Gegenüber der Reinheit und Geistigkeit der verklärten Liebe erscheint sie als niedrig und schmutzig; ihre dumpfen Triebe und Empfindungen drohen den Zielen der allgemeinen Menschenliebe gefährlich zu werden. Zwischen beiden erscheint dann die *Erotik* als Vermittlerin und Versuchermacht, die zu den „gefährlichen" Bereichen die Tore öffnet.

Um solcher Aufspaltung in Gut und Böse zu entgehen, versuchen wir, möglichst neutral auf das Ganze zu schauen. Sexualität ist weder Verbrechen noch Krankheit. Auch heute noch sind aber Sexualwissenschaftler in der Regel Mediziner, Psychiater, Psychologen, Therapeuten oder Kriminologen, und die Menschen, an denen sie ihre Erkenntnisse gewinnen, kommen zu ihnen, weil sie Probleme haben oder mit einem Gesetz in Konflikt gerieten. Was eine so einseitig blickende Wissenschaft feststellt, mag im Einzelfall stimmen, ist aber nicht charakteristisch für die Sexualität als solche. Eine größere Vielfalt bieten da die Sozial- und Kulturwissenschaften, auf die wir uns in diesem Buch überwiegend beziehen.[10]

---

9 Vgl. Fromm: Die Kunst des Liebens.

10 Zwei wichtige Bücher zum Gesamtbereich der Liebe seien hier vorweg genannt (Hinweise auf weitere Werke sind in Fußnoten und im Literaturverzeichnis zu finden): Erstens das *Handbuch Sexualität,* herausgegeben von *Siegfried Rudolf Dunde.* Sehr ausführlich gibt es den neuesten Stand der (nicht primär medizinisch-pathologisch, sondern sozial-

Die vier Dimensionen der Liebe

Auf den ersten Blick fällt auf, daß die drei Dimensionen Sex, Erotik und Liebe zu den drei Bereichen des Leiblichen, Seelischen und Geistigen gehören:

- Der Leib nimmt Teil an den stofflichen Vorgängen der Natur, die uns umgibt und ohne deren Pflege ein Leben auf dieser Welt bald unmöglich zu werden droht. Zu ihr gehören die materiell-stofflich-mineralische Welt, das Lebendige mit seinen vegetativen Trieben sowie die Tierwelt mit ihren elementar-seelischen Begierden.

- Der Geist kann, sozusagen von der anderen Seite her, als Einstrahlung einer eigenständigen geistigen Welt verstanden werden, deren Existenz uns zumeist nach der Geburt kaum noch bewußt ist.

- Vor allem auf der mittleren, seelischen Ebene erleben wir uns unter Menschen, im Hier-und-Jetzt. Die Seele schwingt ständig zwischen Menschen oder zwischen Menschen und anderen Wesen und Dingen.

Auf dieser seelischen, gegenwärtig-menschlichen Ebene hat die Liebe genau genommen zwei Seiten: die mehr beim einzelnen selbst konzentrierte, sinnlich-ästhetische, und die menschenverbindende, soziale. So ergeben sich vier Dimensionen der Liebe, die auch in älteren Wortprägungen gegenwärtig sind:

- die körperliche Liebe – Sexus, Sexualität,
- die seelisch-sinnliche Liebe – Eros, Erotik,
- die seelisch-kommunikative Liebe – Philia oder Freundesliebe
- und die spirituelle Liebe – Agape.[11]

Liebe strebt nach Einheit. In jeder Dimension drückt sich dieses Streben anders aus:

---

und kulturwissenschaftlich blickenden) Sexual-, Liebes- und Beziehungswissenschaft wieder. Zweitens, mehr locker-philosophisch-literarisch: *Die Liebe buchstabieren* von *Johannes Heinrichs*. Wie nur wenige akzeptiert der Autor alle Erscheinungsformen der Liebe, auch die körperliche, als wertvolle Aspekte eines Ganzen und behält dabei immer eine geistige Dimension im Blick, die bei jeder Liebe eigentlich gemeint sein könnte, sich aber – in Freiheit – nicht immer verwirklichen muß.

[11] Diese Einteilung sowie die folgenden Erklärungen fußen auf Gedanken von Johannes Heinrichs, wurden jedoch – unabhängig und ganz ähnlich – auch vom Arbeitskreis „Bi/Homosexualität und Anthroposophie" entwickelt.

- Die körperliche Liebe sucht die Einheit immer wieder im Verschmelzen der Körper, ohne mehr zu wollen oder zu brauchen.
- Die erotische Liebe vereint in der Vorstellung, in der Spiegelung, im Bild und im ästhetischen Gefallen an der Schönheit des anderen Menschen, aber ohne dem anderen in der Kommunikation zu begegnen.
- Die kommunikative Liebe schafft die Brücke zwischen den Menschen, sie ist soziale Liebe mit der Möglichkeit zu Beziehung, Wachstum, gemeinsamer Entwicklung.
- Und die spirituelle Liebe schließlich will eine Einheit mit und aus Höherem, aus Göttlichem, sie will über den Menschen hinausweisen. Heinrichs, an dessen Systematik wir uns in dieser Darstellung der Dimensionen der Liebe angelehnt haben, spricht verklausuliert von „vorausgesetzter übergegenseitiger, transpersonaler Sinneinheit ..."[12] Das könnte durch anthroposophische Begriffe ergänzt werden: Vorgeburtliche Entschlüsse, Erlebnisse aus vorangegangenen Erdenleben, also Karma gehört hierher, sowie eine geistige Welt, in der unser individueller Geist wurzelt.[13]

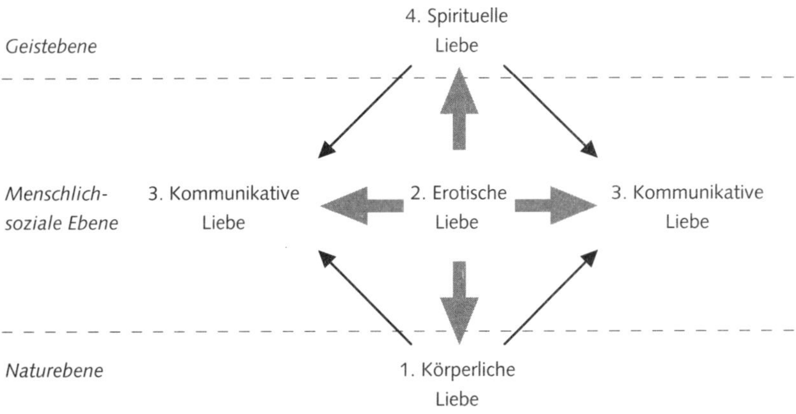

Abb. 1

Als Ideal gilt gemeinhin, in einer Liebesbeziehung Anteile von allen genannten Elementen zu verwirklichen. Eine andere Möglichkeit ist, durch

---

12 Heinrichs, in Dunde, S. 139

13 Vgl. Kapitel: Die spirituelle Liebe.

die Konzentration auf eine oder wenige Dimensionen der Liebe größere Entwicklungschancen zu suchen:

- Im Verzicht auf körperliche Liebe kann eine besondere Herausforderung liegen, die oft als günstig für geistige Übungen erachtet wird, etwa im Zölibat der Priester, in Klöstern und für geistige Schulungswege.

- Die betonte Pflege der erotisch-spiegelnden Liebesform scheint besonders geeignet für künstlerische Wege.

- Die kommunikative Liebe kann relativ problemlos isoliert gelebt werden und findet in Freundschaft und platonischer Liebe ihre Erfüllung. Sehr oft spielt Erotik mit und verschafft den Freundschaften eine gewisse Würze, zuweilen aber auch massive Schwierigkeiten.

- Einzig die Konzentration auf die körperliche Liebe unter Vernachlässigung der anderen Formen wird gesellschaftlich nicht sehr geachtet. Eine Abspaltung der sexuellen Lust wird zwar bei Männern großzügig toleriert, etwa im Zusammenhang mit Prostitution. Durch Gefahren wie Aids verstärkt sich allerdings die Tendenz, solche Abspaltungen kritisch zu betrachten. Allenfalls wenn sich die körperliche Liebe als Eingangstor zu „höheren Stufen" der Liebe darstellt, konnte bisher noch mit Milde des bürgerlichen Urteils gerechnet werden. Sowohl die Kirchen als auch weite Kreise der Gesellschaft betrachten die personale oder kommunikative Liebe als die Legitimation der Sexualität.

Die menschliche Sexualität zwischen Natur und Geist

Was in Abbildung 1 als die vier Dimensionen der Liebe vorgestellt wurde, in deren Zentrum die erotische Liebe steht, kann von jeder Ebene aus angeschaut werden. Nehmen wir als Beispiel die Sexualität. Sie wird oft so dargestellt, als sei sie vor allem mit der Naturseite des Menschen verbunden, also dem, was wir mit den Pflanzen und Tieren gemeinsam haben. Unter diesem Gesichtspunkt beschreibt sie z.B. auch der Biologe Andreas Suchantke in seinem Beitrag zum ersten und bisher einzigen sexualpädagogischen Buch aus dem anthroposophischen Umkreis:[14] Auch Pflanzen ha-

[14] Vgl. Suchantke, Andreas: Sexualität – Individualität – Bewußtsein. In: Suchantke/Leber/Schad, S. 9–54.

Kunstwerk zum Thema *Vielfalt der Liebe* in Brighton (GB)
Foto: Jürgen Schumacher, René Völzke

ben einen Fortpflanzungstrieb, auch Tiere zeigen in ihrem Paarungsverhalten ausgeprägte seelische Begierden. Im Gegensatz zum Menschen fragen Pflanzen und Tiere sich aber nicht, wie sie ihre Triebe und Begierden ausleben können oder sollen, sie werden durch Instinkte und Umwelteinflüsse eindeutig geleitet.

Wir Menschen sind dagegen von zwei Seiten beeinflußbar: von innen durch die Macht der Triebe, Begierden, Empfindungen und Gefühle, von außen durch die Kräfte der Gesellschaft wie Kirche, Politik, Werbung, Erziehung, Familie ... Dazwischen stehen wir als Ich-Wesen und müssen immer wieder entscheiden, welchen Weg wir gehen: ob wir uns treiben und fremdbestimmen lassen oder ob wir in Freiheit eigene Wege finden. Sexualität wird, aus dieser Perspektive gesehen, zu einer Anforderung an unsere menschliche Gestaltungskraft gegenüber Gefühlen, Trieben und Begierden.

Mit diesem Hinweis auf die menschliche Freiheit wird ein weiterer Bereich ins Spiel gebracht: Auf dem Boden anthroposophischen Denkens muß, wenigstens als Hypothese, von der Reinkarnation ausgegangen werden, der Wiederverkörperung des Geistes. Alan Howard nennt die Wiederverkörperung „die ‚Technik', mit deren Hilfe sich der Mensch geistig weiterentwickelt".[15] Die Vorstellung von der Reinkarnation geht davon aus, daß wir uns als Seelen- und Geistwesen durch viele Verkörperungen hindurch einen immer vollständigeren Schatz an Erfahrungen und Erlebnissen auf der Erde aneignen. Außerdem wird angenommen, daß dazu auch wiederholte Begegnungen zwischen denselben Menschen, zwischen denselben Seelen- und Geistwesen gehören. Sexualität ist eine intensive und sehr intime Form der Begegnung, das wird durch die Möglichkeit der biologischen Befruchtung nur noch bekräftigt. Es liegt also nahe, in der Sexualität ein Mittel zu tiefen, biographisch bedeutsamen Begegnungen zu vermuten.

Damit sind zwei polare Dimensionen angedeutet, die zusammen eine dritte bilden: Eingespannt zwischen Natur und Geist will die menschliche Sexualität von uns als soziales Geschehen gelebt werden. Sie steht wie in der Mitte eines Kreuzes: Einerseits pendelt sie „vertikal" zwischen Trieben und Begierden und dem, was sich das Geistwesen Mensch für dieses Erdenleben vorgenommen hat; andererseits schwingt sie „horizontal" in vielfältigen Begegnungen zwischen zahlreichen Menschen und hat als Erotik

---

15 Vgl. Howard, S. 19.

an jeder Begegnung einen kleineren oder größeren Anteil, auch wenn wir uns dessen oft nicht bewußt werden.

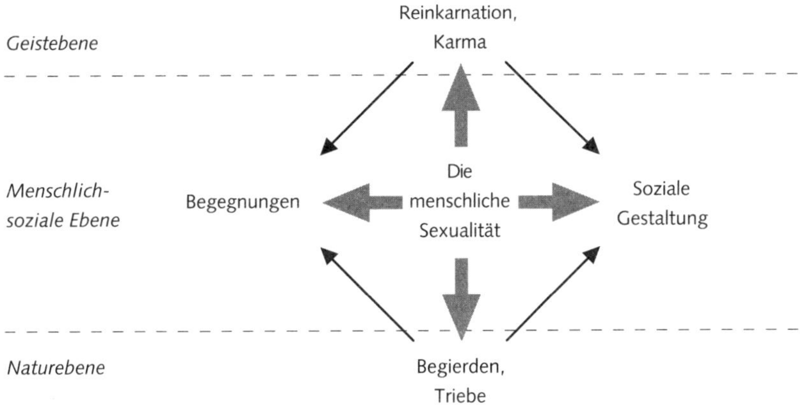

Abb. 2

Die Gestaltung der Sexualität ist also nicht nur eine individuelle Aufgabe, etwa im Sinne der persönlichen Läuterung und eigenen geistigen Weiterentwicklung. Sie mündet ebenso in eine Art sozialen Schulungsweg, in dessen Verlauf wir unser Zusammenleben mit Menschen, denen wir im Leben begegnen, auf der sozialen Ebene gestalten und verwandeln können durch die Integration der Natur- und der Geistebene.

★

Eine Erkenntnis der dargestellten Zusammenhänge ist auf den drei Ebenen unterschiedlich schwierig.

■ Die Naturseite der Sexualität wird von Biologen seit über 100 Jahren detailliert beschrieben, und auch von anthroposophischer Seite liegen Versuche vor, sie in den Zusammenhang der menschlichen Freiheit zu stellen. Die Schwierigkeit ist dabei, daß nur die Erscheinungen studiert werden können, während sich die wirksamen Kräfte und Motive meist völlig der Betrachtung entziehen.

■ Auf der Suche nach den Motiven und Gedanken, die die Götter bei der Gestaltung der sichtbaren Welt geleitet haben mögen, können wir die Geistseite, solange wir nicht zu eigener Erkenntnis dieser Dimensionen fähig sind, nur als Hypothese oder Ahnung formulieren.

■ Aber der Bereich dazwischen, die Ebene der sozialen Gestaltung und des menschlichen Miteinander, ist uns direkt zugänglich: nicht nur als vorgegebene Formen, sondern auch mit ihrer Dynamik und ihren Hintergründen, mit unseren eigenen Motiven. Hier sind wir selbst beteiligt und können auch mit unserem Alltagsbewußtsein, ohne Hellsichtigkeit und fortgeschrittene übersinnliche Schulung, erfahren und urteilen. Dieser Bereich ist uns als Erdenmenschen unmittelbar zugänglich.

Gleichzeitig sind wir allerdings der Gefahr ausgesetzt, „betriebsblind" zu werden, weil wir nicht nur distanziert beobachten, sondern soziale und schicksalhafte Zusammenhänge mitgestalten und erschaffen. Um dieser Gefahr zu entgehen, ist es wichtig, sorgfältig und genau zu forschen und den Mut zu haben, auch uns selbst unter die Lupe zu nehmen.

Vor dem Hintergrund solcher Überlegungen entstehen auch weitergehende Fragen:

■ Worin liegt die besondere karmische Bedeutung einer Begegnung, die die körperliche Liebe einschließt, gegenüber einer solchen, die sich „nur" im Geistig-Seelischen oder Sozialen auslebt, etwa in Arbeitszusammenhängen, als seelisch-soziale Freundschaft oder Kameradschaft?

■ Und worin liegt die karmische Bedeutung einer Begegnung, die mit dem körperlichen, sexuellen Kontakt beginnt – oder sich auf dieser Ebene erschöpft und die anderen Dimensionen nicht zu berühren scheint?

Richtungen der Liebe

Auch wenn Lieben eine Fähigkeit, ja, eine Kunst ist und nicht unbedingt immer einen bestimmten Gegenstand haben muß,[16] wird von Liebe in der Regel nur dann gesprochen, wenn sie sich auf andere Menschen richtet. Sie kann sich aber auch auf Objekte richten. Sie können als Symbol für ein – eventuell unerreichbares – Wesen geliebt werden, aber auch um ihrer selbst willen, z.B. in der Liebe zur Natur, zu Blumen, zu Bergen, zu Tieren ...

Die Menschenliebe ist so etwas wie die konkretere Form einer allgemeinen Weltliebe. Sie richtet sich aber auch auf die liebende Person selbst: Die Selbstliebe im Sinne von Selbstachtung und Selbstwertschätzung wird vor allem von psychologischer Seite als unabdingbare Voraussetzung für die Liebesfähigkeit gegenüber anderen Menschen bezeichnet – nicht als Selbstverliebtheit, egoistische Selbstüberschätzung oder Autoerotik, sondern im Sinne einer stabilen, selbstbewußten eigenen Identität, als sozial verankertes Im-Leben-Stehen.[17] „Liebe deinen Nächsten wie dich selbst", heißt es in der Bibel. Nur wer sich selbst anerkennt und liebt, kann auch einen anderen Menschen selbstlos anerkennen und lieben, ohne eigentlich sich damit zu meinen und nur die selbstbestätigende Rückmeldung zu suchen. Auf dem Weg zu einer solchen Fähigkeit können sogar Egoismus, auf den ersten Blick rücksichtslos anmutende „Selbstverwirklichung" sowie Absonderung von der Gemeinschaft eine wichtige Rolle spielen – nicht als Ziel, sondern als Stufen auf dem Weg zu einer neuen sozialen Kompetenz.[18]

Auch die zwischenmenschliche Liebe kann viele Richtungen haben. Sie spielt sich ab zwischen Frau und Mann, zwischen Eltern und Kindern, zwischen Geschwistern, zwischen Lehrern und Schülern, zwischen Freunden ... Manche dieser Beziehungen können alle Dimensionen der Liebe

---

16 Vgl. z.B. Fromm, S. 12.

17 Vgl. z.B. Lauster, S. 69, 92, 103; Fromm, S. 69.

18 Vgl. Steiner: GA 186, Vortrag vom 12.12.1918. (Soziale und antisoziale Triebe im Menschen).

entfalten, andere sind begrenzt: Die geistige und die kommunikative Dimension sind überall dabei, die beiden anderen unterliegen starken gesellschaftlichen Tabuisierungen und sozialen Einschränkungen.

Wir behandeln hier drei Richtungen der Liebe. Die anderen wären ebenfalls einer Betrachtung wert, sie erfordern aber zum Teil noch größere Sensibilität, Offenheit und gedankliche Sorgfalt. Anhand der Themen Bisexualität, Heterosexualität und Homosexualität wollen wir eine Grundlage entwickeln, der eines Tages vielleicht auch eine Auseinandersetzung mit anderen Richtungen der Liebe folgen kann, etwa der sogenannten Pädophilie.[19]

Vorher müssen wir aber zweierlei klarstellen:

- Erstens ist zu bedauern, daß es keine eindeutigen und gängigen Begriffe gibt für die Richtungen der Liebe in allen vier Dimensionen, der körperlichen, erotischen, sozialen und spirituellen. Der Wortbestandteil -sexualität führt in die Irre: Manche sind durch ihn geneigt, nur an die körperliche Ebene, an Sex zu denken. Der isolierte Begriff Sexualität bezeichnet tatsächlich meist nur die körperliche Seite der Liebe – in Kombination mit Bi-, Hetero- und Homo- ist aber die geschlechtliche Neigung *auf allen Ebenen* gemeint. Wortneuschöpfungen, die diesem Mißverständnis ausweichen wollten – wie z.B. „Homotropie" für die leiblich-seelisch-geistige Ganzheit gleichgeschlechtlicher Menschenzuneigung[20] –, haben sich nicht durchgesetzt. Wir übernehmen die Begriffe Homosexualität, Heterosexualität und Bisexualität aus dem gängigen Sprachgebrauch und verwenden sie als Sammelbegriffe für die Richtungen der Liebe auf allen vier Ebenen; sie meinen dasselbe wie gleichgeschlechtliche Liebe, gegengeschlechtliche Liebe und Liebe zu Angehörigen beider Geschlechter.

---

19 Nach gängigem Lexikon ist *Pädophilie* eine „sexuelle oder erotische Neigung Erwachsener zu Kindern und Jugendlichen beiderlei Geschlechts" (Brockhaus 1990). Nicht eine Handlung, sondern die Neigung wird hier zum Kriterium erhoben, und in den Begriffen *sexuell* und *erotisch* zusammen mit dem Wortbestandteil *-philie* sind alle drei Ebenen des Leiblichen, Seelischen und Geistigen versammelt. Unscharf wird der Begriff allerdings durch den Zusatz „... und Jugendlichen": Strenggenommen werden vom Pädophiliebegriff nur Kinder bis zur Pubertät umfaßt; Kind ist man in Deutschland bis zum Alter von 14 Jahren.

Aus der vielfältigen und sehr kontroversen Literatur zum Thema Pädophilie seien hier nur einige Titel herausgegriffen: Bleibtreu-Ehrenberg: Mannbarkeitsriten; Dover; Dunde, Stichwort: Päderastie, außereuropäisch; Lautmann; Stöckel. Ausdrücklich zum Thema des sexuellen Kindesmißbrauchs siehe Bruder/Richter-Unger; Kirchhoff; Rutschky; Schmidt, Kapitel: Kindersexualität, Inzest und Mißbrauch.

20 Vgl. Looser.

■ Zweitens muß geklärt werden, ob die Begriffe Homosexualität, Heterosexualität und Bisexualität die Neigung eines Menschen meinen oder sein Verhalten. Dieser Unterschied ist wichtig: Viele Menschen spüren in sich eine homosexuelle *Neigung*, die sie jedoch nicht ausleben können oder wollen, sei es aus moralischen, konventionellen, sozialen oder religiösen Gründen (etwa weil sie verheiratet sind oder Angst haben vor dem Verlust ihrer sozialen Stellung); und viele Menschen *verhalten* sich homosexuell, obwohl ihre Neigung dem anderen Geschlecht gilt (z.B. männliche Prostituierte sowie zuweilen Menschen in Heimen, Gefängnissen oder Kasernen). Empirische Sozialforschung bevorzugt das äußere Verhalten als Kriterium, weil es als objektiv gilt und von außen beobachtbar ist. Psychologisch ausgerichtete Forschende legen mehr Wert auf die innere Neigung, da sie für die jeweiligen Menschen entscheidender ist und viel mehr zu ihrem eigentlichen Wesen gehört.

Auch wir gehen hier von der Neigung aus, wenn wir die Begriffe Homo-, Hetero- und Bisexualität benutzen.

Interview mit Christine (27), Waldorferzieherin

„Die Einheit von Körper, Seele und Geist"

Frage: Was ist das Wichtigste für dich in deinem jetzigen Leben?

Christine: Meine Arbeit im Waldorfkindergarten und das Zusammenleben mit Yvonne. Seit vier Jahren sind wir ein Paar, seit eineinhalb Jahren wohnen wir auch zusammen. Meine schönste Erfahrung in dieser Freundschaft ist das Erleben der Einheit von Körper, Seele und Geist, in der wir uns beide weiterentwickeln können.

Ist gemeinsame Entwicklung in Beziehungen ein Ideal für dich?

Unbedingt. Für mich hat eine Beziehung nur dann Zukunft, wenn sich beide weiterentwickeln. Als ich Yvonne kennenlernte, fühlte ich: Mit dieser Frau kann ich ein langes Stück meines Lebens gehen. Das stimmte – sonst wären wir längst kein Paar mehr. Bei Männern habe ich das nie so deutlich empfunden, und die Beziehungen währten dann auch nie lange ...

Möchtest du etwas über das konkrete Zusammenleben mit deiner Freundin erzählen?

Ich konfrontiere mich am Arbeitsplatz tagtäglich mit Kindern, Eltern, meinen Kolleginnen und der Anthroposophie. Yvonne hingegen arbeitet im politischen Bereich und setzt sich mit völlig anderen Themen auseinander. Wenn wir nach Feierabend von unseren Tageserlebnissen erzählen, kann ich an Bereichen des Lebens teilhaben, von denen ich sonst kaum etwas wahrnehmen würde. Und Yvonne hört gern von meiner Arbeit und von der Waldorfpädagogik.

Was macht ihr zusammen in eurer Freizeit?

Yvonne begleitet mich manchmal zu Veranstaltungen im Kindergarten oder in anderen anthroposophischen Einrichtungen, und ich gehe mit zu politischen Veranstaltungen. Weil wir oft nur wenig Zeit füreinander haben, sind die gemeinsamen Ferien sehr wichtig, in denen wir uns intensiv erleben können. Wir reisen beide gern in ferne Länder und interessieren uns für andere Völker und Kulturen.

Durch Yvonne habe ich mehr Zugang zur Musik gewonnen, und wir besuchen gemeinsam klassische Konzerte. Wir müssen uns aber nicht immerzu miteinander beschäftigen; wir können auch nebeneinanderher tätig sein und wissen, die andere ist in der Nähe. So bekommt unser Zusammenleben etwas Alltägliches.

Gibt es bei euch Rollenverteilungen, daß die eine oder andere immer bestimmte Dinge macht?

Sicher, das liegt dann an speziellen Interessen. Trotzdem übernimmt bei uns nicht die eine grundsätzlich die sogenannten „weiblichen" Aufgaben und die andere eher die „männlichen". Wir wechseln uns je nach Situation unausgesprochen ab.

Wird euch das Zusammenwohnen und -leben manchmal auch zu eng, so daß ihr voneinander „genervt" seid?

Natürlich. Aber nicht weil wir so eng zusammenleben, sondern dann, wenn jede beruflich sehr eingespannt ist und sich nur um ihre eigenen Dinge dreht, so daß wir uns kaum noch wahrnehmen. Dann spüre ich, wie hilfreich die anthroposophischen Gedanken sind, mit denen wir immer wieder an unserem Zusammenleben, Umgehen und Verstehen arbeiten.

Welche Rolle spielt denn die Anthroposophie überhaupt in deiner Lebensform?

Sie hat für uns beide einen hohen Stellenwert. Das zeigt sich in der Art unserer Auseinandersetzung miteinander, aber auch in unserer gemeinsamen Mitarbeit im Arbeitskreis „Bi/Homosexualität und Anthroposophie". Dadurch haben wir noch einen neuen Bezug zu unserer Freundschaft im Verhältnis zur Anthroposophie gewonnen. Wir lesen und diskutieren zusammen anthroposophische Texte, aber wir sprechen auch über das, was jede für sich gelesen hat. Außerdem verstehen wir beide unsere Freundschaft als karmische Verbindung, die für unseren jetzigen Lebensabschnitt wichtig und richtig ist.

Beruflich ist es mir ein Anliegen, Waldorfpädagogik zu verwirklichen. Ich kann mir pädagogisches Arbeiten nur auf der Grundlage eines anthroposophischen Menschenbilds vorstellen.

Hat dir die Anthroposophie genützt oder Schwierigkeiten gemacht, deine lesbische Lebensform vor dir und anderen zu akzeptieren?

Beides habe ich gleichzeitig entdeckt. Ich war 21 Jahre alt und lernte im Waldorfkindergartenseminar eine Frau kennen, die bald zu meiner besten Freundin wurde. Ich begann, sie wirklich zu lieben, und schließlich ließ sich auch das körperliche Zusammensein nicht mehr ausklammern – es hatte sich einfach so ergeben, und die Entwicklung dahin schien uns beiden unerläßlich. Wir waren beide vorher heterosexuell orientiert. Unsere Freundschaft bekam einen solchen Stellenwert, daß mir das körperliche Zusammensein wie schicksalhafte Notwendigkeit erschien.

Dabei hat mir die Anthroposophie geholfen, in karmischen Zusammenhängen zu denken. So erschien mir diese Freundschaft als völlig legitim – es war ja *Liebe* im Spiel. Das ist doch ein wichtiger Aspekt innerhalb der Anthroposophie: die Liebe. Den theoretischen Lehrinhalt der Anthroposophie, der neu für mich war – die Einheit von Körper, Seele und Geist –, konnte ich durch meine Liebe zu dieser Frau zeitgleich praktisch erfahren. Vorher hatte ich auf geistiger und sexueller Ebene Beziehungen mit Männern gehabt; da war aber immer eine Freundin, der ich noch größeres Vertrauen schenkte. Durch die Freundschaft zu meiner Mitseminaristin konnte ich nun zum ersten Mal alles auf einen Menschen vereinigen.

Natürlich fragte ich mich auch, was die Anthroposophen dazu sagen. Zum Glück hatte ich bereits gelernt, zwischen der Anthroposophie und den Anthroposophen zu unterscheiden ...

Wußten denn die Anthroposophen um euch herum von eurer lesbischen Freundschaft?

Nein. Meine Freundin stand durch ihr Elternhaus unter einem hohen moralischen Druck und konnte nicht öffentlich zu unserer Liebe stehen. Sie hielt den Druck nicht aus, und das führte letztendlich zum Zerbrechen der Beziehung. Unsere Freundschaft blieb erhalten, aber die körperliche Ebene wurde „ausgeschaltet". Darunter litt ich lange, weil die Liebe ja trotzdem noch da war, und ich litt auch darunter, mit niemandem darüber reden zu dürfen.

Wie ging das dann weiter, als ihr das Seminar verlassen hattet?

Ich empfand mich damals noch nicht als Lesbe; die neue Erfahrung hing untrennbar mit dieser Frau zusammen, die ich liebte. Nach diesem Erlebnis hatte ich wieder Beziehungen zu Männern, bis ich dann doch neugierig wurde und mich in der Frauen- und Lesbenszene umschaute. In dieser Zeit lernte ich durch eine Arbeitskollegin Yvonne kennen und erlebte, was „Liebe auf den ersten Blick" bedeutet – ich hatte mich wieder in eine Frau verliebt! Jetzt erst begann ich, mich intensiv mit meiner Zuneigung zu Frauen auseinanderzusetzen. Ich hielt Rückschau und stellte fest, daß ich schon als Kind und Jugendliche lesbische Neigungen gehabt, sie jedoch nie als Verliebtsein gedeutet hatte. Ich hatte keine Begriffe für diese Gefühle. Mich hatte nie jemand an die Hand genommen und mir gezeigt, daß es unendlich viele verschiedene Lebensformen gibt und daß jede einzelne ihre Berechtigung hat.

Die Auseinandersetzung mit der Homosexualität wurde mir enorm erleichtert dadurch, daß die *Liebe* jedesmal mein Motiv war. So konnte ich zu meinem homosexuellen Leben besser stehen. Die Männer, mit denen ich zusammen war, hatte ich wirklich sehr gerne – nach diesem Maßstab hätte ich allerdings mit doppelt so vielen Frauen als Männern zusammengewesen sein müssen.

Du bist also mit dir selbst nie in Konflikt geraten. Aber wie stellt sich das für dich in der Außenwelt dar?

Als ich Yvonne kennengelernt hatte, war ich sofort verliebt in sie. Daraus machte ich kein Geheimnis, weder vor meinen Freunden und Freundinnen noch vor den Kolleginnen, zu denen ich ein gutes Verhältnis habe. Sie erlebten den Werdegang unserer Freundschaft und nahmen ehrlichen Anteil. Außerdem gibt es in unserem Kollegium noch eine Lesbe, das wußten alle. Meine Kolleginnen konnten sich also schon vorher mit dieser anderen Lebensform auseinandersetzen und sie akzeptieren lernen. Sie kennen und schätzen Yvonne, wir sind oft als Paar eingeladen oder werden besucht. Und wenn wir nach dem Wochenende oder den Ferien im Kollegium austauschen, was jede mit ihrem Lebensgefährten oder ihrer Familie erlebt hat, kann ich ebenso von meinen Erlebnissen mit Yvonne berichten. Es wird völlig selbstverständlich damit umgegangen, so wie andere von ihrem Ehemann oder Freund erzählen.

Du hast ja in deiner alltäglichen Arbeit nicht nur mit deinen Kolleginnen, sondern auch mit den Kindern, den Eltern, bis hin zum Trägerverein und Vorstand, zu tun. Welche Erfahrungen hast du damit?

Die Eltern „meiner" Kindergartenkinder wissen nicht, daß ich mit Yvonne zusammenlebe. Ich habe es ihnen nicht erzählt, und sie haben nicht danach gefragt – vielleicht spüren sie die Grenze meiner Intimsphäre. Viele Eltern wissen allerdings, daß ich mit *einer* Freundin zusammen *wohne*. Manche Kinder oder Eltern haben mich auch schon zu Hause besucht und Yvonne kennengelernt. Ich konnte aber dadurch, daß in meinem Arbeitsumfeld niemand von dem Zusammen*leben* mit *meiner* Freundin weiß, keine Erfahrungen machen bezüglich Diskriminierung oder Akzeptanz.

Ist die Beziehung zu Yvonne eine Hemmschwelle für dich, mit den Eltern, denen du sehr zugetan bist, wirklich in Kontakt zu kommen? Wenn du mit einem Mann in einer anerkannten heterosexuellen Beziehung zusammenleben würdest, kämest du dann möglicherweise auch in einen näheren und freieren Kontakt zu manchen Kindergarteneltern?

Neulich führte ich ein Gespräch mit einem Elternpaar, zu dem ich intensiven Kontakt pflege. Sie hatten Schwierigkeiten miteinander und erwogen eine vorübergehende Trennung – und fragten mich nach *meiner* Erfahrung. Da fehlte mir der Mut, von Problemen mit Yvonne zu berichten. Ich litt sehr darunter, weil ich mich als nicht ganz ehrlich empfand, und zog die Konsequenz, daß ich mit den Eltern nicht zu tief in Kontakt treten darf, solange ich nicht den Mut zur Offenbarung aufbringen kann. Das bedauere ich besonders bei den Eltern, zu denen ich ein freundschaftliches Verhältnis habe.

Was befürchtest du, wenn du den Eltern von deiner Lebensform erzählen würdest? Welche Reaktion macht dir da Angst?

Wenn es bestimmte Eltern, zu denen ich Vertrauen habe und die ich für offen halte, wüßten, würde mir das keine Angst machen. Die Eltern sind aber nicht primär meine Freunde und Freundinnen, sondern gehören zur Elternschaft des Kindergartens, in dem ich einen Erziehungsauftrag habe. Das Wissen um meine Lebensform könnte schließlich in der gesamten Elternschaft kursieren – und es sind gewiß nicht alle Eltern so reif, damit selbstverständlich umzugehen. In den Augen mancher, auch anthroposophisch lebender Menschen ist ja Homosexualität immer noch ein Verbrechen oder wenigstens eine Krankheit. Für manche Eltern wäre es sicher ein Schock, zu erfahren, wem sie da ihr Kind anvertraut haben – und, wer weiß, vielleicht bekäme ich dann auch einige Schwierigkeiten in meiner Arbeit, die nicht sein müßten, weil sie nicht pädagogisch begründbar wären ...

Natürlich halte ich es für wünschenswert, daß sich die Kindergarteneltern mit dieser Thematik auseinandersetzen. Veröffentlichungen können da sehr hilfreich sein: Alle Eltern, deren Kinder einen Waldorfkindergarten besuchen, könnten sich z.B. beim Lesen dieses Interviews fragen, ob es wohl „ihre" Kindergärtnerin ist, die da aus ihrem Leben erzählt. Das ist doch auch schon etwas!

Was wünschst du dir für die Zukunft, damit die Einschränkungen auch noch verschwinden? Was sind deine Visionen und Hoffnungen für die Zukunft?

Die Selbstverständlichkeit, die ich momentan in meinem Kollegium erlebe, könnte schon für viele homosexuell lebende Menschen eine Vision sein. Bei mir ist sie bereits Realität. Meine weitergehenden Visionen möchte ich mit Beispielen aus dem Kindergartenalltag verdeutlichen:

Ein viereinhalbjähriges Kind, das Yvonne von Besuchen bei mir zu Hause kennt, sagte einmal: „Die Christine und die Yvonne, die gehören zusammen wie Papa und Mama." In dieser Aussage wird die unbewußte Wahrnehmung des Kindes von unserer Liebe deutlich. Wir leben ja, was unsere Liebe betrifft, tatsächlich nicht anders als andere, heterosexuelle Paare zusammen. Das Kind drückt darin völlige Selbstverständlichkeit aus, es ist noch nicht vom Erwachsenen-Denken verdorben.

Ein weiteres Erlebnis in dieser Richtung hatte ich mit zwei fünf und sechs Jahre alten Mädchen, die sich ewige Liebe schworen und sagten, sie wollten später einmal heiraten. Ein fünfjähriger Junge – Rudolf Steiner hätte ihn ein „gescheites Kind" genannt – lachte die beiden aus und sagte in altklugem Ton: „Äh, das geht doch gar nicht, Frauen können doch gar nicht heiraten!“ Tief enttäuscht, liefen sie zu mir und wollten wissen, ob das stimme. Ich sagte ihnen, Frauen könnten sich auch liebhaben und zusammenleben. Sie könnten zwar nicht wie Mann und Frau heiraten, dafür aber anders. Damit waren die Mädchen zufrieden und ihr Problem beseitigt.

Auch hier wird deutlich, mit welchen Selbstverständlichkeiten Kinder leben können, unabhängig von gesellschaftlichen Normen. Ihnen war ja das Wichtigste, daß sie sich liebhaben. Für die Kinder ist der Begriff der Hochzeit ein Ausdruck, ein Bild dafür. Die Reaktion des Jungen ging nicht auf das eigentliche Anliegen der Mädchen ein; für ihn ist die Hochzeit nicht mehr ein Bild für die Liebe, wie noch in den alten Volksmärchen. Sein Bild vom Heiraten ist bereits mit gesellschaftlichen Werten belegt, er beginnt bereits, in den Schienen zu denken, die die Erwachsenen in ihm gelegt haben.

In bezug auf das Heiraten hatte ich noch ein anderes Erlebnis: Im Anerkennungsjahr arbeitete ich mit einer Gruppenleiterin zusammen, die gleichzeitig meine beste Freundin war. Eines Tages erzählte sie den Kindern nach den Ferien: „Stellt euch vor, ich habe an Ostern geheiratet.“ „Wen denn?“ wollte ein Kind darauf wissen, und ein anderes platzte heraus: „Na, die Christine natürlich.“ Auch hier wird deutlich, daß das Kind uns nicht nur als Kolleginnen, sondern auch als Freundinnen wahrgenommen hatte. Die Heirat war für dieses Kind das erweiterte Bild unserer Freundschaft.

Das ist mein Traum für die Zukunft: daß wir Erwachsenen lernen, mit der Liebe umzugehen wie diese Kinder, die noch nicht von den Werten und Normen der Erwachsenen beeinflußt sind. Das ist meiner Meinung nach auch der Auftrag anthroposophischer Pädagogik: von den Kindern zu lernen und das, was sie aus der geistigen Welt mitbringen, aufzunehmen als neue Impulse – und nicht umgekehrt, die Kinder zu formen, wie wir sie haben wollen!

Bisexualität: doppelte Liebe

Solange Sexualität noch überwiegend als biologischer Ausdruck für die Geschlechtlichkeit der Pflanzen verwendet wurde, bezeichnete der Begriff Bisexualität die doppelgeschlechtliche Anlage in der Natur. Der hier verwendete psychologische Bisexualitätsbegriff meint dagegen ausschließlich die geschlechtliche Orientierung oder Richtung der Liebe des Menschen.

Nicht erst seit Sigmund Freud wird immer wieder von einer bisexuellen Natur des Menschen gesprochen: Wir alle seien grundsätzlich zur Neigung und Liebe gegenüber Angehörigen beider Geschlechter fähig. Diese umfassende Anlage werde erst durch Sozialisation, also durch soziale und kulturelle Einflüsse, durch Erziehung und frühkindliche Erlebnisse verengt – meist in die heterosexuelle, gegengeschlechtliche Einseitigkeit, manchmal aber auch in die homosexuelle, gleichgeschlechtliche.[21]

Eine solche doppelte Anlage, von der sich dann nur eine Seite weiterentwickelt, ist auch bei der körperlichen Entwicklung des Menschen während der embryonalen Phase bekannt: Ursprünglich sind die weiblichen und männlichen Anlagen gleichermaßen ausgeprägt, z.B. die Vorformen der weiblichen und männlichen Geschlechtsorgane und die Produktionsorte weiblicher und männlicher Sexualhormone. Dann wird die eine zugunsten der anderen Möglichkeit zurückgedrängt, und es entwickelt sich im Körper des Mannes die männliche Seite stärker und die weibliche nur schwach, und umgekehrt. Frau und Mann sind körperlich sozusagen eine Mischung weiblicher und männlicher Hormone und Organe, und nur weil die eine Seite überwiegt, sagen wir „Frau" oder „Mann" dazu.[22]

So ähnlich muß man sich wohl auch die ursprünglich doppelt angelegte Richtung oder Orientierung der Liebesfähigkeit, die Bisexualität des Menschen vorstellen: als doppelte Anlage, von der nur der eine Zweig kulturell gefördert wird. Der andere wird unterdrückt, bleibt aber latent vorhanden und kann, wenn die Umstände dies fördern, später im Leben wieder hervortreten. Der Anthroposoph und Psychiater Bernard Lievegoed hat das in eine sehr einfache Formel gebracht. Er sagt, daß auch die, wie er sie nennt, „eindeutigen Vollmänner" nur zu 90 % Mann sind:

> „Daneben gibt es Männer, die zu 10 % Mann und zu 90 % Frau sind, das sind die echten Homosexuellen. Dazwischen liegen alle möglichen Abstufungen von 60:40, 50:50, 40:60 usw. Bei dieser Gruppe wechselt das Selbstverständnis je nach Art der Bindung, die sie eingehen."[23]

---

21 Vgl. Wolff, S. 11 ff.

22 Vgl. Lievegoed: Lebenskrisen, S. 97; Der Mensch an der Schwelle, S. 103; siehe auch Kapitel: Mann und Frau: Geschlechter der Liebe?

23 Lievegoed: Lebenskrisen, S. 99.

Gibt es überhaupt Bisexuelle?

Die Frage, ob es überhaupt Bisexuelle gibt, ermöglicht verschiedene Antworten, je nachdem ob wir das *Verhalten,* die *Neigung* oder die *Identität* der betreffenden Menschen als Maßstab heranziehen. Verhalten ist äußerlich, beobachtbar und kann häufig wechseln; die Neigung ist schon konstanter und innerlicher und bezieht sich auf das Verhältnis zu anderen Menschen bzw. hier zu deren Geschlecht; und die Identität bezeichnet so etwas wie das jeweilige Bewußtsein von der eigenen Individualität, eine Art geschlossenes Selbstbild, das sich durch die Abgrenzung und das Verhältnis zu anderen Identitäten bestimmt.

■ Vom Aspekt des *Verhaltens* betrachtet gibt es Bisexuelle entweder sehr häufig oder sehr selten, je nachdem welches Kriterium wir gelten lassen:

■ Wenn alle, die im Laufe ihres Lebens mindestens einen gegengeschlechtlichen und einen gleichgeschlechtlichen sexuellen Kontakt hatten, als bisexuell gelten sollen, sind es wahrscheinlich 50 % (oder, wenn wir nur die Zeit nach der Pubertät gelten lassen, 30 %) der Menschen.[24]

■ Oder es wird das gegenwärtige Verhalten angeschaut: Dann dürfen nur diejenigen als bisexuell gelten, die gleichzeitig mit einem Mann *und* einer Frau zusammen sind – was auch immer „zusammensein" heißen mag.

Die Verhaltensdimension als Kriterium gibt also recht wenig Aufschluß.

■ Was die *Neigung* betrifft, gäbe es ebenfalls verschiedene Möglichkeiten:

■ Entweder werden alle als bisexuell definiert, die beide Neigungen, die heterosexuelle und die homosexuelle, in ihrem Leben (oder nach Abschluß ihrer Pubertät) erlebt haben. Dann gehören auch viele dazu, die heute ausschließlich lesbisch oder schwul[25] leben, früher aber eine oder mehrere Liebesbeziehungen zu einer andersgeschlechtlichen Person hatten, sowie diejenigen, die während oder nach ihrer Pubertät eine oder mehrere homosexuelle Liebesbeziehungen hatten, seitdem aber heterosexuell leben.

■ Oder wir schauen auf die gegenwärtige Neigung: Dann wären die bisexuell, die heute für sich die Möglichkeit sehen, Liebesbeziehungen zu

---

24 Vgl. Reinisch/Beasley, S. 159.

25 *Schwul* war früher ein Schimpfwort, wird seit den 60er Jahren aber als selbstbewußte Bezeichnung von politisch bewußten Homosexuellen benutzt. Ein ähnliches, jedoch aus einem anderen Bedeutungszusammenhang entstandenes Wort ist das engl. *gay* (wörtlich: fröhlich).

Angehörigen beider Geschlechter zu haben. Dies scheint uns am sinnvollsten.

■ Und wir können nach der *Identität* fragen: Gibt es eine „bisexuelle Identität"? Was meinen diejenigen, die sich so bezeichnen? Hier stoßen wir auf Schwierigkeiten. Das Leben von Bisexuellen ist eher eine Mischung aus zwei Identitäten, der hetero- und der homosexuellen:

■ Geht der bisexuelle Mann mit seiner Freundin aus, gilt er als heterosexuell und kann sich ebenso fühlen; ist er mit seinem Freund zusammen, empfindet er sich als schwul und wird auch so wahrgenommen. Nur wenn er mit beiden gleichzeitig zusammen ist und lebt, kann für ihn und die Umwelt das speziell Bisexuelle spürbar werden.

■ Aber auch das Umgekehrte wird erlebt: Die bisexuelle Frau wird von ihrer heterosexuellen Umwelt als „lesbisch" ausgegrenzt, von ihrem lesbischen Umfeld aber ebenfalls nicht akzeptiert, weil sie ja keine echte Lesbe ist; und eine spezifisch bisexuelle Szene oder soziale Welt gibt es nur in Ansätzen, so daß diese Frau, trotz mannigfacher sozialer Kontakte, möglicherweise nirgends richtig dazugehört.

Eine bisexuelle Identität muß sich durch diese beiden Identitäten als Stufen eines oft langen Weges hindurchkämpfen. Entsprechend schwer haben es auch Selbsthilfegruppen von Bisexuellen. Ihre Mitglieder sind immer hin- und hergerissen: Sind sie gerade mit einer gegengeschlechtlichen Partnerin oder einem Partner zusammen, fehlt die Motivation, sich mit anderen Bisexuellen auszutauschen; sind sie mit einem Menschen gleichen Geschlechts befreundet, suchen sie eher Lesben- oder Schwulenzusammenhänge. Nur wer wirklich beides zugleich leben will oder lebt, hat die Chance, unter dem Etikett Bisexualität die richtigen Gesprächspartner zu finden.

Es gibt viele unerkannte Bisexuelle, völlig ohne „bisexuelle Identität": Frauen und Männer, die in einer Ehe leben und gelegentliche gleichgeschlechtliche Kontakte vor ihrem sozialen Umfeld geheimhalten; Homosexuelle, die durch ein lesbisches oder schwules Coming-out schon als Außenseiter gelten – z.B. gegenüber der Welt ihrer Familie und ihres Arbeitsplatzes – und ihre heterosexuelle Seite unterdrücken, um nicht auch noch aus der lesbischen oder schwulen Welt herauszufallen; oder einfach Menschen, die noch keine Gelegenheit hatten, die andere Seite zu erkennen und zu erproben.

Eine Studie über Lebensstile bisexueller Menschen konstatiert:

> „Dadurch, daß Bisexualität so wenig erforscht und definiert wurde, weder von den Bisexuellen selbst noch von anderen, finden sich unter dem Etikett ‚Bisexualität' Menschen, deren einziges gemeinsames Merkmal ist, daß sie aus dem Raster Homosexualität/Heterosexualität herausfallen. Der Versuch, diese vielfältigen Formen von Sexualität und sexueller Identität in einem Konstrukt ‚Bisexualität' zu vereinheitlichen, führt uns die Begrenztheit, wenn nicht gar Unsinnigkeit solcher Konzepte vor Augen."[26]

Vielleicht gibt es gar nicht die Bisexualität an sich, sondern so viele Bisexualitäten, wie es Menschen gibt, die sich in dem Spannungsfeld gleich- und gegengeschlechtlicher Begegnungen produktiv und kreativ bewegen, die nicht in die herkömmlichen Schemata einzuordnen sind?

Interview mit Richard (39), einem bisexuellen Mann

„Jetzt würde ich einfach nur sagen: Ich bin frei!"

Frage: Was bedeutet dir Bisexualität, vor welche Aufgaben und Herausforderungen stellt sie dich?

Richard: Sie bedeutet für mich eigentlich Bi-Emotionalität – ein ziemlich verschraubter Begriff. Er besagt, daß ich auch Männern gegenüber ganz offen sein will und dabei Sexualität, und was darunter alles möglicherweise verstanden werden könnte, nicht kategorisch ausschließen will. Seitdem ich meine Gefühle Männern gegenüber bejahe, hat sich für mich der Stellenwert der Sexualität relativiert. Einfach gesagt: Mit einem Mann oder einer Frau ist meine genitale Sexualität die gleiche, genau wie mein Geschlechtsorgan. Auf dieser Ebene macht die Unterscheidung zwischen Homo- und Heterosexualität keinen Sinn. Anders ist nur der Partner und meine Einstellung zu ihm. Warum fühle ich mich zu ihm hingezogen? Da gehen unerfüllte Wünsche und Vorstellungen sowie Aspekte der Selbstsuche mit ein – und viele andere Bedürfnisse, die ebenfalls gar nicht als sexuell bezeichnet werden können.

---

26 Feldhorst, S. 11.

Vieles, was gemeinhin der genitalen Sexualität zugeschrieben wird, kann gar nicht so einfach dort eingeordnet werden. Meinem eigenen selbstbestimmten Nachfühlen und meiner Selbstbeobachtung glaubend, folge ich mehr Seelenregungen wie Sympathie, Antipathie, Verarbeitung von Frustrationen, Kompensationen. Dieses Nachfühlen ist eine Aufgabe.

Hat sich dein Verhältnis zu anderen Männern allgemein verändert, seitdem du deine Gefühle weniger zensierst?

Wenn ich als Mann einen anderen Mann mag, wenn mich vielleicht in einem Moment des Sympathiegefühls die Freude über eine seiner Äußerungen veranlaßt, ihn zu umarmen, dann möchte ich mir nicht den Kopf darüber zerbrechen, ob die Umarmung aber bitte nur kurz sein soll, ob sie vielleicht noch weitere Gefühle hervorrufen darf und von welcher Qualität diese Gefühle dann sein dürfen, oder ob die Verweichlichung, die wir betreiben, zum Untergang des Abendlandes führen wird.

Ich habe diesbezüglich bisher gute Erfahrungen gemacht, auch außerhalb von „Beziehung", Gruppen oder Meetings zum Thema. In meinen festeren Freundschaften mußte ich erfahren, daß Verstehen und Anteilnahme leicht ungelebt bleiben, daß Mitfühlen für Männer schwerer scheint, als es in Wirklichkeit ist. Das war auch wichtig für mich selbst. Ich habe Männer besser und näher kennengelernt und dabei rückwirkend auch mehr über mich selbst erfahren, etwa was das Aussprechen von Gefühlen anbelangt.

Was erlebst du in der Begegnung mit einem Mann und einer Frau eher gleich, was eher unterschiedlich?

Vieles ist unterschiedlich: Mit meinen Freunden bin ich nie auf den Gedanken gekommen, gemeinsam zu wohnen, gemeinsame Kasse zu machen oder mich mit ihnen in sonstige Abhängigkeiten zu verstricken, mir Gedanken über die Dauerhaftigkeit der Beziehung zu machen, überhaupt zu fragen: Ist das jetzt eine Beziehung oder eine Freundschaft?

Als gleich empfinde ich die Angewohnheit, sich nicht über seine Wünsche klar zu sein, zu wenig darüber zu reden, die Wünsche des anderen als Erwartung zu interpretieren usw. – Ich glaube, das Gestalten des Miteinander stellt bei beiden die gleichen Anforderungen.

Wie reagiert dein Umfeld bei dem Wechsel von der Homosexualität zur Heterosexualität und umgekehrt?

Alle, denen ich davon erzählte, haben es neutral aufgenommen. Die schönste Reaktion bekam ich von meiner neunjährigen Tochter, die mal gesagt hat, als sie uns erlebte: „Ihr seid ja echt gute Freunde." Aber für sie war ja auch das sexuelle Element noch nicht relevant, so daß sie vielleicht als einzige auch nicht mehr gesehen hat, als in dem Moment tatsächlich geschah.

Etwas anders sieht es manchmal außerhalb meiner Beziehung aus, im alltäglichen Bereich. Drei kleine Beispiele: Auf einem Spaziergang mit „heterosexuellen" Freunden gehe ich mit einem Mann Arm in Arm, worauf sich fast sofort eine Wandergenossin zwischen uns schiebt und sagt: „Hey, ihr beiden, ich muß euch was erzählen", worauf sie ausführlich und ganz vertrauensvoll und offen von ihren Beziehungserlebnissen berichtet. Aber wir beiden waren auseinander. – Oder: Bei einem Essen in der Verwandtschaft legt plötzlich mein Neffe seine Hand auf meine Schulter – und sofort wird er von seiner Mutter in die Küche geschickt, um Sprudel zu holen. – Oder: Meine Schwägerin sagt in einem Gespräch über das Thema, das auch dieses Interview veranlaßt hat: „Das haben wir alles im Jugendalter durchgemacht!" Ich bin etwas verzagt über meine Spätentwicklung, tröste mich aber mit dem Gedanken, daß meine Schwägerin kräftiges Übergewicht hat und offensichtlich nach etwas hungert, das sie fälschlicherweise mit Essen zu sättigen versucht.

Es ist heute auch in Paarbeziehungen üblich, Sexualität zu benutzen, um Nähe herzustellen, Sympathie auszudrücken, sich und anderen die Männlichkeit zu beweisen, Mitgefühl und Wärme zu geben und zu bekommen. Es ist für viele Männer anscheinend schwieriger, dasselbe auf nichtsexuellem Wege zu erreichen. So kam es u.a. wohl auch bei mir, daß ich gesagt habe: Ich bin bisexuell. Jetzt würde ich einfach nur sagen: Ich bin frei! Und wenn ich gefragt würde, wie meine Umwelt darauf reagiert, daß ich frei bin, könnte ich sagen: Alles in allem angeregt und belebt. Die verkrampften Reaktionen resultieren ja auch daraus, daß ich mit der Selbstbezeichnung bisexuell die Funktionalisierung der Sexualität für alles mögliche bestätigt habe.

Läufst du als Bisexueller nicht ständig Gefahr, beim Partner bzw. der Partnerin Eifersucht hervorzurufen?

Eifersucht ist eine der typischsten Lebenserfahrungen von bisexuellen Menschen, die ganze Bücher über Bisexualität füllt. So war es auch bei mir. Die Partnerin des bisexuellen Mannes ist in ihrer Eifersucht auf dessen

„Homosexualität", von der sie eigentlich nie etwas haben könnte, oft irritiert, etwa indem sie grübelnd hin und her schwankt zwischen der resignativen Feststellung, daß sie ihrem Mann ja doch nicht geben kann, was ihm ein männlicher Freund gibt, bis zu der lieb gemeinten Negierung der Tatsachen, etwa: „Mein Mann ist doch nicht schwul, das geht vorüber, ich muß jetzt zu ihm stehen." Oder nach dem Motto: „Wenn du nur Sex mit ihm gehabt hättest, o.k., Männer sind eben so (‚leben im Schwanz'), aber daß du ihn auch noch liebst! Du denkst nur an deine Selbstverwirklichung!" Aber Liebe ohne Selbstverwirklichung gibt es nicht. Das ist das christliche Grundaxiom „Liebe deine Nächsten wie dich selbst".

Solidarität unter Männern ist schon hilfreich im Leben ganz allgemein, liebevolle Brüderlichkeit um so mehr. Was sich zwei Menschen mit ihrer Liebe schenken, hängt davon ab, was sie gegenseitig für sich als das Beste erkennen. Dafür kann niemand anderes die Verantwortung übernehmen. Der Eifersüchtige aber ist immer derjenige, der bestimmt, wann und vor allen Dingen woran seine Eifersucht aufflammt und was demzufolge der andere zu unterlassen hat – ohne aber für das Verhalten des „Gezähmten" die Verantwortung übernehmen zu können. Die Eifersucht ist deswegen generell und prinzipiell falsch.

Als Mann z.B. habe ich die enervierende Konkurrenz- und Distanzmanie satt. Offene Freundschaften stärken das Vertrauen in die Welt als Ganzes und geben innere Ruhe. Die Beziehungen zu Frauen verlieren das Monopol auf Geborgenheit und Unterstützung, das erleichtert die Auflösung der weiblichen Umklammerung. Unabhängigkeit kann auch schon Neid hervorrufen oder eben bekämpft werden, sozusagen die Vorstufe von Eifersucht. In Wirklichkeit habe ich – sogar wenn mir Eifersucht zugemutet wurde, so ziehend es auch war – am Ende doch mehr Mut dadurch bekommen, zu mir selbst zu stehen. Wie wenig habe ich bei mir selbst zugelassen, und was für eine gute Übung im Zulassen ist es, Liebe bei einem anderen Menschen für andere zuzulassen! In heterosexuellen oder, besser gesagt, in Hollywood-Filmen bekommt ja ein Mensch, der zwei andere liebt, immer gesagt: „Entscheide dich: Entweder der oder ich!" Ich wollte aber erstmal gar nicht „austauschen", sondern etwas hinzu, sowohl Mann als auch Frau. Das ist ein Stück bisexuelle Kultur, daß man sich dieser ideologischen Entweder-Oder-Schere im Kopf bewußt wird.

Was nutzt dir diese theoretische Einsicht, „Eifersucht ist falsch!", in der alltäglichen Lebens- und Beziehungspraxis?

Diese Einsicht ist bei mir relativ jung, mehr eine Erfahrungsbilanz, mehr ein „So hätte ich es gerne gehabt". Ich hatte lange mit Eifersucht weder bei mir noch bei anderen zu tun, und als ich anfing, etwas von mir zu leben, was mir ganz wertvoll schien, wozu ich einigen Mut brauchte, es der Welt auszusetzen, da kam es ganz dicke. Also habe ich die Einsicht gewonnen (ich schäme mich fast, daß sie so spät kam): Wenn ich mich so lebendig zeige, wie ich bin, errege ich vielleicht den Neid derer, die meinen, das nicht zu können.

Was bedeutet für dich Treue, welchen Stellenwert hat sie für dich?

Auch die Treue wird sexistisch gesehen: Für die „höheren" Spielarten der Liebe gilt ja seltsamerweise die Berechtigung zur Eifersucht nicht im selben Maße wie für die genitale Sexualität, den Seitensprung. Obwohl etwa Computer dem „Geliebten" vielmehr Energie und gemeinsame Zeit rauben können als *human beings*. Aber mit einem Freund könnte es ja passieren, daß der „Geliebte" durch Solidarität und Sympathie mit einem Dritten sogar gestärkt wird. Also Treue ist dazu notwendig, daß diese Freiheit überhaupt zustande kommt, und damit durch einen Selbstverwirklichungswunsch nicht konsumgesellschaftsgemäß der Freund „ausgetauscht" wird, gewechselt wird. Also auf der einen Seite, daß derjenige, der einen weiteren Menschen liebt, dem anderen klarmacht, daß ihm weiter an ihm gelegen ist: „Ich verlasse dich nicht, ich hole mir etwas dazu!" Auf der anderen Seite: „Ich messe deine Treue nicht nach Stunden oder Energiebits oder Leistung." Also Treue nicht mit Verzicht gekoppelt, sondern mit Geben.

Aber auch hier beziehe ich das nicht nur auf Liebesbeziehungen, sondern auch auf das alltägliche Miteinander, bei dem Sex nicht die Hauptrolle spielt, sondern bei dem es darum geht, was im allgegenwärtigen Sexismus mit Sexualität in Verbindung gebracht wird und darum (um der Verzichtstreue willen?) genauso unterbleibt wie Sex: Solidarität, Mitgefühl, Zärtlichkeit, Anteilnahme, körperliche Sympathiebekundungen.

Ich glaube, jetzt, da ich mich darüber hinwegsetzen kann und auch mögliche Eifersucht nicht mehr an die Wand male, kann ich besser treu sein, weil ich meine Bedürfnisse und Gefühle präziser wahrnehme und sie deswegen auch zutreffender lebe.

Warum bist du so spät zur Bisexualität gekommen?

Vielleicht habe ich mich in der Beziehung als Mann mit meiner Frau nicht so gut ergänzt, so daß ich die Beziehung zur Frau jetzt auch ergänze mit der Beziehung zum Mann, wobei die beiden unharmonisch zueinander stehen, vielleicht als Wiederholung einer elterlichen Disharmonie.

Hinzu kämen die wenig erfreulichen Erfahrungen mit meinem Vater wegen der allgemein üblichen männlichen Defizite, die mich mit meiner eigenen Männlichkeit unversöhnt gelassen haben. Das war mir seltsamerweise sonnenklar: daß ich eine Liebesbeziehung zu einem Mann gesucht habe, um mir zu beweisen, daß liebevolle Beziehungen zwischen Männern möglich sind, mit mir möglich sind. Als ich zum erstenmal mit einem Mann geschlafen hatte, war das deutlichste und unvergeßlichste Gefühl das der Versöhnung.

Ich glaube, daß ich dadurch noch einmal richtig Sohn war und mich mit der Männlichkeit versöhnt habe, wie ich sie erlebt hätte, wenn die Beziehung zu meinem Vater liebevoller gewesen wäre und ich nicht in Konkurrenz zu ihm geraten wäre, sondern in Solidarität und Identifikation mit ihm, also auch in Identifikation mit liebevoller Männlichkeit. Und dies, obwohl ich jetzt so viel Defizite im Leben von Gefühlen erlebt habe, aber vielleicht auch gerade weil ich die Gründe dafür erspürt habe.

Es ist eine Lüge der gegenwärtigen Ideologie, daß die Liebesfähigkeit zwischen den Geschlechtern auf Sex oder auf Sexualität basiert. Liebevolle Beziehung, vor allen Dingen zwischen Vater und Sohn, macht erst eine wirklich ganze, lebendige Bejahung von Männlichkeit möglich, und genau das befähigt Männer, befähigt mich wirklich, dann auch „der Mann“ in einer Beziehung zu sein, weil Mannsein, wie banal, dann mit ganzer Liebe verbunden ist. Die Bisexualität war so etwas wie ein Katalysator, das zu erfahren, eine Option. Deswegen finde ich es jetzt auch noch richtig, Bisexualität als Option zu propagieren.

(Richard ist Vater von zwei Kindern und Mitglied im Bisexuellen Netzwerk.)

Heterosexualität: „normale“, bedenkenlose Liebe

„Wir haben ja im Grunde genommen gar kein weiteres Recht, über die Normalität oder Abnormalität des kindlichen Seelenlebens oder menschlichen Seelenlebens überhaupt zu reden, als indem wir hinschauen auf dasjenige, was durchschnittsmäßig ‚normal‘ ist. Es gibt kein anderes Kriterium als dasjenige, was allgemein üblich ist vor einer

Gemeinschaft von Philistern. Und wenn diese Gemeinschaft irgend etwas für vernünftig oder gescheit ansieht, so ist alles dasjenige ‚abnormes' Seelenleben, was nach Ansicht dieser Philister nicht ‚normales' Seelenleben ist. Ein anderes Kriterium gibt es zunächst nicht. Daher sind die Urteile so außerordentlich konfus, wenn man anfängt, indem man eine Abnormität konstatieren kann, dann alles Mögliche zu treiben, und damit abzuhelfen glaubt – statt dessen treibt man ein Stück Genialität heraus. Mit solch einer Beurteilung ist überhaupt nicht viel anzufangen, und das erste, was eintreten sollte, ist, daß der Arzt und Erzieher eine solche Beurteilung ablehnt, daß er hinauskommt über die Aussage: dies oder jenes ist gescheit oder vernünftig nach den Denkgewohnheiten, die man so gewöhnlich hat. Gerade auf diesem Gebiete ist es von eminentester Notwendigkeit, überhaupt keine Kritik zu üben, sondern die Sachen reinlich anzuschauen."[27]

So Rudolf Steiner zum Thema „Normalität" – hier von sogenannten behinderten Menschen – im Einleitungsvortrag zu seinem Heilpädagogischen Kurs, den er 1924 für die ersten anthroposophischen Heilpädagogen hielt.

Auch die Heterosexualität[28], die Liebe zum anderen Geschlecht, die vielen als so „normal" gilt, sollten wir reinlich anschauen. Warum gilt sie als so „normal"? Weil die Mehrzahl der Menschen so empfindet und so lebt, oder weil bisher nur durch heterosexuelle Paarung die Fortpflanzung der menschlichen Art gesichert war, oder weil viele Menschen einfach noch nicht darüber nachgedacht haben? Letzteres meinen wir mit dem Ausdruck „bedenkenlose Liebe": Heterosexuelle müssen nicht über die Richtung ihrer Liebe nachdenken – anders als Lesben, Schwule, Bisexuelle, die immerfort auf ihr Sondersein gestoßen werden. Eigentlich wird Heterosexualität nur zu etwas Eigenem durch das andere, die Homosexualität. Ohne sie gäbe es keinen Grund, den Begriff Heterosexualität zu bilden.

Als durchgängiges Grundprinzip der Heterosexualität gilt die Verschiedenheit von Mann und Frau und die dadurch erzeugte Spannung zwischen den Geschlechtern. „Gegensätze ziehen sich an", meint der Volksmund.

Auf der körperlichen Ebene der Liebe ist das noch am besten nachvollziehbar, von hier aus werden ja auch die Begriffe männlich und weiblich

---

27 Steiner: GA 317, Vortrag vom 25.6.1924.

28 Heterosexualität (griech. *héteros* = der andere, verschieden; lat. *sexus* = Geschlecht): Gegengeschlechtlichkeit, auf das jeweils andere Geschlecht ausgerichteter Sexualtrieb.

abgeleitet. Leicht zugespitzt ließe sich die Phänomenologie folgendermaßen auf den Punkt bringen: Der Mann zeugt, die Frau trägt aus. Seine millionenfach ausgeschleuderten, dünnen, spitzen, beweglichen Spermien befruchten ihr eines, rundes, im Monatsrhythmus entwickeltes, auf eine ruhige Reise geschicktes Ei. Aktiv und passiv, spitz und rund, Form und Inhalt, Explosion und Evolution – eine Fülle polarer Begriffe wird mit diesem Geschehen assoziiert. Die Funktionen sind klar verteilt; nur bei der Verhütung ihrer Folgen wird gestritten, nicht bei den biologischen Abläufen der menschlichen Natur. Daß Befruchtung und Schwangerschaft zum Teil auch schon in Reagenzglas und Brutkasten möglich sind, ändert nichts an der Eindeutigkeit der körperlichen Polarität.

Schon auf der erotisch-seelischen Ebene der Liebe, und noch mehr auf der sozialen, wird das Ganze undeutlicher. Was die Natur fast unwandelbar vorgibt, ist hier schon ganz stark durch andere Menschen, durch die Gesellschaft, durch Sozialisation geprägt, allerdings meist in die vom Leiblichen vorgegebene Richtung:

> „Zu den Stärken männlicher Sozialisation gehört es, *sexueller Lust einen Eigenwert zuzusprechen* und das Anarchische, die Unruhe der Freiheit zuzulassen. [...] Andererseits gehört die *Fähigkeit, sich emotional auf einen Menschen einzulassen,* Nähe nicht als etwas Beängstigendes, Erdrückendes zu erleben und in einer Beziehung das Klima der Kontinuität, Geborgenheit und Sicherheit zu schaffen, zweifellos zu den Qualitäten weiblicher Sozialisation.
>
> Doch es spricht einiges für die These, daß jede einzelne Form der Erotik unvollständig ist. Männern entgeht die Fähigkeit zu tiefer leidenschaftlicher Lust, wenn sie in jeder Frau nur die Andersartigkeit, das Neue, Fremde suchen, und sie verletzen in sich selbst die – ebenso vorhandenen – Bedürfnisse nach Kontinuität, dauerhafter Liebe oder zumindest ‚Versorgtsein‘. Frauen beschneiden ihr Lusterleben und ihre Leidenschaft, wenn sie Sexualität als ‚Preis‘ für ihre Absicherung begreifen und es dem einen Mann überlassen, in ihnen das ‚Feuer zu entfachen‘.“[29]

Folgt man der anthroposophischen Ärztin Michaela Glöckler, unterscheiden sich Mann und Frau sogar in der Form des Denkens in typischer Weise: Die Qualitäten, die auf der *körperlichen* Stufe beim Mann zu finden

[29] Dunde, Stichwort: Heterosexualität, männlich/weiblich.

seien, zeige im *Seelischen* allerdings mehr die Frau: das Bewegliche, Ungebundene, Kreative (bis hin zum Flippigen, Unbeständigen); und umgekehrt: die körperlichen Eigenschaften der Frau seien seelisch eher beim Mann anzutreffen: Ruhe, Konzentrationsfähigkeit, Beständigkeit (bis hin zur Sturheit und Verbohrtheit).[30]

In der vierten, der geistig-spirituellen Dimension der Liebe hört der Gegensatz dann auf: Das höhere Innere des Menschen habe mit dem Geschlecht nichts zu tun, sagt z.B. Rudolf Steiner.[31]

Nach den Ursachen der Heterosexualität wird nie gefragt – die bedenkenlose Form der Liebe. Oft wird auch einfach von den biologischen Vorgängen rückgeschlossen: Weil zum (biologischen!) Zeugen und Gebären tatsächlich Mann und Frau erforderlich sind, wird nicht weiter nachgedacht. Sigmund Freud soll allerdings die gegengeschlechtliche Form der Orientierung für ebenso begründungsbedürftig gehalten haben wie die gleichgeschlechtliche.[32] Nicht die *biologische* Heterosexualität ist allerdings erklärungsbedürftig, sondern vor allem die seelische, soziale und geistige Ebene dieser Liebe.

Homosexualität: Liebe zu den gleichen anderen

„Anfangs gab es bei den Menschen drei Geschlechter, nicht wie jetzt zwei, männlich und weiblich, sondern es gab dazu ein drittes, welches diese beiden vereinte. [...] Damals war die ganze Gestalt jedes Menschen rund [...]. Er ging auch aufrecht wie jetzt, wohin er wollte. Wenn er aber schnell laufen wollte, so bewegte er sich, so wie die Radschlagenden nach oben herumwerfend einen Kreis beschreiben, von seinen acht Gliedmaßen getragen schnell im Kreise davon [...]. Sie waren gewaltig an Kraft und Stärke und waren großen Sinnes, ja, sie legten Hand an die Götter [...]. Da ratschlagten Zeus und die anderen Götter, was sie tun sollten [...]. Endlich hatte Zeus etwas ersonnen, und er sagte: ‚Ich glaube ein Mittel zu haben, wie die Menschen

30 Vgl. Glöckler, S. 21 ff.

31 Vgl. Steiner: GA 11, Kapitel: Die Trennung der Geschlechter.

32 Für Freud war „das ausschließliche sexuelle Interesse des Mannes für ein Weib ein der Aufklärung bedürftiges Problem und keine Selbstverständlichkeit". (Dunde, S. 364)

bestehn und doch von ihrem Übermut ablassen, indem sie schwächer werden. Jetzt durchschneide ich sie nämlich, jeden in zwei Teile, und so wie sie schwächer werden, werden sie uns auch nützlicher sein, weil sie ja an Zahl mehr geworden sind [...]'. Dies gesagt, zerschnitt er die Menschen in zwei Hälften, wie man Birnen zerschneidet, um sie einzumachen [...]. Nachdem nun so die Natur entzweigeschnitten war, ging sehnsüchtig jede Hälfte ihrer andern Hälfte nach, und indem sie sich mit den Armen umschlangen und sich zusammenflochten voll Begierde zusammenzuwachsen, starben sie aus Hunger und gänzlicher Untätigkeit, weil sie nichts getrennt voneinander tun wollten [...]. Da erbarmte sich Zeus und versetzte ihre Schamteile nach vorn. Denn bisher hatten sie diese außen, und sie befruchteten und zeugten nicht ineinander, sondern in die Erde wie die Zikaden. So versetzte er sie nun nach vorn und machte, daß sie ineinander zeugten, das Männliche im Weiblichen, deswegen, damit in der Umarmung ein Mann, wenn er mit einem Weibe zusammenkommt, zeugt und Nachkommenschaft entsteht; wenn aber Männliches mit Männlichem, ihnen wenigstens Sättigung würde aus der Vereinigung und sie sich beruhigten und zum Werke wendeten und auf das andere Leben bedacht seien. [...]

Ewig sucht jeder sein Gegenstück. Alle Männer, welche ein Stück von dem gemischten Geschlecht sind, das damals mannweiblich hieß, lieben das Weib. Die Ehebrecher entstammen diesem Geschlecht, und die Frauen, die den Mann lieben und ehebrecherisch sind, entstammen auch diesem Geschlecht. Und alle Frauen, die Stücke eines Weibes sind, richten den Sinn nicht sehr auf die Männer, sondern halten sich mehr an die Frauen, und diesem Geschlecht entstammen die Buhlerinnen. Alle, die Stücke des männlichen sind, folgen dem Männlichen, und als Knaben lieben sie, weil sie ja Teile vom Männlichen sind, die Männer und sind froh, wenn sie bei den Männern liegen und sie umarmen. Und diese sind die besten unter den Knaben und Jünglingen, weil sie von Natur die mannhaftesten sind. [...] Nachdem sie erwachsen sind, lieben sie Knaben, und auf Ehe und Kinderzeugung lenken sie nicht von Natur den Sinn, sondern sie werden durch das Gesetz genötigt. Sie selbst wären zufrieden, miteinander ehelos zu leben. Immerdar muß ein solcher Knaben und Freunde lieben, weil er immer das Verwandte gern hat. Wenn nun ein Knabenfreund oder jeder andre auf seine eigene Hälfte trifft, dann werden sie wunderbar erschüttert von Freundschaft und Vertrautheit und Liebe und wollen voneinander nicht lassen, auch nicht einen Augenblick [...]."[33]

Das Wort Homosexualität[34] wird in der Regel für die Ganzheit der gleichgeschlechtlichen Liebe auf allen vier Ebenen benutzt, wie bereits dargestellt.[35] Die Sexualwissenschaft macht unterschiedliche Angaben über ihre Verbreitung, je nach der Definition. Meist wird davon ausgegangen, daß 4 bis 10 % der Menschen in den Industrieländern ausschließlich oder überwiegend dem gleichen Geschlecht zuneigen. Eine sehr viel größere Zahl von Menschen hat aber während des Lebens einmal oder mehrmals gleichgeschlechtlich-sexuelle Kontakte, oft in der Pubertät.[36]

Wenn die Faszination in der gegengeschlechtlich-körperlichen Anziehung hauptsächlich vom Fremden, anderen des Gegengeschlechts ausgeht: Ist dann das besonders Faszinierende bei der gleichgeschlechtlichen Liebe das Ähnliche, Gleiche? Gegen diese einfache Annahme spricht, daß auch die heterosexuelle Anziehung nicht nur von der Faszination des Fremden im anderen Geschlecht lebt. Jede Menschenbeziehung braucht ihre spezifische Mischung von gleich und anders, ähnlich und fremd. Das Ähnliche der Partnerinnen und Partner schafft Vertrauen, Geborgenheit, Verständnis, Kontinuität (und später oft Langeweile und Ödnis); das Verschiedene dagegen sorgt für Spannung, produktive Unruhe, Innovation, Kreativität (und natürlich auch für Auseinandersetzung und Streit).

In heterosexuellen Beziehungen ist das Verschiedene zwangsläufig mehr im Leiblichen und in den nah an der „Natur" gelegenen seelischen Bereichen verankert, und in der Regel wird das noch durch die geschlechtsspezifische Sozialisation verstärkt; so kann das Ähnliche und Gleiche mehr im Sozialen oder Geistigen gesucht und gepflegt werden. Homosexuelle Beziehungen dagegen sind, vor allem durch die körperlich-biologische Ähnlichkeit der Beteiligten, stärker darauf angewiesen, das andere, das Kreativität und Spannung bringt, auf den „höheren", der Natur ferneren und mehr der Freiheit und Selbstgestaltung zugänglichen Ebenen zu suchen. Jede Begegnung mit einem gleichgeschlechtlichen anderen und die darin liegende spezifische Mischung von leiblicher Ähnlichkeit und seelisch-

33 Plato, Rede des Aristophanes.

34 Homosexualität (griech. *hómoios* = gleich; lat. *sexus* = Geschlecht): Gleichgeschlechtlichkeit, auf das jeweils gleiche Geschlecht ausgerichteter Sexualtrieb.

35 Vgl. Kapitel: Dimensionen der Liebe.

36 Vgl. Reinisch/Beasley.

geistiger Fremdheit kann als Chance für die eigene Weiterentwicklung genutzt werden.

Das meint auch der schweizer Psychotherapeut Peter Schellenbaum.[37] Er hat für alle Männer, auch für die heterosexuell lebenden, eine sogenannte „homosexuelle Dynamik" herausgearbeitet, die sich primär auf der seelischen Ebene abspielt: Der Mann erblicke seine eigenen noch nicht realisierten Entwicklungswünsche und -möglichkeiten im anderen Mann gespiegelt. Gelinge es ihm zu erkennen, daß eigentlich er selbst sich im anderen gespiegelt erlebt, daß er selbst dieses Vorbild umsetzen und leben kann oder soll, führe das zu einer „integrierten Homosexualität", er habe die homosexuelle Dynamik also als seine Aufgabe angenommen – egal ob er äußerlich heterosexuell oder homosexuell lebt. Gelingt das nicht, bleibe er am anderen kleben, der für ihn das lebt, was er selbst bei sich entwickeln will und könnte, aber nicht schafft. Er werde ein „fixierter Homosexueller", der, anstatt die Chance der eigenen Weiterentwicklung durch die Spiegelung im anderen zu ergreifen, von der immer wiederholten sexuellen Begegnung abhängig werde.

Schellenbaums Thesen mögen für viele Männer bedrohlich wirken, denn die „homosexuelle Dynamik" soll auch für völlig heterosexuell lebende Männer eine Bedeutung haben. Aber mit dem Annehmen der inneren homosexuellen Dynamik muß gar kein äußeres Leben als Homosexueller verbunden sein.

Die Ursache der Homosexualität

Wer nach dem Warum der Homosexualität fragt, muß sich eine Gegenfrage gefallen lassen: Warum fragst du danach? Bist du mit dir unzufrieden? Leidest du wirklich unter einer gleichgeschlechtlichen Liebesmöglichkeit – deiner, meiner, der deiner Tochter oder deines Sohnes –, oder leidest du unter deinen Mitmenschen, die diese nicht akzeptieren wollen? Ist dir die Anforderung, die dadurch an dich gestellt wird, zu unbequem? Möchtest du lieber „bedenkenlos und normal" lieben können, unauffällig und angepaßt? Oder möchtest du, daß deine Tochter, dein Sohn lieber zu den „Normalen, Bedenkenlosen" gehört und dir als Elternteil die unbequeme Konfrontation mit der Frage nach der „Normalität" ersparen möge?

---

37 Vgl. Schellenbaum.

Wir fragen hier nicht nach den Ursachen, sondern nach den *Chancen* der Homosexualität. Haben gleichgeschlechtlich Liebende vielleicht bestimmte Aufgaben, Möglichkeiten, Anforderungen zu bewältigen, ja, sogar Prüfungen zu bestehen?

Wer Wiederverkörperung (Reinkarnation) und Schicksal (Karma) als ernst zu nehmende Hypothesen akzeptiert, muß sich weitere Fragen stellen: Welchen Unterschied macht es – etwa für die Erlebnisqualität und deren karmische Bedeutung –, ob ein Wesen, dem ich begegne, in einem Frauenkörper oder in einem Männerkörper inkarniert ist? Welchen Unterschied macht es, ob ich selbst dabei als Frau oder Mann verkörpert bin? Welchen Sinn hat es, daß nicht alle für mich wichtigen Bezugspersonen im *anderen* Geschlecht verkörpert sind? Und worin liegt – wieder für die Erlebnisqualität und deren karmische Bedeutung – der Unterschied zwischen einer heterosexuellen und einer homosexuellen Liebesbeziehung?

Wir können diese Fragen hier nur aufwerfen. Solange wir sie nicht beantworten können, sollten wir uns jeder Bewertung enthalten. Lievegoed weist uns auf die Verantwortung hin gegenüber Äußerungen über karmische Hintergründe der Homosexualität:

> „Doch gerade die Wahl solcher Inkarnationsbedingungen [...] hat einen tiefen karmischen Hintergrund, den man nur dann zu beurteilen vermag, wenn man in verantwortlicher Weise das Karma eines anderen Menschen durchschauen kann. Solange dies nicht möglich ist, enthalte man sich aller Spekulationen und vor allem allgemeiner Äußerungen über mutmaßliche karmische Hintergründe."[38]

Tabu Homosexualität

In gängigen Handbüchern und Lexika wird die Verfolgung der Homosexuellen eng mit dem Christentum verbunden. Allerdings sind in den vier Evangelien keine Hinweise auf eine homosexualitätsfeindliche Einstellung zu finden. Die Homophobie der Kirchen, die sich christlich nennen, geht wahrscheinlich auf viel frühere Ursprünge zurück.

Vor allem der Ethnologin Gisela Bleibtreu-Ehrenberg verdanken wir umfangreiche Untersuchungen zur Geschichte der Verfolgung männlicher Homosexueller.[39] Sie deckt nicht nur auf, daß die Tabuisierung, Verfol-

38 Lievegoed: Der Mensch an der Schwelle, S. 103.

39 Siehe Bleibtreu-Ehrenberg: Tabu Homosexualität.

gung und Bekämpfung der Homosexuellen bis in Urzeiten zurückgeht. Sie macht auch nachvollziehbar, daß es dabei gar nicht um das ging, was wir heute Homosexualität nennen, vielmehr diente die Verfolgung den Kriegen und Feldzügen hin- und herwandernder Stämme und Völker. Sowohl im nordgermanischen Raum als auch in der Gegend, wo Juden und später Christen gegen eine Bevölkerung kämpften, die fremden religiösen Kulten nachging, setzten sich die Stämme und Völker mit einem harten, wir würden heute sagen „preußischen" Männerbild durch – gegenüber anderen, deren Menschen- und Götterwelt stärker von „weiblichen" Qualitäten bestimmt waren, bei denen vielleicht sogar matriarchale Verhältnisse dominierten.

Bei diesen, in den Auseinandersetzungen meist unterlegenen Stämmen und Völkern finden sich häufig Hinweise auf kultische Formen des Transvestitentums oder gar homosexueller Verhaltensweisen – nicht Homosexualität, sondern homosexuelles Verhalten, das z.B. im Dienst einer Verbindung mit den Göttern stand. In Nordgermanien besiegten die indogermanischen Einwanderer mit ihrem kompromißlosen, kriegerischen Männerbild und ihrer dementsprechenden Götterwelt, in der die Asen regierten, die seßhafte, ackerbauende Bevölkerung, die sich noch älteren Fruchtbarkeitskulten hingab – und deren Götter, die Wanen, unterlagen somit ebenfalls. Ähnliches wird für die Juden und Christen beschrieben: Sie bekämpften die umgebenden Stämme und Völker, weil die nicht den einen, hohen Gott verehrten – und auch sie bekämpften Verweiblichung und Homosexualität vermutlich nur deshalb, weil diese in den fremden Riten eine Rolle spielten.

Diese Forschung bestätigt auch der evangelische Pfarrer Hans-Georg Wiedemann:

> „Die Götter dieser Religionen vor Israel (etwa der vielgestaltige Baal) waren Naturgottheiten, die das Sterben und Aufblühen in der Natur, das sinnliche Leben, widerspiegelten. Sie waren darum auch mit der Sexualsphäre des Menschen eng verbunden. Zu den Kulten dieser Götter gehörte die sakrale Prostitution als heilige Praxis, auch in der Gestalt homosexueller Praxis, in der Regel wohl zwischen Erwachsenen und Jugendlichen. Mit individuellen Beziehungen hatte sie gewiß wenig zu tun. Gegen diese ‚Bräuche der Heiden' mußte sich Israel abgrenzen, weil sie mit seinem Gottesverständnis unvereinbar waren."[40]

[40] Wiedemann, S. 84.

Wiedemann schließt sich dem Urteil eines anderen Theologen, Siegfried Meurer, an und folgert:

> „Der Protest richtet sich in Wahrheit gegen die Sakralisierung des Geschlechtlichen. Das Verbot richtet sich gegen die Baalisierung Jahwes. Nicht die Homosexualität, sondern die Form, in der diese damals betrieben wurde, die kultische Prostitution, wird abgelehnt."[41]

Eine weitere Quelle des Irrtums wird auch gleich zurechtgerückt, die biblische Geschichte vom Untergang der Stadt Sodom (1. Mose 19):

> „Sie spielte in der Homosexuellenverfolgung schon früh eine verhängnisvolle Rolle. Von ihr stammt auch die alte Bezeichnung ‚Sodomie' für Homosexualität. Nun ist aber ganz eindeutig, daß die ‚Sünde Sodoms' im Bruch des heiligen Gastrechtes bestand, indem den Gästen Lots von den ‚Männern der Stadt', das heißt von den Verantwortlichen, die Vertreibung und Vergewaltigung angedroht wurde. Daraus kann kein Verbot homosexueller Liebe herausgelesen werden! In anderen Texten wird die ‚Sünde Sodoms' auch nicht mit der Mißhandlung geschützter Gäste durch (homosexuelle) Vergewaltigung in Beziehung gesetzt, sondern mit der Entfaltung von Pracht, Überfluß und sorgloser Ruhe (Ezechiel 16, 49)."[42]

Die christliche Kirche fing erst zwischen dem 3. und 6. Jahrhundert unserer Zeitrechnung an, Homosexuelle auszugrenzen und zu verfolgen:

> „Im Zuge moralischer Kampagnen zur Konzentrierung der Sexualität auf die Ehe wurde nicht nur der Analverkehr unter Heterosexuellen (als häufige Form der Empfängnisverhütung) bestraft, sondern unter Justinian (527–565) auch verkündet, daß sich Homosexuelle in der Gewalt des Teufels befänden und daß sie verantwortlich seien für schreckliche Plagen. [...] Erst in der reichen sexuellen Kultur des Hochmittelalters liegen wieder erste schriftliche Zeugnisse gleichgeschlechtlicher Liebe vor."[43]

In der Neuzeit bemächtigten sich das Strafrecht und die Medizin der abweichenden Sexualitäten, allerdings in unterschiedlichen Richtungen: Während Preußen 1794 von der Todesstrafe zu Zuchthaus überging, strich

---

41 Ebd., S. 85.

42 Ebd.

43 Dunde, Stichwort: Homosexualität/Schwule.

Bayern 1813 jede Strafbarkeit und hielt Homosexualität nicht mehr für sündhaft, sondern nur noch für „widernatürlich". Im Zuge des erwachenden Glaubens an die Naturwissenschaften wurde jedes abweichende und unerwünschte (nicht nur sexuelle) Verhalten auf organische Ursachen zurückgeführt.

> „Als ‚Therapien' wurden neben der Heirat (‚Ehetherapie') auch kalte Bäder, harte Arbeit, potenzsteigernde Mittel empfohlen, und mit dem Fortschritt der Wissenschaft traten bald auch Kastration, Hypnose, verschiedene Formen von Chemotherapie, Elektroschockverfahren, Hormonbehandlungen und operative Eingriffe ins Gehirn (Stereotaxie) hinzu."[44]

Bei der Gründung des Deutschen Reiches 1871 setzte sich das Strafrecht Preußens durch, der Führungsmacht in Deutschland. Die Strafbarkeit der männlichen Homosexualität wurde als § 175 ins Strafgesetz übernommen. Die Nationalsozialisten verschärften 1935 diese Bestimmung und bestraften schon Umarmungen unter Männern, ja, sogar ein „lüsterner Blick" konnte schon als sexuelle Handlung gelten. Hunderttausende wurden als „Schwule" denunziert; in den Konzentrationslagern bildeten sie als „Häftlinge mit dem rosa Winkel" die unterste Stufe der Gefangenenhierarchie.[45]

Nach Ende des Naziregimes blieb die verschärfte Fassung des Paragraphen bis 1969 bestehen, die Überlebenden des NS-Terrors erhielten keinerlei Wiedergutmachung. Noch 1957 stellte das Bundesverfassungsgericht klar, daß das zu schützende Sittengesetz vor allem durch die Haltung der „beiden großen christlichen Konfessionen" begründet sei. Der § 175 des Strafgesetzes wurde erst im März 1994 abgeschafft und durch eine allgemeine „Jugendschutzvorschrift" ersetzt.

Die weibliche Homosexualität[46] wurde nicht so offen, aber ebenso nachhaltig verfolgt. Nicht wegen ihrer bloßen Existenz, sondern weil sie zu-

---

44 Ebd.

45 Vgl. Rat und Tat Zentrum für Homosexuelle.

46 Auch lesbische Liebe, nach der griechischen Insel *Lesbos*. Dort „führte im 6. Jahrh. v.Chr. die Dichterin Sappho ein der Aphrodite und den Musen gewidmetes Haus, in dem sie junge Mädchen erzog und auf ihre Familienrolle vorbereitete. Aufgrund der innigen Beziehung zu ihren Schülerinnen, wie sie sich auch in einigen Gedichten spiegelt, wurde ‚lesbische Liebe' eine andere Bezeichnung für weibliche Homosexualität, obwohl Sapphos Lebensform von der moderner Lesben sicherlich sehr verschieden war." (Dunde, S. 368)

gleich wesentliche Elemente des Patriarchats ablehnte: eine von Männern gewünschte Frauenrolle oder ganz allgemein die Orientierung an Männern und an männergemachten Werten.

Eindeutige Hinweise auf die strafrechtliche Behandlung von Lesben finden sich in der Halsgerichtsordnung Karls V. von 1532, in der für weibliche Homosexualität die Todesstrafe durch Verbrennen vorgesehen ist. In Preußen galt bis 1747 für weibliche Homosexualität die Todesstrafe, später „nur" noch Freiheitsstrafe. Erst 1871 trat an die Stelle der Strafverfolgung die Pathologisierung und Psychiatrisierung, die Einstufung als bemitleidenswert und behandlungsbedürftig.[47]

Trotzdem lassen sich seit etwa 1900 die Anfänge einer „lesbischen Existenzweise" ausmachen. Mit zunehmender Industrialisierung Deutschlands fanden auch Frauen Zugang zur Erwerbsarbeit und konnten erstmals ein von Mann und Familie unabhängiges Leben führen. Unter dieser Voraussetzung konnte lesbische Liebe auch auf der sozialen Ebene, z.B. in Frauenwohngemeinschaften, gelebt werden. In den 20er Jahren schufen sich Lesben – wie auch Schwule – eine vielfältige Subkultur in Bars, Literatinnenzirkeln usw.[48]

Lesben wurden in der Zeit des „Dritten Reichs" weniger offen diskriminiert und verfolgt als schwule Männer.[49] Allerdings scheint die Erforschung ihrer Verfolgung auch ungleich schwieriger zu sein, was ganz allgemein für die Lebensweise von Lesben gilt:

> „Wir sind in der Spurensicherung lesbischer Geschichte bislang weitgehend auf Fragmente angewiesen, die sich aus moralisierenden, pathologisierenden, fast ausnahmslos entstellenden Publikationen männlicher Zeitzeugen herauskristallisieren lassen."[50]

Heute äußert sich die Diskriminierung von Lesben vorwiegend im Ignorieren und Verschweigen lesbischer Existenz- und Lebensweisen:

> „Die Diskriminierungen von Lesben äußern sich außerdem in einer Art heterosexueller ‚Kolonialisierung', das heißt, die lesbische Existenzweise wird als eigene und positive Lebensweise nicht ernstgenom-

47 Vgl. Brockhaus 1990, Stichwort: Lesbierinnen/Lesben.

48 Vgl. Eldorado, z.B. S. 149 ff.

49 Vgl. Schoppmann.

50 Pieper, Mecki: Die Frauenbewegung und ihre Bedeutung für lesbische Frauen (1850–1920), in: Eldorado, S. 116 ff.

men, weil Heterosexualität als die eigentliche und einzige Lebensform angesehen wird. [...] Alle Menschen, die die Heterosexualität verabsolutieren (‚Zwangsheterosexualität', die jegliches Anderssein ausgrenzt), sind an diesen Diskriminierungen beteiligt, zum Teil sicher ohne sich dessen bewußt zu sein."[51]

★

Da die meisten Eltern und Lehrer auch heute noch nicht auf eine lesbische oder schwule Entwicklung ihrer Kinder vorbereitet sind, erleben die Kinder und Jugendlichen den Prozeß des Sich-Bewußtwerdens ihrer Homosexualität oft als sehr spannungsreich und konflikthaft: Ohne positive Vorbilder im sozialen Umfeld vorzufinden, spielt sich in ihrem Innern ein Kampf ab zwischen Selbstablehnung und Selbstakzeptanz, zwischen Widerstand und versuchter Anpassung an die heterosexuelle Lebenswelt. Junge Menschen stehen in diesem Prozeß oft sehr einsam da, bis sie an lesbische oder schwule Lebenszusammenhänge Anschluß finden. Am Ende dieses Prozesses kann dann eine mehr oder weniger stabile lesbische oder schwule Identität stehen.

Der Weg des inneren und äußeren Coming-out[52] birgt – trotz oder gerade wegen aller inneren und äußeren Konflikte, Einsamkeiten und Spannungen – eine große Aufforderung und Chance: noch mit wenigen Vorbildern und ohne gängige Lebensmuster, aus sich selbst heraus zu authentischen, selbstgestalteten Lebensformen zu finden, die dem Individuellen Rechnung tragen.

„Anders als die anderen"
Szenen und Bewegungen der Lesben und Schwulen

Die Unterdrückung und Bedrohung homosexueller Lebensweisen schuf ganz eigene, größtenteils im Verborgenen gedeihende „Szenen". Solange niemand offen und selbstbewußt schwul oder lesbisch leben konnte, mußten Nischen geschaffen werden, die dem Blick der Allgemeinheit entzogen waren und Kontakte zu Gleichgesinnten ermöglichten – mitmenschlich-soziale, aber auch erotische und sexuelle. So ist beispielsweise aus dem Berlin der 20er Jahre eine Fülle von Bars, Kneipen und Treffpunkten

---

51 Dunde, Stichwort: Homosexualität/Lesben.

52 *Coming-out* ist der Prozeß, sich der eigenen Homosexualität bewußt zu werden und sich öffentlich dazu zu bekennen.

überliefert, in denen sich – trotz der Tabuisierung und Strafbarkeit gleichgeschlechtlicher Sexualität – eine ganz eigene homosexuelle Kultur entwikkelte. Aber auch die Orte anonymer Sexualkontakte und homosexueller Prostitution gehören hierher. Ihre Existenz wurde weit weniger toleriert als die parallelen Erscheinungen der heterosexuellen Welt.

Die erst nach dem Ersten Weltkrieg in vielen größeren Städten Deutschlands gegründeten Vereinigungen von Lesben und Schwulen wurden allerdings nach wenigen Jahren schon wieder von den Nazis zerschlagen. Sie konnten sich nach dem Zweiten Weltkrieg nur langsam wieder etablieren, da der verschärfte § 175 des Strafgesetzbuches jedes öffentliche Bekenntnis – jedenfalls für Männer – unmöglich machte. Lesben wurden zwar nicht vom Strafgesetz verfolgt, gesellschaftlich jedoch ebenfalls erheblich diskriminiert.

Mit der Studentenbewegung begann auch für Homosexuelle ein gewaltiger Aufschwung; 1969 wurde der § 175 reformiert, so daß nur noch homosexuelle Handlungen an Männern unter 21 Jahren strafbar waren, und nach 1973 betrug diese Grenze 18 Jahre. Seit 1994 ist die besondere „Schutzaltersgrenze" für homosexuelle Sexualkontakte ganz aufgehoben, und es gilt die allgemeine „Jugendschutzvorschrift" des § 182 für Homo- wie Heterosexuelle. Im Zuge der sogenannten „Neuen sozialen Bewegungen" entstand eine autonome Schwulenbewegung. Die gleichzeitig entstandene Lesbenbewegung verband sich überwiegend mit der Frauenbewegung, da mehr Gemeinsamkeiten zwischen der Unterdrückung der Lesben mit der allgemeinen Benachteiligung und Diskriminierung von Frauen gesehen und beschrieben wurden als mit der Unterdrückung der Schwulen.[53]

Heute findet sich in jeder Großstadt der westlichen Welt ein differenziertes kulturelles Leben les-bi-schwuler Prägung. Auch im allgemeinen öffentlichen Leben wird der Einfluß und Anteil der Lesben und Schwulen immer sichtbarer.

---

53 Vgl. Dunde, Stichwort: Soziale Bewegungen und Sexualität.

Lebensbericht von Frau Z. (37), einer lesbischen Frau

„Arbeitsgruppen in der Waldorfschule helfen auch ganz gut, möglichst wenige Abende gemeinsam zu Hause verbringen zu müssen“

Warum muß ich darum kämpfen, daß andere mich als Mensch, als Frau leben lassen? Daß andere mich nicht verachten, weil ich anders fühle als viele Menschen in unserer Gesellschaft? Daß andere mich nicht verurteilen, weil ich 31 Jahre gebraucht habe und den „Umweg“ über die Ehe machen mußte, bis ich spürte, wo mein Weg im Leben langgeht? Jetzt als Mutter wird mir die Schuld zugesprochen, daß drei kleine Kinder nicht in einem harmonischen Elternhaus groß werden können, wo Mama und Papa sich liebhaben und eine warme Hülle bieten können. Bald wird Mama in X-Stadt wohnen und Papa in Y, es wird zwei Zuhause geben und zwei mal zwei Erwachsene – nicht „zwei Elternpaare“: Andreas wird wieder eine Partnerin haben, mit der er vor unserer Gesellschaft als „Elternpaar“ gilt. Ich aber werde, wenn es das passende Puzzleteil zu mir gibt, mit einer Frau leben – weil ich *lesbisch* fühle. Heute muß ich dieses Wort nicht mehr wegschieben, mich verkriechen oder gar weinen aus Angst vor seiner Macht. Alle harten Schalen, die mir mindestens zwei Jahrzehnte lang offenes Lachen und ein ungezwungenes Leben verwehrten und mich unfrei machten im Umgang mit meinen Kindern, haben entweder große Risse oder sind schon gebröckelt. Ich fühle Regen auf der Haut und Wind in den Haaren, *ich lebe!* Ich darf echte Gefühle haben und zeigen, ich muß keine falschen Gefühle mehr ertragen, die mich einkerkern!

Andreas, mein Ehepartner, weiß inzwischen, wie ich fühle, und er wußte schon vor unserer Eheschließung, daß er sich kein Betthäschen als Frau gewählt hatte. Das wollte er aber nie wahrhaben, wollte wohl übersehen, wie ich mich um die „ehelichen Pflichten“ zu drücken versuchte: vom billigen Argument der Kopf- und Rückenschmerzen (die oft wirklich da waren) bis zur Müdigkeit (die bei der vielen Arbeit, die ich mir gerne aufhalse, niemanden wunderte). Und wenn es keine Argumente mehr gab, kam der Wettlauf um die Bettgehzeit: War ich früh genug, schlief ich schon so tief, daß er sich hüten mußte, mich anzutasten; ging er früher zu Bett, blieb ich wach und arbeitete, bis er schlief. Arbeitsgruppen in der Waldorfschule helfen auch ganz gut, möglichst wenige Abende gemeinsam zu Hause verbringen zu müssen.

Sicher hätte ich noch eine Weile in diesem inneren und äußeren Gefängnis leben können. Die ersten Jahre konnte ich mich noch zwingen, „meiner Pflicht" nachzukommen, und das alltägliche Zusammenleben mit Andreas war danach wieder harmonisch und liebevoll. Aber irgendwann wurden die Spannungen unerträglich. Ich fühlte mich eigentlich immer nur benutzt – obwohl Andreas gar kein Grobian ist. Ich mußte seine Zärtlichkeiten oft abblocken, weil sie immer mit dem Ziel verknüpft waren, als „Krönung" miteinander zu schlafen – nein, wir schliefen ja nicht miteinander, er schlief mit mir, ich hielt aus und hoffte bald wieder auf meine Ruhe. Und die war dann keine Ruhe, sondern tief besetzt mit Schuldgefühlen, weil ich nichts zu geben hatte.

Selbstvorwürfe

Aus diesem Schneckenhaus konnte ich nur ausbrechen, wenn ich den sehnlichen Wunsch nach Kindern hatte. Unsere drei liebenswerten und willensstarken Kinder haben immer rechtzeitig ein warmes, lichtes Zeichen in mein Herz gepflanzt, bevor sie kommen wollten. Heute frage ich mich schon, warum sie mich als Mutter gewählt haben ... Wenn sie deutlich klar gemacht hatten, daß sie nun zu uns kommen müßten, setzte mein Wille ein. Mit ihm und einer „eingesetzten" Lust für Andreas schaffte ich es dann immer, ihn über kurz oder lang davon zu überzeugen, wie gut es wäre, einem Kind den Weg zu uns zu ebnen. Das lief nie auf rationaler Ebene ab, nie mit Vorsatz – und doch muß ich genau das heute als größten Vorwurf hören. Andreas glaubt, ich hätte ihn bewußt benutzt: „Jetzt hast du dein Ziel erreicht. Du hattest einen Zeuger, und nun auch noch einen Zahler – was willst du mehr?"

Die anhaltenden Zwischenblutungen nach der Geburt des letzten Kindes führte der Frauenarzt auf meine Psyche zurück. „Sie sind überlastet, gönnen Sie sich etwas mehr Ruhe, arbeiten Sie nicht so viel, dann wird es Ihnen sicher bald besser gehen." Solche Sprüche hörte ich mir oft an, glaubte sie sogar. Bis ich auf die Idee kam, daß ich mich vielleicht nicht nur seelisch, sondern auch körperlich zusammenziehe und die Spirale dann störend wirkt und mich blutig reißt. Auch andere Schmerzen wiesen darauf hin: Der Nacken war knochenhart, die Rückenmuskulatur krampfte sich immer wieder schmerzhaft zusammen, der Magen war oft nur ein harter Kloß ... Diese scheinbaren Äußerlichkeiten ließen mir keine Ruhe, und ich fragte mich immer stärker: Warum bin ich „so komisch"? Warum kann ich mit einem Mann nur etwas Kribbeliges empfinden, wenn ich mit ihm flirte, aber nicht, wenn er dann die Erlösung seiner Anspannung sucht, warum krieg' ich dann Panik und muß mich wehren?

Irgendwann wußte ich vor Selbstvorwürfen keinen Rat mehr und erzählte alles meinem Frauenarzt – obwohl ich mich schämte, aber ich wollte meine Beziehung zu Andreas retten! Dieser Frauenarzt hat sich wohl tief in seinem eigenen Mannsein getroffen gefühlt. Er konnte mir nur antworten: „Ihr armer Mann – Sie sind nicht normal, Frau Z." Ich fühlte mich wie verprügelt, hatte aber auch kein Gegenargument, denn ich wußte ja schon immer, daß ich „so komisch" war. (Vielleicht hatte er ja recht?) Ich schlich ziemlich bedrückt nach Hause. Wie so oft konnte ich Probleme nur bei meiner Freundin Frauke abladen. Bei ihr fühlte ich Vertrauen und Geborgenheit, zu ihr konnte ich immer ehrlich sein. Sie tröstete mich innig und warm, gab ihrer Wut auf den Arzt Ausdruck und versuchte, mich aufzuheitern. Ich war froh, wenigstens bei ihr angenommen zu sein. Sie versuchte aber auch, mich immer wieder davon zu überzeugen, ich sei nur überarbeitet – und außerdem würden Andreas und ich auch recht phantasielos mit unserer Sexualität umgehen.

Für mich dagegen verdichtete sich der Gedanke „Ich bin lesbisch" immer stärker. Frauke wollte mich vom Gegenteil überzeugen, wußte aber nicht wie. Unsere Freundschaft war schon mehrere Jahre sehr stark gewesen, auch unsere Familien harmonierten wundervoll, die Kinder fühlten sich sehr verbunden und unsere Männer waren gute Freunde – heute können sie sich nicht mehr in die Augen sehen. Nur weil Frauke mir einen wahren Liebesdienst erweisen wollte, im schönsten Sinn des Wortes: Sie beschloß, mich erleben zu lassen, daß ich mich sofort angewidert umdrehen würde und glücklich wäre, Andreas als Sexualpartner zu haben, wenn ich von einer Frau zärtlich und eindeutig gestreichelt würde ...

Diese Nacht wird uns wohl ewig in Erinnerung bleiben, sie machte viele Türen in mir auf und hinterließ ein wohliges Gefühl von Liebe, Lust und eigenem Annehmenkönnen. Frauke aber war sehr durcheinander, sie hatte mit meiner Reaktion so nicht gerechnet. Die Zärtlichkeit hatte sie zwar ein Stück weit genießen können, aber Moralvorstellungen und ihre Haltung zu mir kamen damit kräftig ins Wanken. Sie wollte nie meine Geliebte sein, nur meine Freundin. Heute, da ich eine wunderschöne Liebe zu einer anderen Frau spüre und zulassen kann, ist mir die vertraute Freundschaft zu Frauke wertvoller denn je. Wir sind Verbündete fürs Leben.

Andreas aber war tief verletzt (er ist es heute noch), weil er sich in seiner

Männlichkeit nur ausgenutzt und dann verstoßen fühlte. Wie schnell sind die Mitmenschen mit dem Verurteilen von Lebensformen, die sie selbst nicht nachempfinden können! Und Moralbegriffe, die Schuldgefühle hervorrufen, wurden auch schon in der Kindheit haufenweise in mir verankert. Sie wirken; und sie erschweren meinen Lebensweg enorm – auch wenn mir das Gefühl ein klares, ehrliches und jubelndes „Ja“ zu meinem lesbischen Leben zuwirft.

Ich rekapituliere

Meine Gedanken gehen zurück in die Jugend und Kindheit. Hätte ich meine Empfindungen zu Frauen schon früher feststellen können?

Da fällt mir zuerst eine Freundin meiner Mutter ein, ich war etwa sechs oder sieben: Sie erschien mir nur weich, warm und in sich „rund“. Und schön. Ich durfte ihr Kind sein, das sie sich so lange gewünscht hatte und das doch nicht zur Welt gekommen war. Ihre Liebe fühlte ich wie Nahrung.

Dann die Zuneigung zu einer Nachbarin, deren Kinder ich jahrelang gehütet und der ich in Haus und Garten geholfen hatte. Sie nahm mich als erwachsen an, obwohl ich erst 14 war. Sie und ihr Mann hatten viele Probleme mit sich selbst, und ich versuchte zu helfen, zu trösten, zu vermitteln. Zu der Frau empfand ich innige Zuneigung. Ihr Mann brachte mir ebensoviel Vertrauen entgegen, bewies Stärke, Sicherheit und eine brüderliche Wärme, nach der ich mich immer gesehnt hatte. Ich wurde seine Trösterin und er mein erster Mann. Lange glaubte ich, uns verbände Liebe, aber nach viereinhalb Jahren, als er doch endgültig zu seiner Frau zurückkehrte, wurde mir klar, daß ich nur ein „Püppchen“ war, das bei Bedarf aus der Schublade gezogen werden konnte, dankbar für jede Zärtlichkeit und ganz attraktiv zum Vorzeigen bei Geschäftskollegen. Mit der körperlichen Beziehung hatte ich ihn an mich binden können.

Die nächste war Doris: Ich war 17 und sie 21, jung verheiratet und wohnte im gleichen Haus wie wir. Sie morgens wachzuküssen oder ihr heimlich Liebesbrieflein unter der Türe durchzuschieben war eine Wonne – aber ohne jeden sexuellen Wunsch, meine Erziehung ließ die Möglichkeit der Liebe zwischen Frauen gar nicht aufkommen. Schuldgefühle bekam ich erst, als Doris und ich eines Tages auf dem Weg zur Stadt fröhlich Hand in Hand die Straße hinuntergehopst waren und meine Mutter mich, als wir zurückkamen, zornig empfing und mir vorwarf, mich unschicklich, ja, unsittlich benommen zu haben. „Was sollen denn die Nachbarn denken!" – nur weil wir Hand in Hand gegangen waren. Ich verinnerlichte: Zwei Frauen zusammen, das muß schmutzig sein.

Dann die Lehrerin der 7. Klasse: eine weiche, warme, herzliche Frau; für mich war sie wunderschön, ich hätte ihr jeden Wunsch erfüllt. Durch ihre Nachhilfe schaffte ich den Schritt zur Realschule. Ich lernte nur für sie und aalte mich in ihrer Nähe und Wärme.

Und schließlich die Mitschülerinnen der 12. Klasse. Fast alle hatten schon feste Bubenfreundschaften, ich dagegen war eher unscheinbar und ziemlich kleinkariert erzogen, immer auf der Suche nach jemandem, der ein Fünkchen „Ich mag dich!" ,rüberschickt. Ich bewunderte Hannelore, die hübsche, starke, selbstsichere Frau; ich war die Streberin, bei der alle immer abschreiben durften, weil ich meist mit gutem Schulwissen ausgestattet war. Wenigstens durch mein Nützlichsein bekam ich ein wenig Freundschaft.

„Ich sah in den Sternenhimmel und fragte mich ..."

In meinen folgenden Beziehungen zu Männern wurde mir deutlich, wie wichtig die Sexualität für sie war. Brav spielte ich meine Rolle mit, da auch ich Zuwendung brauchte und das Wissen um einen starken Partner zum Anlehnen. Spaß oder Lust an der Männlichkeit empfand ich nur bei der Eroberung und beim Flirt. Sobald sie mehr von mir wollten, bekam ich Panik.

Als ich meinen Mann kennenlernte, war ich berufstätig und er als Student in meinem Arbeitsbereich tätig. Sein Frohsinn, Humor und Ideenreichtum machten ihn mir interessant und sicher auch seine etwas feminine Art. Sport, Natur, Lesen, Diskutieren, Kindererziehung waren unsere gemeinsamen Interessen. In dieser Harmonie war aber von Anfang an eine Schwierigkeit – wieder mal die Sexualität. Seine männlichen Bedürfnisse waren so groß, daß bei Nichterfüllung immer Spannungen entstanden, die wegen Kleinigkeiten zu allerlei Auseinandersetzungen führten. Ich versuchte, Situationen zu finden, in denen ich mich einigermaßen öffnen konnte, um mein „Soll" zu erfüllen. Da wir aber ansonsten wundervoll harmonierten, meinte ich, wir könnten auch heiraten – sicher war mein Kinderwunsch dafür auch nicht unerheblich.

Am Abend vor der Hochzeit stand ich vor dem Haus, sah in den Sternenhimmel und fragte mich, ob der nächste Schritt wirklich richtig sei.

Meine Mutter hatte gesagt: „Das Wichtigste ist, daß ihr euch gut versteht, alles andere kommt von selbst.“ Auch ich hoffte, den „Dreh“ noch zu kriegen und Freude am Beischlaf und den Zärtlichkeiten eines Mannes zu finden. Ich bemühte mich immer intensiv, mein Wille zu einer intakten Ehe war stark – bis ich feststellte, daß ich mich damit zugrunde richte. Ich wurde härter im Umgang mit mir selbst und anderen. Aber meine Offenheit für Frauen konnte ich mir glücklicherweise erhalten, und es gab immer wieder Freundschaften, die mir viel bedeuteten. Nur, aus meinem Gefühlsgefängnis heraus konnte ich nie den Weg bis zum Innersten, der Mitte und dem Herzen einer Frau antreten.

Erstmals ganzheitlich fühlen können

Immer wieder kreisen meine Überlegungen um die Zukunft: Noch bis vor kurzem glaubte ich, wir könnten als Familiengemeinschaft in demselben Haushalt zusammenleben. Doch heute muß ich mir eingestehen, daß ich damit nicht glücklicher würde, auch wenn jeder von uns seine andere Partnerschaft lebt. Ich kann Andreas nicht mehr neben mir ertragen. Durch seine Anklagen fühle ich mich an die Wand gedrückt; mir fehlt die Luft zum Atmen. Wenn dieser hinsichtlich seiner eigenen Gefühle sonst so verschlossene Mensch nun bei Bekannten, Freunden und Kollegen mit „meiner Geschichte“ hausieren geht, fühle ich mich ständig im Zugzwang, muß reagieren und mich rechtfertigen: Alle fragen schon nach kurzer Zeit, wie das mit den Kindern weitergehen soll, meist mit dem unausgesprochenen Vorwurf, wie egoistisch doch meine Bedürfnisse seien und wie verantwortungslos ich mit den Kinderseelen umginge. Sie sehen nicht, daß es auch für die Kinder wichtig ist, ein ehrliches Leben zu führen. Ich will meine Kinder nicht belügen, ihnen nicht eine „heile Welt“ vorspielen, von der sie doch spüren, wie unwahr sie ist.

Ich kann die Menschen um mich herum in zwei Kategorien einteilen: Die einen sind nur sogenannte „Freunde“, die mich nicht verstehen und nur gute Ratschläge geben, z.B.: „Geh doch mal zum Arzt“, „Geh doch mal zur Kur“, oder sich nur verständnislos umdrehen. Zu ihnen gehört auch die Priesterin der Christengemeinschaft, bei der wir uns Rat holen wollten: In einer Ehe sei Sexualität notwendig, weil der Mann(!) das braucht. Die Frau könne problemlos ein Leben lang ohne sexuelle Wünsche und deren Verwirklichung leben, da sie so veranlagt sei. Der Mann aber könne sexuelle Bedürfnisse keinesfalls längere Zeit unterdrücken, er könne auch nichts dafür, er sei eben so geschaffen, daß er das ausleben müsse. Auf meine Frage, ob ich dazu stillzuhalten hätte, bekam ich die Antwort: „Gott hat es so gewollt. Es ist egoistisch, sich als Frau dagegen zu wehren." Sie wußte noch mehr: Eine weiblich-gleichgeschlechtliche Liebe gebe es gar nicht. „Liebe zwischen zwei Frauen kann bestenfalls eine gute Freundschaft sein, nie aber wirkliche Liebe." Denn aus einer solchen Beziehung können keine Kinder erwachsen, deshalb könne so etwas von Gott nicht gewollt sein. Außerdem würden zwei gleichgeschlechtliche Körper nie so zueinander passen wie Mann und Frau.

Zum Glück gibt es auch die anderen Freunde, die mich ganz fest halten, weil sie ahnen, daß der Weg, den ich für meine Lebensfindung gehe, kein leichter ist – weder in mir selbst noch außerhalb. Ich wünsche mir, daß alle, anstatt ein exotisches Wesen in mir zu sehen, mich sein lassen können, wie ich bin, wie ich fühle: weder abartig noch gefährlich, auch nicht anstekkend – selbst wenn dabei manche „normale" Frau Spuren ihres eigenen Empfindens wiederfindet.

Ich glaube heute, daß Frauen wie meine Mutter, Schwiegermutter oder Großmutter nur deshalb so entrüstet reagieren, weil sie feststellen, daß sie einen Teil ihres Lebens, vor allem der Kinder wegen, ungeliebt und eher benutzt gelebt haben. Das könnten sie sich aber nie laut eingestehen, damit müßten sie ein bißchen Feigheit zugeben und sich fragen, warum sie immer so still gehalten haben. Der bequemere Weg ist, mir als „Rebellin" verantwortungsloses Handeln gegenüber den Kindern vorzuwerfen. Jede würde gern weiter eine harmonische Waldorffamilie sehen: In Familien, die mich bislang gerne zu Gast hatten, wird mein Mann jetzt voll Mitleid aufgenommen, ich aber von den harmonischen Waldorfkreisen ausgeschlossen. Vielleicht steckt ein wenig Angst vor dem Unbekannten darin.

Daß diese Menschen damit weder Andreas, mir noch den Kindern einen Gefallen tun, merken sie nicht. Sie sortieren nach ihrem Verständnis in Gut und Böse, ohne dabei zu beachten, welche Schmerzen sie den Kindern zumuten. Die haben uns beide gleichermaßen lieb, und sie haben eine sehr feine und tolerante Antenne für uns beide. Zur Zeit sind sie sehr fröhlich und ausgelassen, weil wir beide es auch sein können. Seit Andreas eine Liebesbeziehung zu einer anderen Frau gefunden hat, ist er sehr viel umgänglicher und sogar manchmal öffentlich fröhlich. Auch mir gibt die Liebe (zum erstenmal darf ich wirklich ganzheitlich so fühlen!) zu meiner neuen Freundin so viel Kraft, Mut und Selbstwert, nicht zuletzt auch Frohsinn, daß ich mit den Kindern wieder frei und fröhlich sein kann. Das spiegelt sich auf dem direktesten Weg bei ihnen wider. Vor unseren Kindern sind die Namen und Personen der Frauen kein Geheimnis. Wie wichtig alle zwei für uns sind, erspüren die Kinder auch ohne Erklärungen. Ich bin überzeugt, daß dieser ungewöhnliche, aber ehrliche Weg für uns fünf bzw. sieben der richtige ist.[54]

[54] Diese Lebensgeschichte wurde in der Zeitschrift *Info3* (5/1994) veröffentlicht. Der Abdruck erfolgt mit freundlicher Genehmigung der Autorin und von *Info3*.

Mann und Frau: Geschlechter der Liebe?

Der Gegensatz von Mann und Frau spielt in den heutigen sozialen Auseinandersetzungen eine überragende Rolle. Zwar hat sich gesamtgesellschaftlich in den letzten Jahrzehnten viel getan, doch scheinen die erfreulichen Entwicklungen, die geholfen haben, das krasse Ungleichgewicht der Geschlechter langsam abzubauen, an großen Teilen der anthroposophischen Welt spurlos vorübergegangen zu sein. Da werden die überlieferten Rollen von Mann und Frau nicht nur wie selbstverständlich gelebt, sie werden sogar durch scheinbar anthroposophische Argumente gerechtfertigt, ja, sogar ins Kosmische überhöht und zum „Urprinzip" hochstilisiert – und damit im Sozialen zementiert. Wir werden das in diesem Kapitel illustrieren und versuchen, uns mit den entsprechenden anthroposophischen Grundgedanken auseinanderzusetzen und sie auf die Berechtigung solcher Stilisierung abzuklopfen.

Die starke Betonung des Ungleichgewichts und des Gegensatzes zwischen Mann und Frau führt nicht nur zur Festschreibung der Geschlechterrollen, sondern auch dazu, daß alle, die von der „Norm" abweichen, mit Skepsis, Abwehr oder gar Abscheu betrachtet werden: selbstbewußte Frauen, die das vorgegebene Rollenklischee durchbrechen; gleichgeschlechtlich Liebende, die den angeblich „naturgegebenen" Gegensatz und die „gottgewollte" Ergänzung von Mann und Frau ignorieren; Transsexuelle und andere, die die Geschlechterunterschiede für sich nicht akzeptieren ... Manche von ihnen werden sogar pathologisiert, für „krank" erklärt: Es ist noch nicht lange her, daß Lesben, Schwule und Transsexuelle von anthroposophischen Ärzten und Therapeuten die niederschmetternde Diagnose hören konnten, bei ihnen sei der Ätherleib nicht richtig entwickelt, sie seien auf einer pubertären Entwicklungsstufe stehengeblieben oder einfach „nicht richtig inkarniert".[55]

55 Dies ist keine Diffamierung, sondern Erfahrung von Mitgliedern des Arbeitskreises „Bi/Homosexualität und Anthroposophie".

Diese Ablehnung und Abwehr macht auch blind gegenüber wichtigen Entwicklungstrends. Wir wissen zwar nicht, ob geschlechtliche Grenzgänger (z.B. Lesben, Schwule, Transsexuelle u.a.) in den letzten Jahrzehnten mehr geworden oder nur häufiger an die Öffentlichkeit getreten sind – in jedem Fall ist dies jedoch ein gesellschaftlicher Trend, dem sich eine moderne Bewegung stellen muß. Wenn man dann noch hört, es sei die weltgeschichtliche Aufgabe der Anthroposophie, die Wiedervereinigung der beiden Geschlechter vorzubereiten,[56] wundert man sich noch mehr, daß gerade die anthroposophische Bewegung besonders wenig getan hat, um auf solche unübersehbaren Trends und Tendenzen mit adäquaten Antworten und Angeboten zu reagieren.

★

Was kann diesen bedenklichen Entwicklungen (bzw. Nichtentwicklungen) entgegengesetzt werden?

Bei Rudolf Steiner findet sich ein Hinweis, der uns zu keinem anderen Thema in ähnlicher Weise begegnet ist: Er deutet auf ein „*Geheimnis* der Menschennatur" hin, dessen Erkenntnis „der Schlüssel zu wichtigen Lebensrätseln" sei, und fährt fort:

> „*Vorläufig ist es nicht erlaubt, den Schleier, der über dieses Geheimnis gebreitet ist, hinwegzuheben ...*"[57] (Im Original kursiv!)

Offenbar gibt es, so öffentlich die Inhalte der Anthroposophie auch sind, doch noch Geheimnisse, die selbst Steiner seinen Zeitgenossen noch nicht offenbaren durfte. Und dieses Geheimnis hängt mit „weiblich" und „männlich" zusammen – bzw. mit dem Ausgleich dieser beiden Prinzipien in der Vereinigung der Seele mit dem Geist. Der geheimnisvolle Hinweis Steiners sollte uns veranlassen, die Begriffe Frau und Mann, „weiblich" und „männlich" sehr vorsichtig und zurückhaltend zu handhaben, solange wir nicht genauer wissen, welche Geheimnisse unter diesem Schleier schlummern.

Zudem findet sich bei Steiner immer wieder der eindeutige Hinweis, daß das „Weibliche" und das „Männliche" nur für die niederen Wesensglieder des Menschen eine Bedeutung haben:

---

56 Siehe später in diesem Kapitel.

57 Steiner: GA 11, Kapitel: Die Trennung der Geschlechter. – Es geht dort im Zusammenhang mit der Geschlechtertrennung um die „innere Gleichheit", die durch das Zusammenwirken von Seele und Geist entsteht. Dies wird im nächsten Kapitel ausführlicher wiedergegeben.

„Das höhere Innere des Menschen hat nichts zu tun mit Mann und Weib.“[58]

Diese Mahnung sollte uns ebenfalls vorsichtig machen gegenüber jeder Überhöhung des Geschlechtergegensatzes.

Trotzdem müssen die Begriffe „weiblich“ und „männlich“ – selbst da, wo sie berechtigt sind – einer radikalen Kritik unterzogen werden. Sie sind nicht nur schwammig und undeutlich, sie unterliegen gerade dadurch einer ausgesprochenen Sprachverwirrung und sind für alle möglichen Projektionen geeignet.

„Weiblich“ und „männlich“ – Frau und Mann

Dürfen wir die Worte „weiblich“ und „männlich“ überhaupt noch verwenden? Der Mann hat „weibliche“ Sexualhormone – mit welchem Recht dürfen die beim Mann „weiblich“ genannt werden? Auch Frauen neigen im Alter zu Bartwuchs und verlieren immer mehr ihrer „weiblichen“ Attribute. Offenbar ist da ein Spektrum, das viele Mischungen und Zwischenstufen kennt. Niemand ist zu 100 % Frau oder Mann. Ob ich ein Wesen Frau oder Mann nenne, hängt davon ab, nach welchen Prinzipien das äußere Erscheinungsbild beurteilt wird.

Noch komplizierter wird die Sache, wenn wir hören, die Seele der Frau sei „männlich“, die des Mannes „weiblich“.[59] Wenn die Seele der Frau „männlich“ genannt werden darf, ist offenbar nicht ihr Vorkommen in der Frau für diese Bezeichnung maßgebend, sondern die Art ihrer Eigenschaften: Was den Mann auf der körperlichen Ebene auszeichnet (und deswegen „männlich“ genannt werden darf), findet sich danach bei der Frau nicht im Leiblichen – das wäre „weiblich“ –, sondern auf der seelischen Ebene. Deshalb habe die Seele der Frau einen „männlichen“ Charakter. Das ist verwirrend: Der Leib des Mannes sei „männlich“, weil er beim Mann vorkommt; die Seele der Frau sei auch „männlich“, aber nicht weil sie beim Mann vorkommt, sondern weil sie ähnliche Eigenschaften hat wie der Leib des Mannes. Ausgangspunkt für die Begriffe „männlich“ und „weiblich“ ist hier also immer die körperliche Erscheinung, der physische Leib. Sobald

58 Ebd.

59 Vgl. nächstes Kapitel.

diese Begriffe auf die Seele angewandt werden, müssen sie eigentlich in Anführungszeichen stehen, denn sie werden in übertragenem Sinne benutzt.

Selbst Rudolf Steiner macht es uns nicht leicht, denn auch in seinen Texten finden sich diese Begriffe nicht immer eindeutig. Ein Beispiel (es geht um die Prozesse der Geschlechtertrennung in der lemurischen Zeit):

> „Zwei Individuen entstehen, das eine mit physischer Weiblichkeit und das andere mit physischer Männlichkeit: Die Weisheit hat beim Manne weiblichen, beim Weibe männlichen Charakter. [...] Wir haben es also mit männlich gefärbter Weisheit im Weibe und weiblich gefärbter Weisheit im Manne zu tun. Diese weiblich gefärbte Weisheit ist passiv, ist geeignet aufzunehmen, zu hören, zu schauen, aufzunehmen, was ringsherum ist. Die männlich gefärbte Weisheit, die aktive Weisheit, bringt hervor. Daher haben wir eine zweifache Weisheit: die weibliche Weisheit, die aktiv ist und die natürlich auch auf die Männer übertragen wird; so daß es auch genügend Männer gibt, die die weibliche Weisheit übernehmen."[60]

Hier werden die Worte „weiblich" und „männlich" in verschiedenen Bedeutungen gebraucht: Da ist zuerst von „physischer Weiblichkeit" (und Männlichkeit) die Rede; dann am Ende des Zitates von „weiblicher Weisheit" – gemeint ist aber die kurz zuvor genannte „männlich gefärbte Weisheit im Weibe", also die Weisheit der Frau. Ganz verwirrend wird es, wenn drittens diese – „männlich gefärbte" – „weibliche" Weisheit (der Frau) wiederum von Männern (Trägern „physischer Männlichkeit") übernommen wird.

Steiner zieht aus der hier angesprochenen Schwierigkeit, daß Frau und Mann eigentlich „gemischte" Wesen sind – gemischt aus „weiblichen" und „männlichen" Eigenschaften und Prinzipien –, den entgegengesetzten Schluß: daß man eigentlich die Worte „Frau" und „Mann" nicht mehr verwenden könne:

> „Beim männlichen Geschlecht ist der Ätherleib weiblich, beim weiblichen Geschlecht männlich. [...] Angesichts dieser Tatsache aber hört die Möglichkeit auf, im strengen Sinne des Wortes von Mann und Weib zu sprechen, sondern man muß sprechen von männlichen und

60 Steiner: GA 93, Vortrag vom 23.10.1905 (nur vor Männern).

> weiblichen Eigenschaften. Die Frau kehrt gewisse Eigenschaften nach außen, entgegengesetzte nach innen. Das Weib hat im Innern männliche Eigenschaften, der Mann weibliche."[61]

Die Begriffe „weiblich" und „männlich" sind aber, wie bereits dargestellt, von der *physischen* Ebene aus gebildet. Sie konservieren dadurch die Vorstellung vom unüberwindbaren Gegensatz von Mann und Frau, den auch Steiner überwinden möchte:

> „Die soziale Stellung der Frau ist zumeist deshalb eine so unwürdige, weil sie in vielen Punkten, wo sie es sein sollte, nicht bedingt ist durch die individuellen Eigentümlichkeiten der einzelnen Frau, sondern durch die allgemeinen Vorstellungen, die man sich von der natürlichen Aufgabe und den Bedürfnissen des Weibes macht."[62]

Da erscheint es als Widerspruch, wenn derselbe Steiner wie selbstverständlich davon spricht, daß Mann und Frau „durch ihre Körperlichkeit" eben bestimmte „Eigenschaften" entwickeln:

> „Das Weib hat im Innern männliche Eigenschaften, der Mann weibliche. Wenn also der Mann durch seine äußerliche Körperlichkeit beispielsweise zum Krieger wird, indem diese äußere Tapferkeit gebunden ist an die äußere Organisation seines Körpers, so hat die Frau die innere Tapferkeit, die Fähigkeit zur Aufopferung, der Hingabe. Der Mann geht, wenn er sich zum Schaffen erhebt, in dem auf, was draußen ist. Die Frau wirkt in hingebungsvoller Passivität in der Welt."[63]

Auf der leiblichen Ebene sind Frau und Mann unterschiedlich organisiert und veranlagt – aber dieser Unterschied ist auf die leibliche Ebene beschränkt. Schon die in die gleiche Richtung wirkenden Einflüsse der Sozialisation sind leichter gestaltbar und oft sogar überwindbar. Wenn das soziale Leben nach geistigen Impulsen gestaltet wird – anstatt nach Gesichtspunkten, die nur im Leiblichen ihre Berechtigung haben –, kann dem massiven Übergreifen der biologischen Geschlechterdifferenz auf das soziale Leben etwas Geistiges entgegengesetzt werden.

---

61 Steiner: GA 56, Vortrag vom 18.3.1908.

62 Steiner: GA 4, Kapitel XIV: Individualität und Gattung.

63 Steiner: GA 56, Vortrag vom 18.3.1908.

Entstehung und Überwindung der Geschlechter

Viele Zeugnisse der Kulturgeschichte weisen darauf hin, daß der Mensch nicht schon immer in zwei verschiedenen Formen, als Frau und Mann, auf der Erde lebte, sondern daß es in früheren Zeiten einen Urmenschen gab, der beide Geschlechter in sich vereinte, einen doppelgeschlechtlichen *Androgyn.* Die Vorstellung Platos vom zweigeschlechtlichen Kugelmenschen wurde bereits zitiert.[64]

Nach den Angaben Rudolf Steiners fand die Trennung der Geschlechter in der „lemurischen Zeit" statt, einer Periode, die weit vor den heute geschichtlich oder archäologisch erschlossenen Zeiträumen liegt.[65] Der Sinn der Geschlechtertrennung ist demnach nicht primär die physische Zeugung – die gab es auch vorher, sie wurde lediglich von innen nach außen verlagert –, sondern eine „geistige Befruchtung" der Seele durch den Geist. Neu ist die *Fähigkeit des Denkens:* Geschlechtertrennung bedeutet denken lernen, Bewußtsein entwickeln, innere Vollständigkeit erwerben:

> „In einer alten Zeit erscheinen menschliche Formen vor uns, weich, bildsam, ganz verschieden von den späteren. Sie tragen noch die Mannes- und Frauennatur gleichmäßig in sich. Im Verlauf der Zeit verdichten sich die Stoffe; der Menschenleib tritt in zwei Formen auf, von denen die eine der späteren Mannes-, die andere der späteren Frauenbildung ähnlich wird. Als dieser Unterschied noch nicht aufgetreten war, konnte jeder Mensch einen anderen aus sich hervorgehen lassen. Die Befruchtung war kein äußerer Vorgang, sondern etwas, was sich im Innern des Menschenleibes selbst abspielte. Dadurch, daß der Leib männlich oder weiblich wurde, verlor er diese Möglichkeit der Selbstbefruchtung. Er mußte mit einem anderen Leibe zusammenwirken, um einen neuen Menschen hervorzubringen.
>
> Die Trennung der Geschlechter tritt auf, als die Erde in einen bestimmten Zustand ihrer Verdichtung kommt. Die Dichtigkeit des Stoffes unterbindet einen Teil der Fortpflanzungskraft. Und derjenige

---

64 Siehe Kapitel: Homosexualität: Liebe zu den gleichen anderen.

65 Die anthroposophische Sicht der Weltentwicklung wird von Rudolf Steiner vor allem in seinem Grundlagenwerk *Die Geheimwissenschaft im Umriß* (GA 13) beschrieben. Zum Thema Geschlechtertrennung, Androgyn usw. ist viel Material in dem Buch *Der Urmensch und der Mensch der Zukunft* von *Gerhard Wehr* gesammelt.

Teil dieser Kraft, der noch wirksam ist, bedarf der Ergänzung von außen, durch die entgegengesetzte Kraft eines anderen Menschen. Die Seele aber muß sowohl im Manne wie in der Frau einen Teil ihrer früheren Kraft in sich selbst behalten. Sie kann diesen Teil nicht in der leiblichen Außenwelt verwenden. – Dieser Kraftteil richtet sich nun nach dem Innern des Menschen. Er kann nicht nach außen treten; deshalb wird er für innere Organe frei. – Und hier tritt ein wichtiger Punkt in der Menschheitsentwickelung ein. Vorher hat das, was man Geist nennt, die Fähigkeit des Denkens, nicht im Menschen Platz finden können. Denn diese Fähigkeit hätte kein Organ gefunden, um sich zu betätigen. Die Seele hatte all ihre Kraft nach außen verwendet, um den Leib aufzubauen. Jetzt aber kann die Seelenkraft, die nach außen hin keine Verwendung findet, mit der Geisteskraft in Verbindung treten; und durch diese Verbindung entwickeln sich die Organe im Leibe, die später den Menschen zum denkenden Wesen machen. So konnte der Mensch einen Teil der Kraft, die er früher zur Hervorbringung von seinesgleichen verwendete, zu einer Vervollkommnung seines eigenen Wesens verwenden. Die Kraft, durch die sich die Menschheit ein denkendes Gehirn formt, ist dieselbe, durch welche sich in alten Zeiten der Mensch befruchtet hat. Das Denken ist erkauft durch die Eingeschlechtlichkeit. Indem die Menschen nicht mehr sich selbst, sondern sich gegenseitig befruchten, können sie einen Teil ihrer produktiven Kraft nach innen wenden und zu denkenden Geschöpfen werden. So stellt der männliche und der weibliche Leib je eine unvollkommene Gestaltung der Seele nach außen dar; aber sie werden dadurch in ihrem Inneren vollkommenere Geschöpfe. [...]

Die Seele ist in sich selbst zweigliedrig: männlich-weiblich. So gestaltete sie in alten Zeiten auch ihren Leib. Später kann sie ihren Leib nur so gestalten, daß er für das Äußere mit einem anderen Leibe zusammenwirkt; sie selbst erhält dadurch die Fähigkeit, mit dem Geiste zusammenzuwirken. Für das Äußere wird fortan der Mensch von außen befruchtet, für das Innere von innen, durch den Geist.“[66]

Die Gegensätze des „Weiblichen“ und „Männlichen“ sind nach dieser Darstellung also erstens äußere Unterschiede der Geschlechter, der Leiber der Frau und des Mannes, und zweitens innere Gegensätze in jedem Menschen, solche des Leibes und der Seele. Erstere werden durch das leibliche

66 Steiner: GA 11, Kapitel: Die Trennung der Geschlechter.

Zusammenwirken der Geschlechter ausgeglichen, letztere im einzelnen Menschen selbst:

> „So sind Mann und Weib in der äußeren Gestalt verschieden; im Innern schließt sich bei beiden die seelische Einseitigkeit zu einer harmonischen Ganzheit zusammen. Im Innern verschmelzen Geist und Seele zu einer Einheit. Auf die männliche Seele im Weibe wirkt der Geist weiblich und macht sie so männlich-weiblich; auf die weibliche Seele im Manne wirkt der Geist männlich und bildet sie so gleichfalls männlich-weiblich. Die Zweigeschlechtlichkeit des Menschen hat sich aus der Außenwelt, wo sie in der vorlemurischen Zeit vorhanden war, in das Innere des Menschen zurückgezogen."[67]

Die Verbindung des „Weiblichen" und „Männlichen" im Innern des einzelnen Menschen geschieht nach Steiner aber nicht nur in einem einzelnen Menschenleben, sondern im Durchgang durch viele Verkörperungen als Mann und Frau:

> „Geisteswissenschaft zeigt uns aber auch die tieferen Gründe davon auf, warum in dem Männlichen ein Weibliches sich findet, im Weiblichen ein Männliches. Geisteswissenschaft spricht davon, daß der Mensch durch viele Leben durchgeht zu immer höherer Vollkommenheit. Das gegenwärtige Leben ist immer die Folge der früheren. Und indem der Mensch dergestalt durch viele Leben hindurchschreitet, geht er auch durch männliche und weibliche Verkörperungen. [...] So drückt sich also aus in dem, was so entsteht, die Wirkung dessen, was wir an Erfahrungen, Erlebnissen nach beiden Seiten hin als Erdenmenschen machen können."[68]

Zu Steiners Vorstellung von der schrittweisen Vervollkommnung durch wiederholte Erdenleben gehört auch, daß die Trennung in physische Geschlechter einst wieder überwunden wird. Ebenso wie nach der Anschauung Steiners die Rassen- und Stammeszusammenhänge immer bedeutungsloser werden,[69] soll auch die Bedeutung des Weiblichen und Männlichen zurücktreten gegenüber der *freien Individualität,* für die „Mann und Weib nur Kleid sind, Hüllen, die die eigentliche Wesenheit des Men-

---

67 Ebd.

68 Steiner: GA 56, Vortrag vom 18.3.1908.

69 Vgl. Steiner: GA 121, Vortrag vom 10.6.1910.

schen verbergen. Suchen müssen wir hinter dem Kleide. Da steht der Geist."[70]

Sehr viel schwerer vorzustellen als diese allgemeine Entwicklungstendenz ist Steiners konkreterer Hinweis, der Mensch werde sich einst über die Kraft des Wortes fortpflanzen.[71] Das ist eine noch sperrigere Vorstellung als die vom lemurischen zweigeschlechtlichen Menschen, der sich selbst fortpflanzt – da kennen wir immerhin noch Anklänge im Tierreich, etwa die ungeschlechtliche Fortpflanzung oder die Parthenogenese (Jungfernzeugung).[72] Wir sollen uns sogar vorstellen, daß die Menschen am Ende der Erdentwicklung nicht mehr in physischen Leibern verkörpert sein werden:

> „Okkulte Forschung [...] zeigt uns, daß in gar nicht so ferner Zeit, vielleicht schon im 7. Jahrtausend, sämtliche Erdenfrauen unfruchtbar werden. So weit geht es mit der Vertrocknung, mit der Zerbröckelung der Leiber [...]. Es werden noch nicht alle Erdenperioden abgelaufen sein, wenn die Menschenfrauen keine Kinder mehr bekommen können. Da muß der Mensch ein anderes Verhältnis finden zu dem Erdendasein. Die letzten Epochen der Erdenentwickelung werden die Menschen in die Notwendigkeit versetzen, überhaupt auf eine physische Leiblichkeit zu verzichten und dennoch auf der Erde anwesend zu sein."[73]

Ohnehin wird die Geschlechtertrennung innerhalb der gewaltige Dimensionen umfassenden Erden- und Weltentwicklung nur als recht kurze Episode dargestellt (siehe Abbildung 3 auf der folgenden Seite).[74]

---

70 Steiner: GA 56, Vortrag vom 18.3.1908.

71 Vgl. Steiner: GA 99, Vortrag vom 5.6.1907.

72 Vgl. Wickler/Seibt, S. 37 ff.

73 Steiner: GA 177, Vortrag vom 7.10.1917.

74 Die Weltentwicklung verläuft in sieben großen Entwicklungsstufen des Erdplaneten. Die vierte, mittlere Stufe ist unsere heutige Erde. Sie wird wieder in sieben Zeitalter unterteilt, von denen das lemurische Zeitalter das dritte ist und unseres das fünfte. Jedes Zeitalter enthält seinerseits sieben Kulturepochen von gut 2.000 Jahren Dauer.

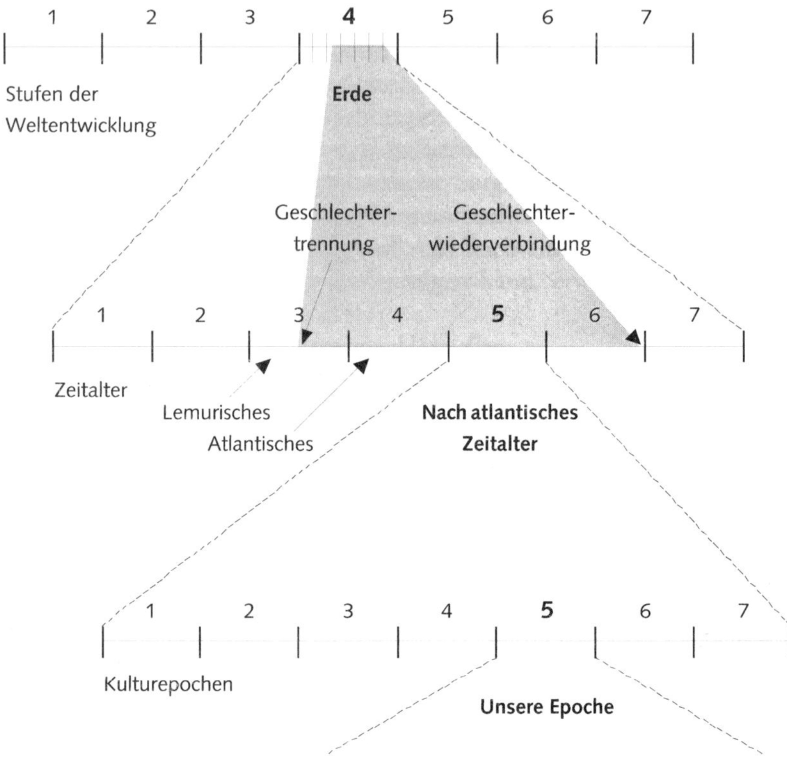

Abb. 3

Leib und Seele

Steiner weist immer wieder auf zwei Tatbestände hin: erstens, daß „der männliche Leib eine weibliche Seele, der weibliche Leib eine männliche Seele hat",[75] und zweitens, daß die Frau einen männlichen, der Mann einen weiblichen Ätherleib hat.[76] Zum Verständnis dieser Aussagen hilft uns auch der holländische Anthroposoph und Psychiater Bernard Lievegoed:

75 Steiner: GA 11, Kapitel: Die Trennung der Geschlechter.

76 Vgl. Steiner: GA 56, Vortrag vom 18.3.1908.

> „In biologischer Hinsicht ist jeder Mensch zunächst doppelgeschlechtlich. Die Urniere, in der in der frühen Embryonalphase das ganze Urogenitalsystem angelegt ist, entwickelt lange beide Organsysteme nebeneinander, bis sich in einem bestimmten Moment das männliche oder weibliche System durchsetzt und das andere System in der Entwicklung zurückbleibt."[77]

> „Die Reste dieser anderen Möglichkeit sind dann während unseres ganzen Lebens in unausgebildeter Form weiterhin in uns vorhanden. Der Ätherleib als die formbildende, aktivierende Kraft bringt das Wachstum zustande, und wo dies der Fall ist, hat sich der Ätherleib völlig mit der Physis verbunden. Überall dort aber, wo sich eine potentielle Möglichkeit, die im Ätherleib vorhanden ist, *nicht* im Physischen auslebt, besteht diese Ätherstruktur als solche dennoch weiter. [...] Das besagt: dem physischen Leibe nach ist man ein Mann oder eine Frau, im ätherischen aber ist das jeweils andere Geschlecht potentiell anwesend."[78]

Die Ätherkräfte, die sich nicht im Physischen ausleben, stehen für seelische Tätigkeiten, z.B. für das Denken, zur Verfügung. Diesen Gedanken hat Guenther Wachsmuth so formuliert:

> „Dies ist ein Urgesetz aller Lebewesen, daß diejenigen Bildekräfte des ätherischen Leibes, die zur leiblichen Funktion verwendet werden, für die geistig-seelischen Funktionen geschwächt oder ganz entzogen werden, daß hingegen diejenigen Bildekräfte, die nicht zu leiblichen Funktionen im Organismus verbraucht werden, als freie Kräfte den geistig-seelischen Funktionen dienen können."[79]

Die Ärztin Michaela Glöckler führt ähnliches aus. Sie beschreibt die Verschiedenheit der Fortpflanzungsorgane von Frau und Mann: Während sich bei der Frau die Spiegel der Fortpflanzungshormone in strengen monatlichen Rhythmen ändern, liegt beim Fortpflanzungsorgan des Mannes eine ganz andere Dynamik vor: Hochspezialisierte Zellen werden gebildet und ausgestoßen, eine ungeheure Produktivität findet statt. Diese äußere Verschiedenheit von Mann und Frau spiegelt sich laut Glöckler in der inneren seelischen Verschiedenheit umgekehrt wider:

---

77 Lievegoed: Lebenskrisen, S. 97.

78 Lievegoed: Der Mensch an der Schwelle, S. 103.

79 Wachsmuth, S. 78.

„Das weibliche Fortpflanzungsorgan ist [...] ganz von der Umwelt abgeschlossen, das [...] hat eine nach innen gerichtete Dynamik. Seelisch zeigt sich das beim Mann in einer stärkeren In-sich-Geschlossenheit des Gedankenlebens, in einer damit verbundenen besseren Konzentrationsfähigkeit; er kann nicht so leicht abgelenkt werden. Er kann jedoch eher ideell verarmen, die Neigung entwickeln, [...] gewohnheitsmäßig beim bewährten Vertrauten zu verharren. [...] Im weiblichen Seelenleben herrscht dagegen eine andere Dynamik vor; sie ist durch die körperlich nicht genutzten männlichen Fortpflanzungsorgantätigkeiten geprägt. Ihr fällt es leichter, einen neuen ungewohnten Gedanken aufzunehmen. Ihr Gedankenleben hat eine mehr nach außen gerichtete Dynamik, ist sprühender, anregender, farbiger, aber auch unsteter und sprunghafter als dasjenige des Mannes.“[80]

Nach Glöckler wirkt die konstitutionelle Geprägtheit von Frau und Mann zwar als Begrenzung des menschlichen Seelenlebens. Sie verweist jedoch darauf, daß der Mensch sich von sich selbst distanzieren, seine Verhaltensmuster ändern und sich auf immer neue Lernprozesse einstellen kann. Wie unabhängig der einzelne Mensch von diesen Begrenzungen werden bzw. welchen Entwicklungsstand er erreichen kann, werde von Erziehung und Selbsterziehung bestimmt.

„Männlich“ und „weiblich“: kosmische Urbilder?

Leider wird der Gegensatz zwischen Frau und Mann auch von Anthroposophen noch sehr häufig zu einem anthropologischen Grundprinzip, ja, zu einer kosmischen Urpolarität hochstilisiert:

„Im Großen wie im Kleinen, im Groben wie im Feinen – weiblich oder männlich: Das ist ein himmelweiter Unterschied. Wenn es nicht so wäre, wie sollten wir uns die endlosen Differenzen erklären, die lebenslang den ‚Kampf der Geschlechter‘ ausmachen, die leidenschaftliche Anziehung wie Abstoßung gleichermaßen; die Verirrungen, die wechselseitigen Verwundungen und Beglückungen im unersättlichen Begegnen.

Angesichts der Gewalt dieses divergenten Kräftespiels, das nicht anders denn als Weltenzwiespalt[!] aufgefaßt werden kann, wäre es

[80] Glöckler, S. 26 f.

lächerlich, davon zu reden, daß das eine der Geschlechter gegenüber dem anderen ein Mehr besitze ...“[81]

„In der Tat, wir können uns immer nur aufs neue verwundern, weshalb es so eingerichtet ist, daß es zwei ‚Sorten‘ von Menschen gibt, zweierlei Ausgaben des einen Modells, eine nicht weniger ‚Mensch‘ als die andere und doch grundverschieden und einander fremd.“[82]

Eine solche Zuspitzung und Überhöhung des Geschlechtergegensatzes kann als akzeptierende Ausgangsbasis für Eheberatung und Seelsorge hingenommen werden. Sie ist jedoch abzulehnen, wenn sie als *anthropologische Erkenntnis* ausgegeben wird. Denn das wirkt gesellschaftspolitisch zerstörend, indem ein Prinzip, das nur für die leiblichen Hüllen des Menschen gilt, auch für das soziale Leben gelten soll.

Allen Versuchen, den Gegensatz von Frau und Mann zur überragenden kosmischen Polarität, zum „Weltenzwiespalt“ emporzuheben, ist schon Steiner aufs schärfste entgegengetreten:

„Nun dürfen wir allerdings, wenn wir auf dem Boden der Geisteswissenschaft stehen, nicht etwa vorgehen nach dem Rezept, nach dem der heutige Materialist vorgeht. Dieser heutige Materialist kann sich ja nichts anderes vorstellen, als was in seiner unmittelbaren nächsten Umgebung lebt, und daher ist er so leicht geneigt, das, was für das Menschenleben nur in bezug auf unsere Erde, und für das Tierleben eigentlich auch nur höchstens für Mond und Erde eine Bedeutung hat – diesen Gegensatz –, in allem Weltenall zu suchen und geradezu als Männliches und Weibliches zu bezeichnen. Das ist ein Unfug unserer Zeit. Wir müssen scharf festhalten, daß die Bezeichnung ‚männlich‘ und ‚weiblich‘ für das Menschliche in jenem eng umgrenzten Sinn nur seit der lemurischen Zeit und bis zu einem gewissen Zeitpunkt der Erdenentwickelung gilt [...].“[83]

„Hier ist gemeint, daß der Gegensatz zwischen Mann und Weib nur der unterste Ausdruck für einen Gegensatz im Makrokosmos ist.“[84]

---

81 Blattmann, Georg: Mann und Frau – der große „kleine Unterschied“, in: *Die Christengemeinschaft* (3/1998), S. 138.

82 Blattmann, Georg: Mann und Frau – das Geheimnis ist groß, in: *Die Christengemeinschaft* (4/1998), S. 196.

83 Steiner: GA 118, Vortrag vom 5.3.1910.

84 Ebd., Vortrag vom 13.3.1910.

Allerdings lassen sich viele Stellen finden, wo Steiner polare Gegensätze im Kosmos mit den irdischen Prinzipien „männlich“ und „weiblich“ in Beziehung setzt. Ein Beispiel:

> „Können wir [...] den Gegensatz von männlich und weiblich, können wir den im Kosmos wiederfinden? Ist vielleicht gar irgend etwas im Kosmos – ich meine mit Kosmos unser Sonnensystem – so eingerichtet, daß sich von dieser kosmischen Einrichtung wie eine Art Wirkung, wie eine Art Spiegelbild auf der Erde ergibt der Gegensatz zwischen Mann und Frau? Ja, es ist etwas so eingerichtet. Der höhere Gegensatz, das ist der, den wir bezeichnen können als den Gegensatz des Kometarischen und des Lunarischen, des Kometen und des Mondes. [...]
>
> Alles entwickelt sich vom Geistigen bis zum Leiblichen herunter. Der weibliche Leib ist auf einer früheren Entwickelungsstufe zurückgeblieben und ist nicht bis zum mittleren Entwickelungspunkt vorgedrungen. Der männliche Leib aber ist [...] hinausgedrungen über den mittleren Entwickelungspunkt. Er hat diesen Punkt überschritten, übersprungen. [...] So haben wir im weiblichen Leib etwas, was sozusagen hinter der normalen Entwickelung zurückgeblieben ist, und im männlichen Leib etwas, was tiefer in das Materielle hineingestiegen ist [...].
>
> Dieser selbe Gegensatz findet sich nun auch im Kosmos, in unserem Sonnenkosmos. Und zwar so, daß dann, wenn wir unsere Erde und die Sonne als Normalentwickelungsstufe ansehen, der Komet nicht vorgedrungen ist bis zu dieser Normalentwickelungsstufe: Er entspricht im Kosmos dem, was im Menschen das Weibliche ist. So daß wir das kometarische Dasein anzusehen haben als das Urbild des weiblichen Organismus im Kosmos draußen. Und das lunarische Dasein, das ist das Gegenbild zum männlichen Dasein.“[85]

„Weiblich“ und „männlich“ sind also nicht selbst Urbilder im Kosmos, sondern Spiegelungen, Abbilder kosmischer Urbilder auf der irdisch-menschlichen Ebene. Außerdem ist auch hier wieder zu bedenken, daß „weiblich“ und „männlich“ nicht das gleiche ist wie Frau und Mann, daß die Verhältnisse im Ätherleib umgekehrt sind:

> Wir müssen uns diesen Gegensatz, „der sich da ausdrückt in Komet und Mond, [...] nicht bloß so denken, daß dieser Gegensatz sich nur

---

[85] Ebd., Vortrag vom 5.3.1910.

ausdrückt in alledem, was zum Beispiel Mann und Frau in der Menschheit ist, sondern wir müssen uns klar sein darüber, daß sozusagen männliche Eigenschaften in jeder Frau und weibliche Eigenschaften in jedem Manne sind. Wir wissen ja auch, daß der Ätherleib des Mannes weiblich, und der der Frau männlich ist, und dadurch wird die Sache gleich außerordentlich kompliziert. Da müssen wir uns jetzt klar sein, daß dasjenige, was im Manne weiblich ist, nämlich der Ätherleib, zu dem, was in der Frau männlich ist, nämlich wieder der Ätherleib, den Gegensatz umkehrt, daß da sozusagen die Wirkung des Kometarischen und Lunarischen sich umkehrt in bezug auf den Ätherleib."[86]

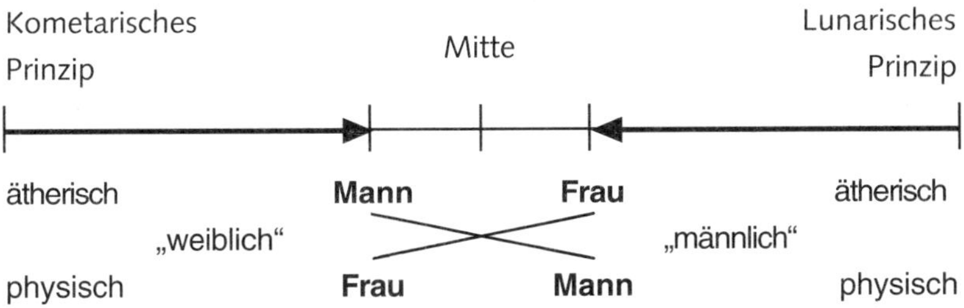

Abb. 4

Ein ähnliches Bild können wir auch für andere Urpolaritäten zeichnen:

„Man könnte sagen: auf den Mann macht fortwährend die Erde ihre Ansprüche, sie organisiert ihn durch ihre Kräfte. Sie ist ja auch die Ursache der Entstehung der männlichen Sexualität. Auf die Frau macht fortwährend, wenn wir so sagen dürfen, der Himmel seine Ansprüche. Er bewirkt fortwährend ihre Gestaltung."[87]

„Man möchte sagen: durch die weiblichen Kräfte strebt die menschliche Organisation zu der Kugelbildung hin, durch den männlichen Samen strebt die menschliche Organisation hin, sich diese Kugel zu spezialisieren in Herz, Nieren, Magen und so weiter. Im Weiblichen und Männlichen treten uns direkt entgegen diese Polaritäten der Erde und des Kosmos."[88]

86 Ebd.

87 Steiner: GA 312, Vortrag vom 8.4.1920.

88 Ebd., Vortrag vom 30.3.1920.

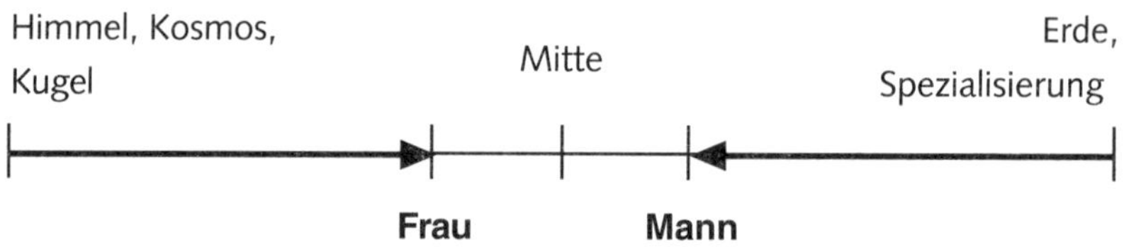

Abb. 5

Auch hier wieder: Nicht „weiblich“ und „männlich“ sind die kosmischen Polaritäten, sondern Himmel und Erde scheinen durch sie nur hindurch, indem sie die physische und ätherische Leiblichkeit beeinflussen.

Ein drittes Beispiel:

> „Hat der Gegensatz zwischen physischem Leib und Ätherleib, der die Erscheinung der beiden Geschlechter in dieser Welt hervorbringt, kein Gegenbild in den höheren Welten? Nun, damit verhält es sich so, daß wir zwar das Geschlechtliche nicht mit hinaufnehmen in die höheren Welten, aber den Ursprung der beiden Geschlechter finden wir in der astralischen Welt. So wie das Eis aus dem Wasser, so ist das, was in der physischen Welt als Männliches und Weibliches uns entgegentritt, aus dem Gegensatze höherer Prinzipien gebildet. Dieser Gegensatz stellt sich uns am besten dar, wenn wir ihn charakterisieren als den Gegensatz von Leben und Form. Diese Polarität finden wir auch in der Natur ausgedrückt. Der Baum zeigt sprießende Lebenskraft und zugleich auch das, was in die feste Form drängt, was das Wachstum aufstaut, die sprossende Kraft zum festen Stamme bildet. So müssen in allem Leben und Dasein zusammenwirken Leben und Form. Und wenn wir von diesem Gesichtspunkte aus das Wesen der Geschlechter betrachten, so können wir sagen: Das Abbild des Lebens ist das Männliche, das jedoch, was das Leben in eine gewisse Form bringt, drückt sich aus im Weiblichen.“[89]

Abb. 6

89 Steiner: GA 56, Vortrag vom 18.3.1908.

Das „Weibliche“ und das „Männliche“ sind auch hier nur irdisches Abbild, nicht selbst das kosmische Urbild.

Auch ein viertes Beispiel soll noch angefügt werden. Steiner benennt im Zusammenhang mit der Freimaurerei eine weitere kosmische Polarität:

> Zwei „durch die ganze Welt gehende und auch bis in die höchsten geistigen Gebiete hinaufragende Strömungen, die uns als das Gesetz der Polarität auch in den Kräften des Männlichen und Weiblichen entgegentreten. [...] Zwei Strömungen sind es also, mit denen wir es zu tun haben: Den Repräsentanten der weiblichen sieht der Maurer in Abel, den der männlichen in Kain. [...]
>
> Der Mann ist seiner Natur nach der Repräsentant der im Unlebendigen schaffenden Kraft, während die Frau die Repräsentantin der lebendig schaffenden, das Menschengeschlecht aus der Naturgrundlage heraus fortentwickelnden Kräfte darstellt. Dieser Gegensatz muß überwunden werden.“[90]

Besonders bedeutsam ist für uns heute wohl der letzte Absatz dieses Zitates. Die Kräfte für die Überwindung dieses Gegensatzes sollen nach Steiner aus einer geistigen Erneuerung kommen, denn im Geistigen gibt es die Trennung in männlich und weiblich nicht.

Individualität und Gattung

> „Im Erdendasein müssen wir bei dem Gegensatz zwischen Mann und Frau scharf darauf hinweisen, daß wir dabei nur von den zwei äußeren Hüllen, dem physischen und ätherischen Leib, sprechen können. Denn Astralleib und Ich haben mit diesem Gegensatz nichts zu tun [...].“[91]

Steiner distanziert sich dementsprechend deutlich von geschlechtsbezogenen Rollenzuschreibungen, da sie Bedeutung und Möglichkeiten der Individualität des einzelnen Menschen in den Hintergrund drängen.

> „Es ist unmöglich, einen Menschen ganz zu verstehen, wenn man seiner Beurteilung einen Gattungsbegriff zugrunde legt. Am hartnäkkigsten im Beurteilen nach der Gattung ist man da, wo es sich um das

90 Steiner: GA 93, Vortrag vom 2.1.1906.

91 Steiner: GA 118, Vortrag vom 13.3.1910.

Geschlecht des Menschen handelt. [...] Im praktischen Leben schadet das den Männern weniger als den Frauen."[92]

„Wer das einzelne Individuum verstehen will, muß bis in dessen besondere Wesenheit dringen und nicht bei typischen Eigentümlichkeiten stehen bleiben."[93]

Diese Hartnäckigkeit des Urteils ist erstaunlicherweise auch in anthroposophischen Kreisen sichtbar, z.B. in der Diskriminierung von Frauen, die sich über das, was ihnen ihre angebliche Natur vorgibt, hinaus entwikkeln wollen. Auch heute wird beruflich orientierten Frauen dort noch oft vorgeworfen, sich in (verhärtend-männliche) Einseitigkeit zu verlieren, anstatt sich (wärmend-weiblich) um ihre Kinder zu kümmern. Dagegen finden Männer, die in sich die (weiblichen) Qualitäten entwickeln, die sie z.B. befähigen, die Anthroposophie aufzunehmen, bei anthroposophischen Frauen durchaus Anerkennung, gelten sie doch als bemüht, in sich die Ganzheit zu entwickeln.[94]

Steiner spricht deutlich aus, daß es eine von Männern geprägte Denkrichtung ist, die das Wesen der Frau und ihre Fähigkeiten auf biologischer Grundlage erklärt:

„Die Betätigung des Mannes im Leben richtet sich nach dessen individuellen Fähigkeiten und Neigungen, die des Weibes soll ausschließlich durch den Umstand bedingt sein, daß es eben Weib ist. Das Weib soll der Sklave des Gattungsmäßigen, des Allgemein-Weiblichen sein. Solange von Männern darüber debattiert wird, ob die Frau ‚ihrer Naturanlage nach' zu diesem oder jenem Beruf tauge, solange kann die sogenannte Frauenfrage aus ihrem elementarsten Stadium nicht herauskommen. Was die Frau ihrer Natur nach wollen kann, das überlasse man der Frau zu beurteilen."[95]

Außerdem komme der praktische Nutzen dieser Anschauung nur den Männern zugute, da er ihnen die Vorherrschaft und Überlegenheit über die Frauen sichere:

---

92 Steiner: GA 4, Kapitel XIV: Individualität und Gattung.

93 Ebd.

94 Erstaunlicherweise ist der Anteil der Frauen in leitenden Positionen der Anthroposophischen Gesellschaft heute geringer als zu Steiners Zeiten.

95 Steiner: GA 4, Kapitel XIV: Individualität und Gattung.

„Wer eine Erschütterung unserer sozialen Zustände davon befürchtet, daß die Frauen nicht als Gattungsmenschen, sondern als Individuen genommen werden, dem muß entgegnet werden, daß soziale Zustände, innerhalb welcher die Hälfte der Menschheit ein menschenunwürdiges Dasein hat, eben der Verbesserung gar sehr bedürftig sind."[96]

Steiner war sich der Dimension seiner Kritik an der herrschenden Unterdrückung der Frauen sehr bewußt und auch darüber im klaren, daß seine Sichtweise für die meisten Männer seiner Zeit eine große Provokation darstellte:

„Die Regel [...] ist die, daß jede männliche Organisation in der nächsten Inkarnation danach strebt, weiblich zu werden, und umgekehrt. Da nützt alle Abneigung nichts, denn es kommt nicht darauf an, was man in der physischen Welt möchte, sondern es kommt auf die Neigungen an, die man in der Zeit zwischen Tod und neuer Geburt hat, und die werden durch vernünftigere Gründe bestimmt als solche, daß man etwa in einer männlichen Inkarnation einen Horror davor hat, in der nächsten Inkarnation sich als Frau zu inkarnieren."[97]

Die für seine Zeit bahnbrechenden Thesen Steiners entsprechen im wesentlichen den Ergebnissen der Frauenforschung der letzten Jahrzehnte.[98] So hat beispielsweise die Sozialisationsforscherin Carol Hagemann-White eine Bestandsaufnahme zur Forschung über Geschlechtsunterschiede im Verhalten und in den Fähigkeiten von Mädchen und Jungen durchgeführt.[99] Darin stellt sie fest, daß Annahmen über *biologische* Ursachen für solche Geschlechtsunterschiede durch die Forschungsergebnisse nicht bestätigt werden können. Statt dessen verweist sie darauf, daß Kinder ein Bewußtsein von den geschlechtsspezifischen Normen und Erwartungen entwickeln, die ihnen durch Vorbilder vermittelt werden. Nach Hagemann-White verinnerlichen Kinder in ihrer Identitätsentwicklung durch

---

96 Ebd.

97 Steiner: GA 120, Vortrag vom 26.5.1910.

98 Frauenforschung ist als wissenschaftlicher Ansatz zu verstehen, der sich mit der Situation von Frauen in allen Bereichen der Gesellschaft beschäftigt. Ihr Erkenntnisinteresse ist die Verdeutlichung und Kritik der Strukturen, die zu Benachteiligungen von Frauen führen. Dieser Ansatz wurde bereits zu Beginn des 20. Jahrhunderts begründet, jedoch erst im Zuge der neuen Frauenbewegung ab 1968 weitergeführt.

99 Vgl. Hagemann-White. Carol Hagemann-White war einige Jahre Sprecherin der Sektion Frauenforschung in der Deutschen Gesellschaft für Soziologie.

Nachahmung immer wieder Unterschiede zwischen Männern und Frauen als starre Rollenzuweisungen und entsprechende Bewertungen – und geben sie später an die nächste Generation ebenso weiter.

Auch eine der bekanntesten Feministinnen der Moderne, Simone de Beauvoir, setzt sich mit der verbreiteten stereotypen Behauptung auseinander, der Mann habe eine grenzüberschreitende Natur und müsse sich deshalb außerhalb seines Zuhauses einen Sinn und ein Ziel suchen. Die Frau dagegen habe eine genau entgegengesetzte Lebensorientierung und wolle sich um die Familie, die Natur und die Dinge in ihrer Nähe kümmern.[100] Beauvoir entlarvt diese fest verwurzelten Vorstellungen als kulturell bedingt. Sie macht deutlich, daß erst unsere Kultur den Mann zum Subjekt erhebt, zu *dem* Geschlecht, dem die Frau als das „andere Geschlecht", als Objekt untergeordnet wird.

Die hier beschriebenen (alten) Rollenverteilungen geben zwar Sicherheit, schreiben aber auch fest, was nicht zuletzt zu unserer patriarchalisch bestimmten Kultur und von Männern bestimmten Werten und Normen geführt hat. Steiner betont demgegenüber, daß der Mensch zu einer „vollständigen in sich geschlossenen, freien Individualität veranlagt ist", die sich vom Gattungsmäßigen frei macht:

> „Das Gattungsmäßige dient ihm dabei nur als Mittel, um seine besondere Wesenheit in ihm auszudrücken."[101]

Geschlechtsrolle und Geschlechtsidentität

Seit es die eindeutigen Rollenzuschreibungen als Frau oder Mann gibt, hat es Menschen gegeben, die sie durchbrachen. Manche tun dies sogar so gründlich, entschieden und dauerhaft, daß man nicht nur von Rollenunsicherheit oder Rollenwechsel, sondern wirklich von einem Geschlechtswechsel sprechen kann. Dies ist ein weites Feld mit vielen Abstufungen, und dementsprechend vielfältig sind auch die Begriffe, die hier verwendet werden:

Transvestiten sind Menschen, die Spaß daran haben oder ein Bedürfnis danach verspüren, Kleider des anderen Geschlechts zu tragen *(cross dres-*

---

100 Vgl. Beauvoir.

101 Steiner: GA 4, Kapitel XIV: Individualität und Gattung.

sing). Manche tun dies, um ihre Mitmenschen zu provozieren, manche weil ihnen das Spiel mit verschiedenen Rollen gefällt, andere weil sie erotische oder sexuelle Befriedigung dabei empfinden. Meist ist der Kleider- oder Rollenwechsel auf bestimmte Zeiten begrenzt oder findet gar heimlich statt.

Travestie ist die Bühnenform solcher Verkleidung, ein Gebiet der Kunst – wenn z.B. ein Mann in sogenannten Frauenkleidern die laszive Diva spielt. Die Akteure solcher Verkleidung sind aber oft selbst, in ihrem Alltag, eindeutig Frauen oder Männer.

Transsexuelle sind Menschen, denen der Rollenwechsel zum anderen Geschlecht so wichtig ist, daß sie ihn total anstreben, meist bis hin zur medikamentösen oder gar chirurgisch-operativen Veränderung ihres Körpers. Nach dem deutschen Transsexuellengesetz ist die Voraussetzung für eine operative Geschlechtsumwandlung, daß der/die Betreffende bereits eine längere Zeit in der angestrebten Geschlechtsrolle gelebt hat.[102]

Eine neuere Bezeichnung für Transsexuelle ist ***Transidentische*** (oder, etwas umständlicher und abwertender, „Menschen mit Geschlechtsidentitätsproblemen"). Dieser Wechsel der Bezeichnung trägt dem Umstand Rechnung, daß es den Betroffenen in erster Linie um ihre Identität geht, ihr tiefinneres Erleben als Mann oder Frau, und meist überhaupt nicht um die Sexualität, also den geschlechtlichen Umgang mit anderen.

Die neueste Entwicklung auf dem weiten Feld der Geschlechtsrollen und -identitäten ist die sogenannte ***Transgender***-Bewegung (*gender* ist das englische Wort für das soziale Geschlecht, im Gegensatz zu *sex,* das die biologische Seite des Mann- oder Frauseins meint). Sie hat sich in den USA schon seit einigen Jahren entwickelt und kommt nun langsam auch nach Deutschland. Diese Bewegung meint, wenn man den Begriff weit versteht, alle, die auf die eine oder andere Weise die Geschlechtergrenzen übertreten. Faßt man den Begriff eng, bezieht er sich nur auf jene, die den Geschlechtswechsel ausschließlich im Sozialen anstreben und die Eindeutigkeit einer körperlichen Umwandlung ablehnen.

Queer bedeutet im Deutschen schräg, querstehend. In Nordamerika und England wird *queer* seit Anfang der 90er Jahre als neuer Begriff für *gay, lesbian, bisexuell, transgender* benutzt, als Bezeichnung für alle, die jenseits der heterosexuellen Familiennorm stehen.

---

102 Vgl. z.B. Kamprad/Schiffels.

Intersexuelle (= Zwitter, Hermaphroditen) sind schließlich diejenigen, deren körperliche Geschlechtsmerkmale uneindeutig geblieben sind. Wenig bekannt ist, daß solche Menschen meist schon kurz nach der Geburt operativ einem der beiden Geschlechter angepaßt werden. Betroffene Erwachsene beschreiben solche Eingriffe zunehmend als Verletzung ihrer Persönlichkeitsrechte und schließen sich in Selbsthilfe- und Aktionsgruppen zusammen.[103]

*

Was veranlaßt einen Menschen, unbedingt in einem Körper des jeweils anderen Geschlechts leben zu wollen? Der Grund zu einem Rollen- oder Geschlechtswechsel ist häufig die Empfindung, *im falschen Körper* zu leben. Etliche Transsexuelle beschreiben ihren ursprünglichen Körper wie ein Gefängnis, und entsprechend erleben sie die Geschlechtsumwandlung als Befreiung in ein neu geschenktes, zweites Leben. Manche machen nach dieser „zweiten Geburt" viele Prozesse noch einmal durch, selbst wenn sie den Geschlechtswechsel z.B. erst mit 50 Jahren erleben: Sie verlieben sich wie 15jährige, und sie müssen die Verhaltenssicherheit im neuen Geschlecht mühsam erlernen.

Eine anthroposophisch orientierte Betrachtung dieses Phänomens beim einzelnen Menschen bedürfte derselben Vorsicht, wie sie Bernard Lievegoed bereits bezüglich der Homosexualität angemahnt hat:

> „Gerade die Wahl solcher Inkarnationsbedingungen [...] hat einen tiefen karmischen Hintergrund, den man nur dann zu beurteilen vermag, wenn man in verantwortlicher Weise das Karma eines anderen Menschen durchschauen kann. Solange dies nicht möglich ist, enthalte man sich aller Spekulationen und vor allem allgemeiner Äußerungen über mutmaßliche karmische Hintergründe."[104]

Wir dürfen aber ein wenig darüber spekulieren, welchen kultur- und menschheitsgeschichtlichen Sinn das heute verstärkt wahrnehmbare Auftreten transsexueller und anderer, die Geschlechtergrenzen sprengende Menschen haben könnte.

Steiner hat nicht nur darauf hingewiesen, daß die Trennung der Geschlechter noch vor dem Ende der Erdenphase der Weltentwicklung wie-

---

103 Auf diese Zwangsangleichung weist z.B. die *Arbeitsgruppe gegen Gewalt in der Pädiatrie und Gynäkologie (AGGPG)* hin. (Siehe z.B. im Internet unter *http://home.t-online.de/home/aggpg/*, dort finden sich auch Literaturhinweise.)

104 Lievegoed: Der Mensch an der Schwelle, S. 103.

der aufgehoben wird, sondern auch die Aufgabe der anthroposophischen Bewegung für diese Entwicklung beschrieben:

> Die theosophische bzw. anthroposophische Bewegung „bereitet auf geistigem Gebiet vor, was später auf dem physischen Plan geschehen wird: die Wiedervereinigung der Geschlechter. [...] Die Weisheit der Zukunft muß geholt werden aus dem höheren Menschen heraus, der in beiden Menschen gleich lebt, dem weiblichen und dem männlichen. Das zu entwickeln, worauf es ankommt, worauf der physische Plan gar keinen Einfluß mehr hat, das ist der Zweck der theosophischen Bewegung. [...]
>
> Das Ideal der Theosophie ist: durch die Weisheit, die von den höheren Planen kommt, auch auf dem physischen Plan ein menschliches Geschlecht herbeizuführen, welches über der Geschlechtlichkeit steht."[105]

Wenn die Entwicklung der Menschheit auf eine Überwindung der Trennung in zwei Geschlechter angelegt ist und auch die Anthroposophie diese Überwindung geistig vorzubereiten hat, dann müssen die immer stärker bewußt werdenden Angleichungen und Aufweichungen des Gegensatzes von Frau und Mann – die ja oft wesentlich handfester daherkommen, als es dem geistigen Anliegen der Anthroposophie zu entsprechen scheint, eben bis hin zur geschlechtsumwandelnden Operation – in einem völlig anderen Licht erscheinen. Sie wären dann nicht als Abweichungen von einer fraglichen Normalität zu pathologisieren – was leider auch heute noch geschieht.[106] Die verschiedenen Lebensformen entlang der Geschlechtergrenzen wären vielmehr Experimente in neuen Freiräumen, Annäherungsversuche an geahnte Zukünfte ... Phänomene wie Bi- und Homosexualität oder Geschlechtswechsel müßten in diesem Licht als tastende Versuche interpretiert werden, Zukunft vorwegzunehmen. Schließlich ist nicht erst die Anthroposophie angetreten, die Überwindung des Geschlechtergegensatzes vorzubereiten:

> „Es gibt schon im ganzen Mittelalter eine großartige Vorbereitung für die Erzeugung des anderen Geschlechts im Manne auf geistige Weise.

---

105 Steiner: GA 93, Vortrag vom 23.10.1905 (nur vor Frauen).

106 Allerdings gibt es auch andere Beispiele, z.B. berichtet *Erich Amborn* in seinem Buch *Und dennoch Ja zum Leben* vom Schicksal eines Intersexuellen in der ersten Jahrhunderthälfte, dem ein anthroposophischer Arzt wesentliche Hilfestellung zum Leben im „falschen Körper" geben konnte.

Der Mann erzeugt durch Konzentration in sich zuerst als Gedanke, was später in ihm als Sein entstehen soll. Daher entstand im ganzen Mittelalter als Vorbereitung dazu der Marien-Kultus. Der ist nichts anderes als die Konzentration zur Erzeugung des Weiblichen im Männlichen, während beim Weibe der Jesus-Kult dem gleichen Zweck dient."[107]

Sicher gibt es heute modernere geistige Gesichtspunkte, als es ein mittelalterlich-atavistischer Marienkult noch sein kann. Vielleicht wäre etlichen Grenzgängern – Lesben, Schwulen, Bisexuellen, Transgender-Personen oder Transidentischen und anderen – das Leiden unter den starren Rollenzwängen unserer Gesellschaft zu erleichtern, wenn sie Gesichtspunkte aus denjenigen Bereichen erhielten, die über das Geschlechtliche hinausweisen: Wenn Astralleib und Ich vom Geschlechtergegensatz weitgehend unberührt sind, gibt es keinen Grund, das soziale Leben von diesem Gegensatz bestimmen zu lassen. Nur die körperliche Liebe ist an den Leib gebunden; die drei anderen – anfänglich schon die erotische, noch mehr die kommunikativ-soziale und erst recht die spirituell-geistige – haben mit dem Unterschied von Frau und Mann immer weniger zu tun.

---

107 Steiner: GA 93, Vortrag vom 23.10.1905 (nur vor Männern).

Sozialformen der Liebe

Sexus, Eros, Philia, Agape, Bisexualität, Heterosexualität, Homosexualität ... Wenn schon die verschiedenen Dimensionen und Richtungen der Liebe eine immer unübersehbarere Vielfalt aufweisen, so sind die *sozialen Formen* der Liebe, ihrer Dimensionen und Richtungen noch viel verwirrender. Selbst wenn man sich nur die in unserem Kulturkreis vorherrschende Form, die auf lebenslangen Bestand angelegte Einehe, genauer ansieht, entdeckt man die vielfältigsten Erosionen, Formen des Unterlaufens ihrer geschriebenen und ungeschriebenen Gesetze, Erscheinungen des Verfalls und Versuche der Rettung.

Aber es gibt auch Alternativen zur Ehe: Sie reichen von Freundschaft über alle möglichen Formen nichtehelicher Partnerschaften, Wohn-, Haus- oder Dorfgemeinschaften, Mehrfachbeziehungen, Misch- und Patchwork-Beziehungen, traditionellen Bluts- und selbstgesuchten Wahlverwandtschaften bis hin zu Formen des Alleinlebens und Alleinerziehens. Alle diese alternativen Formen des Lebens gewinnen heute eine immer größere Bedeutung, wenn auch die traditionelle Ehe keineswegs als Auslaufmodell dasteht, wie die inzwischen wieder zunehmende Zahl der Eheschließungen zeigt. Aber auch sie macht Wandlungen durch.

In diesem Kapitel soll ein Blick auf die Entstehungsgeschichte der Ehe zwischen Mann und Frau enthüllen, wie kurzlebig auch eine Institution sein kann, die noch oft als unwandelbar und gottgegeben gepriesen wird. Und biographische Beispiele verdeutlichen, wie wichtig es ist, jede Lebensform den individuellen Bedürfnissen anzupassen, das Leben und Lieben zu individualisieren.

Interview mit Ronald (73), einem verheirateten Mann

„Es müßte möglich sein, daß eine Ehe Parallelbeziehungen einschließt!" – 40 Jahre glücklich verheiratet und doch eindeutig schwul?

Frage: Ronald, seit wann ist dir deine „homosexuelle Komponente" bewußt, und wie bist du im Laufe deines Lebens mit ihr umgegangen? Mich interessiert, wie vielfältig Menschen leben, und da scheint mir dein Leben sehr interessant zu sein ...

Ronald: Schon in der Schulzeit war die Neigung zu Jungs sehr stark. Bei Gesprächen über Frauen, ihre tollen Beine und so, dachte ich immer: „Wovon reden die eigentlich?" Das war aber sehr unbewußt. Dann kam irgendwann die Idee: Zum normalen Leben gehört eigentlich, daß man heiratet. Meine Freunde hatten dann Freundinnen. Ich fand auch einige, die ich kannte, sehr nett, und dann hatte ich mit 19, 20 Jahren auch eine Freundin. Das ging so bis zum Schmusen – sonst nichts.

Aber nix mit Jungs?

Absolut null. Außer daß ich in der Schule einen Schulfreund hatte. Den fand ich einfach toll und nett, seine kurzen Hosen waren noch kürzer als meine – die gingen ja früher bis an die Knie, und er hatte sie kürzer. Peter war ein halbes Jahr älter als ich. Den mochte ich sehr gerne. Er ist dann irgendwann sitzengeblieben, und da bin ich zu ihm gefahren und hab ihn getröstet, wir haben beide lange Tränen geweint, und ich hab ihn noch in den Arm genommen – aber das war's dann auch. Einmal, als seine Eltern nicht da waren, hab ich auch bei ihm geschlafen, im Ehebett, aber keinerlei nähere Berührung. Nähere Kontakte hatte ich überhaupt nicht.

Später hatte ich einen Freund, der hatte eine Freundin kennengelernt, eines Tages heiratete der dann, und da war ich richtig eifersüchtig, den mochte ich so gerne. Der hat auch mal bei mir geschlafen – aber nichts passierte. Als der heiratete, war ich absolut eifersüchtig. So habe ich immer mal wieder einzelne Freunde sehr gerne gemocht.

Während des Krieges war ich an einer Atlantikküste viele Monate mit *Helmut* zusammen. Den habe ich heiß und innig geliebt, und er mochte mich auch. Wir lagen in den Mittagspausen manchmal zusammen am Strand in der Sonne, so ganz nah – manche Kameraden haben schon ein bißchen gelästert –, und wir haben nackt gebadet, und auch Körperkontakt gehabt – aber eben nicht so richtig, nicht sexuell, aber doch sehr nah.

Von Helmut habe ich ganz, ganz viel gelernt. Wir haben uns über alles, Familie, Beruf usw., unterhalten. Da hab ich so richtig gemerkt: Den mag ich! Von dem hab ich eigentlich auch meine „Aufklärung“ erhalten – so mit 20, 21.

Und dann habe ich – kurz bevor ich meine spätere Frau Elke kennenlernte – über einen Briefclub eine Anzeige gelesen von einem aus Hannover, der hieß *Fritz,* und der war ein oder zwei Jahre älter. Da war es also ganz eindeutig. Er kam mich einmal besuchen, 1947, und hat eine Nacht bei mir geschlafen, ich hatte ja nur ein Bett in meiner kleinen Studentenbude, und da haben wir auch was miteinander gemacht – aber das war so verklemmt, irgendwie, aber es war eindeutig. Das war die erste schwule Begegnung. Am nächsten Tag habe ich ihn wieder zum Bahnhof gebracht und ihm anschließend geschrieben, das war eine Art Abschiedsbrief – es war schön gewesen, aber ich fühlte mich einfach überfordert, das fortzusetzen. Er war zwar ein netter Mensch, aber eignete sich nicht für tiefschürfende Gespräche, das war eine rein körperliche Beziehung – und das war ja alles noch ganz schwierig damals in der Zeit, wo das noch strafbar war.

Als ich das später meiner Frau Elke erzählte, ich hätte so einen Kontakt gehabt – da fand sie gar nichts dabei, sie hatte da gar keinen Einwand.

Wie hast du ihr das gesagt?

Ich hätte da mal einen Freund gehabt, und der hätte bei mir geschlafen, und wir hätten auch so ein bißchen was miteinander gehabt – ich weiß das nicht mehr im einzelnen. Ich hielt es aber für notwendig, diesen „Makel“ irgendwie zur Sprache zu bringen.

Als ich *Elke* kennenlernte, war das weniger „Liebe auf den ersten Blick“ als ein Gleichklang in ganz tiefsinnigen Gesprächen und große gegenseitige Sympathie. Das war im Kern eigentlich die Basis für die ganze folgende Zeit, daß wir geistig eine so enge Beziehung gefunden haben. Das andere kam dann auch, und dann auch ganz richtig.

Später haben wir uns dann verlobt und geheiratet. Das war mir vom Menschlichen her sehr wichtig, die körperliche Ebene hat auch nicht gefehlt – nachträglich habe ich das Gefühl, daß Elke auf der erotischen Ebene vielleicht manchmal ein bißchen zu kurz gekommen ist. Auf der körperlichen ja, auf der seelisch-geistigen eigentlich auch sehr – aber dieses „Zwischenstück“, da hat was gefehlt, Elke hat das auch manchmal angedeutet. Da ist mir eben auch was abgegangen; das ist bei mir eher da, wenn ich mit einem Freund zusammen bin, da ist das ausgeprägter, das spüre ich deutlich.

Die ganzen Jahre über habe ich immer versucht, irgendwo in einer Sauna oder irgendwo auf einer Insel, etwa in den Dünen, jemanden zu treffen. So hatte ich sehr schöne Erlebnisse. In den 60er und 70er Jahren konnte man sich wirklich auch in einer Dünenkuhle sehr gut unterhalten und auch intim werden. Nur so mit Bumsen und so, das hab ich immer abgewehrt, das war mir noch zu unheimlich. Das kam erst viel später und dann nur in bewährter, total vertrauensvoller Freundschaft.

Ich hatte immer das Bedürfnis, parallel beides zu leben. Wenn ich auf Anzeigen geschrieben habe, hab ich das immer als „bi" definiert ...

... was ja auch deiner Lebensrealität entsprach!

Ja, in der Realität, aber die Grundstimmung ist schon *schwul.* Ich hab ja auch außer mit Elke mit keiner anderen Frau zu tun gehabt, außer daß ich einmal „mit Anlauf" lange vor der Heirat zu einer Nutte gegangen bin. Mit Anlauf. Das hat auch funktioniert, aber dann hatte ich auch die Nase richtig voll davon. Elke war eigentlich das erste und einzige weibliche Wesen, mit dem ich richtig intensiv und gründlich und über Jahrzehnte auch schönen körperlichen Kontakt gehabt habe – nie irgendwie widerwillig, aber es hatte nicht die Dimension wie mit einem Freund. Das wurde aber kompensiert durch die sehr starke seelisch-geistige Beziehung.

Dann habe ich Ende 1972 auf eine Kontaktanzeige geschrieben. Ich beantwortete die Anzeige von einem 29jährigen aus Süddeutschland. Da kam ganz prompt eine Antwort. Ich machte das anonym über postlagernd mit Codeziffer in einer benachbarten Stadt. *Walter* schrieb gleich: „Ich traue dir!" Das hatte ich noch nicht erlebt. Aus Anzeigen war bisher nie was geworden, höchstens mal ein Treffen am Bahnhof. Nun gingen Briefe hin und her, auch mal ein Telefongespräch aus der Telefonzelle, und dann haben wir uns verabredet. Ich war auf dem Weg zu einer Tagung und bin etwas früher gefahren. Wir hatten uns Ende April 1973 verabredet in Freiburg am Bahnhof am Blumenstand. Da stand er also, und nun fuhr er mit mir in die Sauna. Das war, wie wenn eine ganz neue Welt aufgeht, ein tief beglückendes Erlebnis.

Da warst du das erste Mal in einer Schwulensauna?

Ja. Die war sehr nett und gemütlich. Da hat mir Walter gesagt: „Ich mag dich!" Aber so richtig, so ganz doll war das auch noch nicht, noch nicht so mit Bumsen – das kam dann ein paar Jahre später. Er hat mich da sehr sensibel behandelt ... Dann haben wir jede Gelegenheit genutzt, uns zu treffen, wenn auch nur für ein paar Stunden, manchmal konnten wir aber auch einige Tage beisammen sein.

Die Freundschaft mit Walter währt nun schon gut 23 Jahre. Inzwischen sind wir beide älter geworden, aber ich habe viel dabei gelernt, wofür ich sehr dankbar bin. Nach den Erfahrungen mit Walter habe ich dann auch in unserer Gegend eine Schwulensauna besucht, wozu ich mich zuerst ja nicht traute. Dort hatte ich dann auch Kontakt zu interessanten Menschen.

Wenn ich das jetzt resümierend betrachte: Es müßte möglich sein, daß eine eheartige Beziehung – egal ob standesamtlich oder nicht, aber selbst wenn es im sakramentalen Sinne verstanden wird – Parallelbeziehungen einschließen kann. Aber das kann nur funktionieren, wenn keinerlei Besitzansprüche mitspielen, Eifersucht ausgeklammert ist und das Thema Treue ganz oben steht. Das heißt, daß einer den oder die andere nicht innerlich abhängt, daß man nicht nur noch der Leute oder der Nachbarn wegen zusammenbleibt, sondern daß man wirklich zueinander steht, auch wenn man erotisch, körperlich, menschlich noch eine Parallelbeziehung hat.

Mir ist ganz deutlich klar geworden, daß diese Ehe weniger harmonisch gewesen wäre, wenn ich nicht auch diese anderen Kontakte gehabt hätte, und seien es nur Saunabegegnungen. Das mit Walter ist ja ein Sonderfall, weil das wirklich eine dauerhafte Freundschaft geworden ist. Walter hat meine Ehe indirekt sehr verbessert – als wir uns kennenlernten, waren Elke und ich schon mehr als zwei Jahrzehnte verheiratet. Diese Zeit war auch stark durch berufliche Probleme und viele sonstige Aktivitäten überlagert; da stand so viel im Vordergrund, und zwischendurch immer diese Besuche in der Sauna, mal hier und da probieren – mein Begehren war immer deutlich in diese Richtung. Ich habe mich nie in eine andere Frau verguckt, obwohl ich mich menschlich immer gut mit Frauen verstand. Aber ohne das andere hätte mir und unserer ehelichen Harmonie wirklich viel gefehlt. Ich glaube, das alles ist oder war eine schicksalhafte Aufgabenstellung.

Elke hatte generell nichts gegen Schwule. Durch Gegebenheiten in unserem Umfeld hatten wir immer mal wieder dieses Thema. Wenn ich später gesagt hätte, daß ich in dieser Richtung Neigungen habe – ich vermute, sie hätte es akzeptiert, aber die Beziehung mit Walter hätte ich so nicht fortsetzen können. Nicht aus prinzipiellen Gründen, eher wegen ihrer seelischen Belastung hatte ich das Gefühl, das geht nicht. Jetzt im nachhinein sehe ich das alles ganz anders – gewissermaßen „von oben beguckt" fühle ich mich durchaus positiv begleitet. Das ist jedenfalls mein Gefühl, vielleicht irre ich mich ja.

Hättest du es im nachhinein anders gelebt, wenn du nochmal könntest, oder hättest du es genauso gemacht?

Ich hätte es genauso gemacht. Ich hätte mir so viel Gewalt antun müssen – das habe ich ja z.B. in den Urlauben gemerkt, wenn wir nicht an der See waren, sondern woanders, da hatte ich immer das Gefühl, ich muß da raus. Bei Spaziergängen, wenn knackige Kerle in Turnhöschen vorbeikamen, oder an Baustellen ... Das hätte ich nicht geschafft, wie ein Mönch zu leben. Die schwulen Erlebnisse und das mit Walter, das war schon eine notwendige Entkrampfung.

Angenommen, du könntest heute nochmal jung sein: Würdest du dir dann in dieser veränderten gesellschaftlichen Situation ein Leben als schwuler Mann vorstellen, ohne Heiraten und Kinderkriegen? Vielleicht mit einem Partner wie mit Walter, der vielleicht dann auch nicht heiraten wollte?

Ganz alleine – schwer zu sagen. Eine dauernde Lebensgemeinschaft mit einem Freund kann ich mir nicht gut vorstellen, weil ich einem solchen Menschen noch nicht begegnet bin, mit dem ich eheähnlich leben wollte. Das wäre eine theoretische Frage.

Wer wußte über deine Neigungen und Beziehungen Bescheid, als deine Frau noch lebte?

Nur Walter, und natürlich die Saunaleute, die aber meist anonym. Erst später bin ich offener damit umgegangen. Inzwischen wissen es mehrere.

Wenn ich mal nette und gute Saunabegegnungen hatte, nicht nur so ganz flüchtig, sondern auch mit ein bißchen Zärtlichkeit und Erotik – das waren wohl zu 90 % Verheiratete. Die sind in der Sauna als Schwule die weitaus Angenehmeren! Die anderen wollen oft nur bumsen, und fertig.

Per Saldo, als Fazit, wenn man so zurückschaut aus dem Patriarchenalter (das fängt mit 72 oder 73 an): Ich habe so viel Elend erlebt durch das Verdrängen, durch das Nicht-Wahrhaben-Wollen – von der Nazizeit mal ganz abgesehen –, da muß was im Bewußtsein geschehen, daß das offener wird. Ich bin sicher, daß viele Ehen und Beziehungen harmonischer laufen würden, wenn das offener wäre. Aber nicht diese verbreitete Offenheit, wo jeder mit jedem ..., sondern es muß schon eine gewisse Opferbereitschaft dazukommen, wirkliche Liebe. Aber was ist das eigentlich in Wahrheit?

Sicher nicht totale Aufopferung und Verleugnung ...

Nein. Da habe ich vielleicht so einen Mittelweg gefunden. Wenn ich mich ganz für die Ehe „geopfert" hätte – das wäre ein Krampf geworden, und ich hätte vieles nicht machen können. Eigentlich bin ich ein sehr introvertierter Mensch. Aber in meiner beruflichen und sonstigen Tätigkeit fand ich sehr oft Zugang zu Menschen durch eine ganz kleine erotische Schwingung – ohne daß jemals mehr daraus entstanden wäre. Das Unterschwellige, das so mitschwingt, hat mir viele Zugänge zu Menschen geöffnet.

Nur gegenüber Männern oder auch bei Frauen?

Das hat sich dann erweitert; dadurch daß ich überhaupt menschlich zugänglicher und lockerer geworden bin, blieb es als Fähigkeit. Zu Frauen, die selbst nicht so ein Standardleben führen – wie etwa bei den „Bi...sophen" –, habe ich noch eher einen Draht als zu irgendwelchen Frauen, merkwürdig – das ist mir irgendwie sympathisch, daß sie sozusagen in einer anderen sozialen Verbundenheit leben.

Als Elke noch lebte, habe ich eine Anzeige aus einer Zeitschrift beantwortet, da suchte einer alte Schwule zum Interviewen für eine Diplomarbeit. Ich verabredete mich mit ihm und fuhr ein paarmal zu ihm – und da ergab sich auch menschlich ein sehr netter Kontakt; die ganze Arbeit fand ich dann sehr aufschlußreich.

So was hast du dich getraut, als Elke noch lebte? Hast du das Elke erzählt?

Nein, das hab ich irgendwie in der Bürozeit gemacht.

Ab wann hättest du von dir gesagt: „Ich bin schwul"?

Seit ich einige Zeit mit Walter zusammen war. Vorher hätte ich mich als bisexuell bezeichnet. Das ist, wenn jemand fast genauso gern mit einer Frau was zu tun hat wie mit einem Freund.

Wie ist das bei dir – 80:20?

Ich möchte fast sagen 100 % – aber das würde auch nicht ganz zutreffen, weil das andere ja stattgefunden hat. Aber das war ein Sonderfall, persönlichkeitsgebunden.

Das Männliche ist bei dir weniger personengebunden, eher typgebunden?

Ich könnte nicht mit jedem. Abgesehen von solchen schnellen Saunasachen, muß eigentlich auch das Gedankliche dazukommen. Aber auch bei solchen schnellen Sachen spüre ich oft, daß ich das eigentlich gar nicht wollte, daß das nur die pure Geilheit war. Ich finde es interessant, in der Sauna auch mal ganze Lebensgeschichten erzählt zu bekommen, dann wird es menschlich.

Ein zentrales Anliegen ist mir, daß in diesen Fragen des menschlichen Zusammenlebens, anthroposophisch gesprochen, mehr Freiheit entsteht im Sinne von moralischer Phantasie, in dem Sinne: Was kann ich wem gegenüber verantworten? Nicht hintenrum alles – obwohl, das war bei mir ja auch heimlich, ich war mir über die Problematik dieser Heimlichkeit auch immer im klaren. Ob das nun ideal richtig war, weiß ich nicht, aber ich stehe dazu. Ich sehe einen Unterschied zu den Beziehungen, wo alle denken: Tolle Ehe, heile Familie – und irgendwie merkt man dann: Alles nur Fassade!

Mir geht es nicht primär um die Sexualität, sondern ganz stark auch um den erotischen Bereich, wo das Menschenverbindende stattfindet. Das ist relativ altersunabhängig. Da geht es auch um Schmusen, Kuscheln, in den Arm nehmen – das liegt mehr in der erotischen Ebene. Oder daß man über Dinge reden kann, was mit anderen nicht geht ... „Jeder Tag, jeder Monat, jedes Jahr ist eine Bereicherung", hat ein alter Schwuler einmal gesagt. Das würde ich für mich auch so sagen. Und überhaupt kann ich sagen, daß ich mein Schwulsein nie als eine Belastung empfunden habe, sondern eher als eine Art schönen Schlüssel, mit dem ich möglichst verantwortungsbewußt umgehen sollte und möchte.

Die Geschichte der Ehe

Die geschichtliche Entwicklung der Ehe muß im Zusammenhang mit der Bewußtseinsentwicklung der Menschheit gesehen werden. Nach Rudolf Steiner ist diese Bewußtseinsentwicklung eine Art Emanzipation des Menschen aus der Einheit mit der göttlich-geistigen Welt. Im Laufe dieser Emanzipation gewinnt die Individualität des einzelnen Menschen eine immer größere Bedeutung, und sein Denken und Handeln ist zunehmend seiner Freiheit unterstellt.

Mit der Geschlechtertrennung in der lemurischen Zeit entstand eine Vorläuferin der Ehe, Steiner bezeichnet sie als *Nahehe.* Das Prinzip, nach dem Frau und Mann sich zum Zweck der Fortpflanzung verbanden, war die Blutsliebe. Nur Frauen und Männer aus derselben engen Blutsverwandtschaft heirateten. Steiner verweist z.B. auf das Alte Testament, in dem die Nahehe vielfach bezeugt ist:

> „Ganz im Anfange der Menschheitsentwickelung auf der Erde wurde überhaupt nur geheiratet in ganz engen Kreisen, in ganz blutsverwandten Familien. Die ‚Nahehe' war das, woran man im Anfange der Menschheitsentwickelung festgehalten hat. Immer mehr erweiterten sich die engen Blutskreise. Man heiratete hinaus aus dem Stamm, aber noch nicht in ein anderes Volk hinüber. Das Volk des Alten Testaments hielt ganz fest daran, daß die Volksblutsverwandtschaft aufrechterhalten wurde. Der ist ein ‚Jude', der dem Blute nach Jude ist."[108]

Die Nahehe war nach Steiner damals die einzige Form der Ehe. Die sexuelle Verbindung in dieser Ehe und die Fortpflanzung waren noch in umfassendem Maß von geistigen Wesenheiten (Göttern) geleitet.

Bis etwa zur Mitte des atlantischen Zeitalters lief das Fortpflanzungsgeschehen noch ganz im Unbewußten ab. Auch in den Folgezeiten wurde es von Göttern oder von großen Menschheitsführern gelenkt:

> „Es gab in diesen älteren Zeiten keine Befriedigung des Geschlechtstriebs um seiner selbst willen. Alles war Opferdienst zur Fortpflanzung des menschlichen Daseins."[109]

Das lemurische Zeitalter, in dem die Geschlechtertrennung stattfand und die Geschlechtlichkeit noch ganz von der geistigen Welt aus dirigiert wurde, wiederholte sich auf einem höheren Entwicklungsniveau in der ägyptisch-chaldäischen Kulturepoche (ca. 2900 bis 750 v.Chr.). Das war die Zeit, in der die heutige Menschheit innerlich-seelisch die sogenannte *Empfindungsseele* ausbildete. In diesem Bewußtseinszustand erlebte der Mensch die Eindrücke, die er durch die Sinnesorgane oder durch den eigenen Leib erhielt, als seine Innenwelt. Der Mensch konnte die Erlebnisse noch nicht mit Eigenem, Ichhaftem durchdringen.[110] Auch diese Zeit war durch das Prinzip der Nahehe und Blutsliebe geprägt. So kamen z.B. die damaligen Eingeweihten über viele Generationen hinweg aus den gleichen Familien. Das gesamte soziale Leben, auf das die Priester der Myste-

---

108 Steiner: GA 103, Vortrag vom 23.5.1908.

109 Steiner: GA 11, Kapitel: Die letzten Zeiten vor der Geschlechtertrennung.

110 Vgl. Steiner: GA 9, Kapitel: Das Wesen des Menschen. IV. Leib, Seele und Geist.

rienstätten einen entscheidenden Einfluß ausübten, wurde durch Ahnenkulte strukturiert, die sozialen Regeln und Gesetze waren Blutsgesetze und Blutsordnungen, und alle Wahrnehmung bestand aus somnambulem Schauen.[111]

Den Abschluß dieser Zeit der Nahehe bildete nach Steiner der Übergang der ägyptisch-chaldäischen zur griechisch-römischen Kulturepoche (ca. 750 v.Chr. bis 1400 n.Chr.). Nun fing die Menschheit an, die sogenannte *Verstandesseele* auszubilden.[112] An die Stelle des somnambulen Schauens traten Mythen, Sagen und Religion. Im Zusammenhang mit der Herausbildung der sogenannten *Fernehe* – der Ehe zwischen Ehegatten ohne Blutsverwandtschaft – konnte das Denken als allgemeine Menschenfähigkeit entstehen. Dementsprechend fand in dieser Epoche die Geburt der Philosophie und des Rechtsgedankens statt. Die Menschen begannen, das eigene Ich zu entwickeln, indem sie sich als Persönlichkeit im Recht definierten. Besonders deutlich wird diese Entwicklung in der römischen Rechtskultur. In ihr sind das Recht und die Rechtsfolgen, die im Zuge der Fernehe entstehen, ausführlich festgelegt. Noch bis ins Mittelalter wird die Ehe von Gemeinschafts- und Rechtsregeln beherrscht (z.B. Vererbung von Eigentumsgütern). Den Übergang von der Nahehe zur Fernehe muß man sich allerdings als langdauernden Prozeß vorstellen, der sich bei verschiedenen Völkern zu verschiedenen Zeiten vollzog.

Steiner führt weiter aus, daß die Menschheit seit dem 15. Jahrhundert daran arbeitet, die *Bewußtseinsseele* auszubilden. Nun gehe es darum, die menschlichen Zusammenhänge aus den Kräften der *Individualität* zu entwickeln – soziale Ordnung soll sich weder aus Gattung und Blutsverwandtschaft noch aus einem Sakrament heraus gestalten.[113] Was das für die Entwicklung einer modernen, dem Bewußtseinsseelenzeitalter entsprechenden Form des Zusammenlebens bedeutet, wurde offenbar von Steiner nicht ausgearbeitet. Jedenfalls finden wir bei Kretschmer, dem bekanntesten Sammler von Steiners Aussagen zu diesem Gebiet, kaum konkrete Hinweise. Er stellt lediglich die Frage, ob im Lichte des Gedankens der sozialen Dreigliederung Ehe und Familie bei Staat und Kirche richtig angesiedelt seien.[114]

---

111 Vgl. Kretschmer, S. 9 f.

112 Vgl. Steiner: GA 9, Kapitel: Das Wesen des Menschen. IV. Leib, Seele und Geist.

113 Vgl. Kretschmer, S. 20.

114 Vgl. ebd. S. 33.

Die heutigen Geschichts- und Sozialwissenschaften kommen zu ganz ähnlichen Ergebnissen, wenn sie auch andere Begriffe verwenden. Sie führen uns sogar noch näher an die heutige Zeit heran. Der Begriff *Liebesehe* bezeichnet die neue Form des Zusammenlebens aus eigener, freier Wahl, die sich seit ungefähr 200 Jahren langsam entwickelt – vielleicht eine erste Ausprägung moderner Formen des Sich-Verbindens in einer „Zeit der Individualisierung", wie die heutige Soziologie das nennt, was bei Steiner „Zeitalter der Bewußtseinsseele" heißt. Als ein erstes Aufleuchten dieser Vorstellung von einer individuell geprägten und verantworteten Liebe kann wohl Goethes Roman *Die Leiden des jungen Werther* im 18. Jahrhundert gelten. Damals mußte Werthers Liebe noch an den sozialen Schranken scheitern; heute ist die Individualisierung sehr viel weiter fortgeschritten; es finden sich aber noch immer mannigfache Reste der alten kulturellen, sozialen, familien- und sogar blutsbedingten Hindernisse für die individuelle Liebe. Noch heute stehen oft Unterschiede des Standes, der Religion oder der Nationalität im Wege.

Noch etwas lehrt uns die Geschichtswissenschaft: Die Ehe als Sakrament ist eine relativ neue Erscheinung. Noch im 12. Jahrhundert vertrat die Kirche die Auffassung, die Ehe müsse eine Angelegenheit der individuellen Wahl zweier Menschen sein. Indem sie auch Unfreien (Leibeigenen), die zuvor weitgehend von der Ehe ausgeschlossen waren, das Heiraten ermöglichen wollte, versuchte die Kirche, die weltliche Herrschaft der Grundherren zurückzudrängen und ihren eigenen Machtbereich zu erweitern.[115] Erst im 16. Jahrhundert wurde die Ehe von der katholischen Kirche auf dem Konzil von Trient zum Sakrament erhoben. Denn Verstöße gegen die Sakramente mußten gebeichtet werden. Dies war im Zuge der Auseinandersetzungen um die Reformation die geeignete Strategie, Zusammenleben und Sexualität unter kirchliche Kontrolle zu bringen. Zu dieser Zeit kündigte sich das Entstehen von Nationalstaaten an, die aus Sicht der katholischen Kirche die Gefahr bargen, autonome Staatskirchen hervorzubringen, die nicht mehr Rom unterstünden. Eine einheitliche Kirchenordnung, wie sie auf dem Konzil beschlossen wurde, sollte dies verhindern.[116]

Die Ehe ist also keines der Ursakramente. Die Kirche hat allerdings versucht, diese Tatsache zu verschleiern, indem sie auf der Schlußsitzung

---

115 Vgl. Duby, S. 18.

116 Vgl. Kretschmer, S. 20; Riemeck, S. 273.

des Konzils von Trient am 4.12.1563 alle, „die leugnen, daß das Ehesakrament von Christus selbst eingesetzt worden sei", verfluchte („das Anathema aussprach").[117]

Wie also können moderne Formen des Zusammenlebens im Zeitalter der Bewußtseinsseele und der Individualisierung aussehen? Ist diese Frage überhaupt angebracht – können solche Formen überhaupt allgemein beschreibbar sein? Widerspricht nicht gerade das Prinzip der Individualisierung jeder allgemeinen Definition und Festlegung? Müssen nicht alle von Individuen frei gewählten Formen des Zusammenlebens gleichberechtigt akzeptiert werden?

In der *Liebesehe* scheint zum ersten Mal die wirklich individuelle Wahl des Lebenspartners auf; sie ist aber immer noch die Ehe, ist immer noch normiert, wird immer noch von Staat und Kirche unterstützt und legitimiert. Müssen nicht weitere Schritte folgen, um für die freie Begegnung von Ich zu Ich – denn nur das kann Individualisierung auf diesem Gebiet heißen – die passenden Grundlagen zu schaffen? Welche Regelungen des Rechtslebens müßten an die Stelle des heutigen Eherechts treten, wenn das Zusammenleben der Menschen auf solche individuellen Grundlagen gestellt werden soll?

Eine Mama und drei Papas

„Mama, weißt du, daß Jean-Marc und Papa im selben Bett schlafen?"

Gaston schaute hinter seiner Zeitung hervor. Louise lehnte sich an die Kühlschranktür, die sie eben geöffnet hatte.

„Ja, das weiß ich. Warum?"

Sie war sich sicher, daß ihr Tonfall falsch geklungen hatte und Sébastien ihr Unbehagen merkte.

Er aß jedoch weiter seine „Loops", die er gut kaute, bevor er sie schluckte. Seine Mutter setzte sich neben ihn und machte Gaston ein kleines Zeichen der Verzweiflung. Gaston steckte seine Nase etwas tiefer in seine Zeitung. Sébastien sah seine Mutter mit gerunzelter Stirn an.

„Als du klein warst, wie viele Papas und Mamas hast du da gehabt?"

„Das weißt du doch, Sébastien. Einen Papa und eine Mama. Du kennst sie doch."

---

[117] Riemeck, S. 273.

„Ja, Omi Simone und Opi Arthur."

Sie wußte nicht genau, worauf er hinaus wollte. Ob er über ihre Scheidung sprechen wollte oder über das Paar, das sein Vater und Jean-Marc jetzt bildeten. Sie beschloß also, nichts vorwegzunehmen. Sie würde ihm so deutlich und klar wie möglich antworten, ohne seine Fragen allerdings erst zu provozieren. Er aß aber nur sein Schälchen leer, ohne etwas zu sagen. Gaston faltete diskret seine Zeitung zusammen und verschwand im Wohnzimmer, nachdem er ihr einen ermutigenden Blick zugeworfen hatte. Sie hätte ihn fast als Hosenscheißer beschimpft, hielt sich aber zurück. Sie deckte die schmutzigen Teller ab und brachte sie zur Spüle. Normalerweise verschwand Sébastien, sobald er gefrühstückt hatte, vor Angst, seine Mutter könne ihn bitten, ihr zu helfen. Diesmal blieb er da, auf seinem Platz. Er sah ihrem Hin und Her zu, sichtlich besorgt.

Louise dachte, sie könne ihn nicht so mit seinen Fragen allein lassen, die er sich nicht zu stellen wagte oder nicht ausdrücken konnte. Sie setzte sich ihm gegenüber, nervös zwar, doch entschlossen, ihn von seiner Beunruhigung zu befreien – worin auch immer sie bestehen konnte. Sie würde sich notfalls viel Zeit nehmen, doch Sébastien würde aus diesem Gespräch so informiert herauskommen, wie dies bei einem vierjährigen Kind möglich war. Was aber kann man einem vierjährigen Kind sagen?

„Gibt es etwas, das dich beschäftigt, Sébastien? Du kannst mit Mama darüber reden."

Sein Gnadenstoß kam mit aller Unschuld, als völlig normales Produkt des Kopfes eines kleinen Jungen, der in einer Gesellschaft mit strikten Normen aufgehoben ist:

„Und wer ist die Mama? Ist es Papa oder Jean-Marc?"

*

Mario, der Kindergärtner, wollte sich gerade entfernen, um seinen Kollegen Bescheid zu sagen, daß der Mittagsschlaf vorbei war, als er sah, wie Sébastien zielsicher auf Eric Boucher zuging. Da er eine weitere Auseinandersetzung voraussah, wollte er gerade dazwischengehen, als er hörte, wie Sébastien dem anderen Jungen sagte:

„Außerdem hab ich was, was du nicht hast!"

Das war die schlimmste Beschimpfung, die man Eric machen konnte, denn er wollte immer derjenige sein, der von allem am meisten hatte. Deshalb kam er auf Sébastien zu und antwortete:

„Das kann gar nicht sein! Ich hab mehr ‚Transformators' als du, und mehr Schlümpfe hab ich auch!"

„Davon rede ich doch nicht, Eric! Ich, ich habe eine Mama und *drei* Papas!“

Im ganzen Kindergarten war alles still. Alle drehten sich zu Sébastien um. Mario versteckte sein Erstaunen in einem Lachanfall und sagte sich dann, als er die Situation verstand, daß er jetzt Sébastiens Vater noch lieber kennenlernen würde ...

Eric Boucher blieb wie versteinert mitten im Spielzimmer stehen. Seine Anhänger sahen ihn mit großen Augen an und hofften, er würde Sébastien augenblicklich mit einer tollen Antwort erledigen. Doch es kam nichts. Eric konnte Sébastiens drei Asse nicht schlagen. Die Erniedrigung war zu groß, er fing zu brüllen an. Große, üppige Tränen liefen über seine Wangen, richtige Schmerzenstränen eines Kindes, das untröstlich war. Sébastien war ziemlich stolz auf sich: Er hatte es fertiggebracht, Eric zum Heulen zu bringen, ohne ihn anzurühren. Er hatte lange gezögert, ehe er seine Erklärung machte. Er hatte seit dem Morgen darüber nachgedacht, doch diese Entdeckung, die er am letzten Wochenende bei Jean-Marc gemacht hatte, war so erstaunlich, daß er sie noch ein bißchen länger für sich behalten wollte, um sie besser zu verstehen, ehe er sie ausdrückte. Deshalb hatte er sich schlafend gestellt, während der Mittagsruhe, und hatte nachgedacht. Ein Ungleichgewicht war in seinem Kinderkopf ganz deutlich: Man konnte zwei Papas und zwei Mamas haben, wie seine Cousine Karine, wenn die Eltern eines Kindes sich trennten. Das verstand er ja noch. Doch seine eigene Situation machte ihm ein leichtes Unbehagen. Wie sollte er erklären, daß Jean-Marc keine Mama war? Seine Gespräche mit Mama und mit Jean-Marc hatten ihm kaum geholfen: Sie hatten ihm recht komplizierte Antworten gegeben, von denen er annahm, daß es nur schöne Worte waren, die einen tieferen Sinn versteckten, über den sie nicht sprechen wollten. Er hatte ihr Unwohlsein gespürt und hatte auch das sich nicht erklären können. Gab es Sachen, über die man nicht sprechen konnte? Welche?

Erst, als er über seinen offensichtlichen Vorteil über Eric Boucher nachdachte, den diese privilegierte Situation ihm verschaffte, hatte er sich entschieden, alles zu sagen. Und er hatte recht gehabt.

Er ging zu seiner Bande zurück, fast eine Daumenlänge größer und ganz rot vor Vergnügen.

Doch gleich wurde ihm der Gnadenstoß versetzt – und zwar nicht von einem Feind, sondern von einer seiner Anhängerinnen, Marie-Eve Quintal, die sonst immer ganz zurückhaltend war und ihn ununterbrochen ganz bewundernd ansah, und mit der er machen konnte, was er wollte. Ohne ihren Kopf zu heben, sagte sie mit vollkommen neutraler Stimme:

„Und ich, ich habe einen Papa und *drei* Mamas ..." Der ganze Kindergarten, einschließlich Eric Boucher, schrie: „Was? Hast du das gut!"

(Aus: Michel Tremblay: Der Mann in Papis Bett, S. 195 f. und 207 f.)[118]

Die Vielfalt der Lebensformen in der Diskussion

Das Idealbild von der intakten, vollständigen Familie ist auch unter Anthroposophen weit verbreitet. Das auf Rudolf Steiner zurückgehende Gedankengebäude der Anthroposophie scheint der traditionellen Rollenverteilung von Mann und Frau neue Nahrung zu geben – dies könnte jedenfalls befürchtet werden, wenn man das aus anthroposophischen Kreisen wohl erste programmatische Werk über *Spirituelle Grundlagen einer menschengemäßen Hausmütterarbeit* liest. Sein Autor, Manfred Schmidt-Brabant – Vorstandsvorsitzender der Allgemeinen Anthroposophischen Gesellschaft mit Sitz in Dornach/Schweiz –, setzt sich das Ziel, eine „Spiritualisierung des Haushalts als Keimzelle einer neuen Mysterienkultur" anzuregen:

> „Ein Europa als Kontinent der Freiheit, als Kontinent der Liebe entsteht nicht in Brüssel und nicht in Berlin; ein solches Europa geht vom individuell gestalteten Urelement der Gesellschaft aus: vom Haus, von der Familie, von der Hausmutter."[119]

Der Autor scheint dabei aber wie selbstverständlich davon auszugehen, daß der Haushalt ausschließlich von der Frau, eben der „Hausmutter", zu besorgen ist. Wo der gesellschaftliche Diskurs längst das Teilen der Hausarbeit und Job-sharing thematisiert, soll die Hausfrau nach Schmidt-Brabant ihre Arbeit durch Übungen und Meditationen spiritualisieren:

> „Heute muß der Schulungsweg so beschaffen sein, daß er in jedem Berufsleben ausgeübt werden kann. Der rosenkreuzerische Schulungsweg ist so gestaltet, daß er keinen Rückzug von der Welt verlangt. Er

---

118 © Der Abdruck erfolgt mit freundlicher Genehmigung des Bruno Gmünder Verlags, Berlin.

119 Schmidt-Brabant, S. 24.

ist sogar so gestaltet, daß er nur voll erblühen kann, wenn der Mensch in der Handhabung des Lebens, in der Umgestaltung und Vermenschlichung der Verhältnisse steht. Und nirgendwo ist dies vielseitiger und universeller der Fall als im Haushalt. Deshalb ist der Haushalt der Ausgangspunkt der neuen Mysteriengesellschaft."[120]

Der Autor geht noch weiter: Die „Hausmutter" hat sich ihren Beruf nicht nur als Schicksal (Karma) selbst gewählt, sie erfüllt darin sogar eine priesterliche Aufgabe, von der zu wissen ihr sicher hilft, das schwere Los nicht mehr ergeben, sondern jetzt stolz und selbstbewußt zu tragen:

> „Fragt die Hausmutter danach, warum sie in dieses Leben inkarniert wurde, wird sie eine Art Gewißheit erhalten: Sie lebt dieses Leben, weil mit diesem Beruf ein neuer Wert auftaucht; sie lebt dieses Leben, weil durch ihr Hausmutterdasein eine priesterliche Kraft entsteht, die bereits in den alten Mysterien durch Priesterinnen wirkte. Die Hausmutter steht dort, wo sich etwas bewegt, wo sich etwas bewegen muß, soll nicht die ganze Zivilisation und Kultur zugrunde gehen."[121]

An keiner Stelle des Buches wird auf die Frage eingegangen, warum ausschließlich die Frau mit den Aufgaben des Haushaltes betraut wird. Gerade wenn es um die Begründung einer „neuen Mysteriengesellschaft" geht, stellt sich die Frage, warum die Männer von dieser Kulturtat ausgeschlossen werden und damit die Trennung der Geschlechter im Sozialen zementiert bleibt. Warum kann nicht auch ein Mann „Hausmutter" sein – und wie würde diese Funktion dann heißen?

★

Schmidt-Brabants Intentionen wirken naiv gegenüber der Wirklichkeit. Sein Familienmodell geht davon aus, daß Frauen durch ihren Ehemann finanziell abgesichert sind, daß sie sich also ohne existentielle Risiken ausschließlich der Familienarbeit widmen können und sollen.

Doch die traditionelle Versorgerehe ist längst an ihre Grenze gestoßen, Frauen sind immer weniger durch die Ehe abgesichert. Das belegen nicht nur die kontinuierlich wachsenden Scheidungszahlen, sondern ebenso das inzwischen auch für Männer hohe Risiko der Arbeitslosigkeit. Außerdem zeigen die Armutsberichte der deutschen Bundesregierung, daß Kinderha-

[120] Ebd., S. 41.

[121] Ebd., S. 61.

ben in unserer Gesellschaft das größte Armutsrisiko ist. Gerade Frauen in den neuen Bundesländern mußten dies nach der deutschen Wiedervereinigung schmerzlich erfahren; eine Konsequenz daraus war z.B. der drastische Geburtenrückgang Anfang der 90er Jahre.

Damit zusammenhängend sind Frauen heute immer stärker auf den Beruf orientiert und stehen für unbezahlte Versorgungsleistungen an Kindern und Alten, die immer noch von ihnen erwartet werden, zunehmend weniger zur Verfügung. Die traditionelle Familienform hat längst ihre Monopolstellung eingebüßt.

Die Soziologieprofessorin Elisabeth Beck-Gernsheim zeigt, daß sich in unserer Gesellschaft eine Vielzahl von Lebens- und Beziehungsformen herausgebildet hat. Sie führt diese Tatsache auf den „Individualisierungsschub" der letzten Jahrzehnte zurück, der auch Familie, Ehe und Elternschaft nachhaltig beeinflußt und verändert habe:

> „Das heißt nicht, die traditionelle Familie verschwinde, löse sich auf. Aber offensichtlich verliert sie das Monopol, das sie lange besaß. Ihre quantitative Bedeutung nimmt ab, neue Lebensformen kommen auf und breiten sich aus, die nicht oder jedenfalls nicht zumeist auf Alleinleben zielen, eher auf Verbindungen anderer Art: z.B. ohne Trauschein oder ohne Kinder; Alleinerziehende, Fortsetzungsfamilien oder Partner desselben Geschlechts; Wochenendbeziehungen und Lebensabschnittsgefährten; Leben mit mehreren Haushalten oder zwischen verschiedenen Städten. Es entstehen mehr Zwischenformen und Nebenformen, Vorformen und Nachformen; das sind die Konturen der ‚postfamilialen Familie'."[122]

Aber auch die Ehe als solche hat einen inneren Bedeutungswandel erlebt, und zwar „von einer Bindung, die selbstverständlich ein Leben lang gilt, zu einer Bindung, die nur unter bestimmten Bedingungen aufrechterhalten wird".[123] Genauso sind alle anderen Beziehungen der Moderne davon gekennzeichnet, daß ihr Aufrechterhalten „kein selbstverständlicher Akt mehr [ist], sondern eine freiwillige Handlung".[124]

Beck-Gernsheim weist darauf hin, daß diese Veränderungen große gesellschaftliche Fragen aufwerfen. Je weniger die Frauen als „heimliche Res-

---

122 Beck-Gernsheim, S. 20.

123 Ebd., S. 31.

124 Ebd., S. 49.

source" im Generationenverhältnis zur Verfügung stehen, um so dringender müssen Antworten auf die Frage gefunden werden, wie, von wem und unter welchen Bedingungen in Zukunft die Kinder und Alten in unserer Gesellschaft versorgt werden sollen. Die Beschwörung der traditionellen Familie hilft hier angesichts der Entwicklungen wenig. Beck-Gernsheim zitiert den ehemaligen deutschen Bundespräsidenten Roman Herzog, der in einer öffentlichen Rede die Verantwortung der Männer sehr deutlich herausstellte:

> „Innerhalb der Familie muß geklärt werden, wie die Verantwortung für die Betreuung und Erziehung der Kinder mit den beruflichen Möglichkeiten und Plänen [...] in Einklang gebracht werden können. Dies stellt vor allem Rückfragen an die Männer, die bislang nur allzugern akzeptieren, daß die entstehenden Konflikte nur von den Frauen gelöst werden."[125]

Beck-Gernsheim kommt zu dem Schluß, daß diese Fragen nur auf der Basis neuer Rollen- und Arbeitsverteilungen von Männern und Frauen zu lösen sind:

> Denn „falls trotz all der Diagnosen sich nichts bewegt in der Arbeitsteilung zwischen Männern und Frauen und bei der Versorgung von Kindern und Alten, dann ist völlig offen, auf welchen Fundamenten das Verhältnis der Generationen in Zukunft aufbauen soll. Direkt formuliert: Ohne Geschlechtervertrag kein Generationenvertrag. Die Zukunft des Generationenvertrags wird davon abhängen, ob es gelingt, das Geschlechterverhältnis neu zu gestalten."[126]

*

In dieser Situation legt Udo Rauchfleisch, Professor für Klinische Psychologie an der Psychiatrischen Universitätspoliklinik Basel, ein Buch vor, das den positiven Wert „alternativer Familienformen" hervorhebt. Es handelt von den drei am meisten diskriminierten unkonventionellen Formen des Zusammenlebens.

Zuerst die sogenannten *Eineltern-Familien:* In den Fällen von Scheidung der Eltern oder Tod des einen Elternteils haben die Kinder zwar zunächst meist eine Krisensituation zu bewältigen, hervorgerufen durch

---

125 Roman Herzog, zit. nach ebd., S. 109.

126 Ebd., S. 109.

den Verlust (obwohl es für manche Scheidungskinder sogar eine Erleichterung ist, wenn der Streit zwischen den Eltern aufhört). Weitere Belastungen entstehen vielen Eineltern-Familien aus der wirtschaftlichen Schlechterstellung – ungleiches Einkommen von Frauen und Männern, Ausschluß von finanziellen Vergünstigungen u.a. – und vor allem aus der Diskriminierung Alleinerziehender. Diese sozialen Einschränkungen führen jedoch keineswegs automatisch zu Schädigungen der Kinder:

> „Aufgrund der uns heute vorliegenden zahlreichen Untersuchungen zur Entwicklung von Kindern, die in Eineltern-Familien aufwachsen, darf als erwiesen gelten, daß *Kinder aus Eineltern-Familien in keiner Hinsicht unter schlechteren Entwicklungsbedingungen aufwachsen als Kinder aus traditionellen Zwei-Eltern-Familien.* Sie weisen nicht häufiger psychische oder soziale Störungen auf, sondern verfügen oft sogar über bessere soziale Kompetenzen und eine größere psychische Reife als Kinder aus Zwei-Eltern-Familien. Sie sind eher in der Lage, Verantwortung zu übernehmen, zeigen häufig eine größere Kooperationsbereitschaft, sind sensibler für gesellschaftliche Diskriminierungen und verfügen über flexiblere Rollenauffassungen von Mann und Frau als Kinder aus traditionellen Familien. Damit erweist sich die vielfach in den Massenmedien wie zum Teil auch in der Fachliteratur unkritisch verbreitete Ansicht, Eineltern-Familien und ihre Kinder zeichneten sich durch besonders viele Probleme aus, als ein nicht der Realität entsprechendes, von Vorurteilen geprägtes Klischeebild.“[127]

Schwerer werden sich manche bei der zweiten alternativen Familienform tun, den *gleichgeschlechtlichen Paaren.* Scheint doch unübersehbar, daß Kinder, die innerhalb lesbischer oder schwuler Partnerschaften aufwachsen, einer Fülle zusätzlicher Probleme gegenüberstehen – egal ob sie von einem der Partner oder einer der Partnerinnen in die Beziehung mitgebracht, ob sie (etwa durch künstliche Befruchtung) in diese Beziehung hineingeboren oder ob sie adoptiert wurden. Selbst unter modernen, aufgeklärten und toleranten Zeitgenossen ist die Meinung, daß schwule oder lesbische Paare einen geeigneten Nährboden für das Aufwachsen von Kindern abgeben könnten, noch relativ selten anzutreffen.

Die Klischees sind vielfältig: Schwule seien „weiblich (bzw. Lesben männlich) identifiziert“ und könnten den Kindern keine adäquaten Vorbilder

[127] Rauchfleisch, S. 38 f. (Hervorhebungen im Original.)

und Identifikationsobjekte abgeben; sie seien eine Verführungsgefahr für die Kinder; ihre Beziehungen seien viel weniger stabil als die der Heterosexuellen; und sie seien überhaupt Außenseiter und würden ihre Kinder dem Gespött der Gleichaltrigen aussetzen. Auch hier wieder belegt der Autor, daß diese Klischeebilder jeder empirischen Grundlage entbehren. Aufgrund einer Vielzahl angeführter wissenschaftlicher Studien zieht er den Schluß,

> „[...] daß die Befürchtung, Kinder lesbischer und schwuler Eltern, die in gleichgeschlechtlichen Partnerschaften leben, könnten eine in intellektueller, emotionaler oder sozialer Hinsicht negative Entwicklung durchlaufen, völlig unberechtigt ist. *Diese Kinder entwickeln sich vielmehr so wie vergleichbare Kinder aus heterosexuellen Familien.* In bezug auf Empathie gegenüber anderen Menschen und Gleichberechtigung in der Partnerschaft lassen sie sogar eine größere Sensibilität erkennen. Dieser Befund steht in Übereinstimmung mit der Entwicklung von Kindern aus Eineltern-Familien: Diese in nicht-traditionellen Strukturen aufwachsenden Kinder lernen in ihren alternativen Familienformen ein Beziehungsmodell kennen, das nicht durch patriarchale Machtstrukturen geprägt ist, sondern in starkem Maße partnerschaftlich orientiert ist und die Gleichberechtigung der lesbischen Partnerinnen respektive der schwulen Partner betont. *Lesbische Mütter und schwule Väter sind in gleicher Weise befähigt, Kinder zu erziehen, wie heterosexuelle Eltern.*“[128]

Rauchfleisch fordert als Konsequenz aus diesen Erkenntnissen, die gegenüber Lesben und Schwulen nach wie vor bestehenden Vorurteile radikal abzubauen:

> „Je mehr die *Entpathologisierung der Homosexualität* gelingt, desto leichter haben es lesbische und schwule Menschen auch, ihre Homosexualität zu akzeptieren und sich in einem erfolgreichen Coming-out-Prozeß ihrer Umgebung mit ihrer sexuellen Orientierung zu zeigen. Dadurch wird ihre Lebenssituation einfacher, und dies wirkt sich wiederum entspannend auf ihre Beziehung zu ihren Kindern aus.“[129]

Die dritte Variante alternativer Familien, die *Hausmänner*, scheint eine weit weniger diskriminierte Gruppe zu sein als Schwule und Lesben. Denkt

---

128 Ebd., S. 80 f.

129 Ebd., S. 81 f.

man aber an die zentrale These Rauchfleischs, „daß in erster Linie Männer fürchten, die alternativen Familienformen könnten zur Auflösung patriarchaler Strukturen und damit zu einem Verlust männlicher Macht führen“,[130] muß man annehmen, daß sich auch der Veränderung bis hin zur Umkehr der festgefügten Rollen von Frau und Mann erhebliche Widerstände entgegenstellen. Selbst wo z.B. die Möglichkeit besteht, Vaterschaftsurlaub zu nehmen, wird sie noch viel zu selten wahrgenommen. Allerdings sind auch hier wieder starke gesellschaftliche Hemmfaktoren wirksam: Viele Männer, die sich gerne mehr in Kindererziehung und Hausarbeit engagieren würden, gehen statt dessen als Alleinverdiener arbeiten, weil sie wesentlich mehr verdienen als ihre Partnerin.

Die Auswirkungen häuslichen Rollentauschs auf die in solchen Beziehungen aufwachsenden Kinder werden als ebenso positiv bezeichnet wie die der anderen bereits dargestellten Familienformen. Über alle zusammen heißt es dann:

> „Die in solchen Familien feststellbare positive Entwicklung beruht insofern wohl weniger auf dem Geschlecht der jeweils primär betreuenden Person, sondern dürfte vor allem dadurch bedingt sein, daß diese Eltern in ihren eigenen Rollenvorstellungen und Lebensweisen wesentlich offener, experimentierfreudiger und kreativer sind als viele Eltern aus Familien mit traditioneller Rollenverteilung.“[131]

Im letzten Teil des Buches untersucht Rauchfleisch noch einige *psychologische Theorien,* insbesondere aus der Tiefenpsychologie, die die besondere Bedeutung von Vater *und* Mutter als gegengeschlechtliche Eltern für die heranwachsenden Kinder betonen. Er versucht, den Widerspruch zu den zuvor dargestellten Ergebnissen aufzuklären, und kommt zu dem Schluß,

> „[daß] nicht die leibliche Präsenz der Mutter oder des Vaters oder beider Elternteile im Familienverband notwendig ist, damit die Kinder eine ungestörte Entwicklung durchlaufen. Von zentraler Bedeutung sind vielmehr zwei Bedingungen: Es muß ihnen *eine konstante Bezugsperson zur Verfügung stehen,* die ihnen ein fundamentales Gefühl von Sicherheit und Selbstvertrauen vermittelt. Diese primäre Bezugsperson muß die *Beziehung des Kindes zu einem ‚dritten Objekt‘* (weiblichen

---

130 Ebd., S. 7.

131 Ebd., S. 97.

oder männlichen Geschlechts) *außerhalb des Familiensystems bejahen.* Auf diese Weise eröffnet der bzw. die außerhalb stehende Andersartige den Weg aus der symbiotische Züge aufweisenden Dyade des Kindes zum primär versorgenden Elternteil."[132]

Moderne psychoanalytische Entwicklungskonzepte gehen, so Rauchfleisch, auch nicht mehr von der Mutter oder dem Vater als *Person* aus, sondern meinen nur noch deren *Funktion* – das Geschlecht spiele dabei erst in zweiter Linie eine Rolle.

Interview mit Franziska (38), einer lesbischen Mutter

„Ich kenne kein anderes Elternpaar, das sich so ausgewogen den Verantwortungen stellt"

Frage: Du lebst mit deiner Freundin in einer lesbischen Beziehung zusammen, und ihr habt zusammen ein Kind. Ich möchte zuerst von dir wissen, warum ihr ein Kind haben wolltet.

Franziska: Es ist ja schon interessant, daß uns diese Frage sehr häufig gestellt wird, während der Wunsch nach Kindern bei heterosexuellen Paaren wohl eher selten hinterfragt wird.

Für mich war ganz wichtig, daß ich mit meiner Freundin in einer langjährigen stabilen Beziehung lebe. Wir hatten Kapazitäten frei, um einem Kind ein gutes Zuhause zu bieten. Das ist das eine.

Ganz altruistisch?

Ja, vielleicht. Darüber hinaus hatten wir ein ganz starkes emotionales Bedürfnis ...

... der Kinderwunsch der Frau?

Nein, nicht unbedingt das Bedürfnis nach Schwangerschaft und eigenem Kind. Eher der Wunsch, mit Kind oder Kindern zusammenzuleben. Ein Leben, in dem Kinder ihren Platz haben – darum ging es uns.

Es hätte also kein eigenes Kind sein müssen?

---

132 Ebd., S. 117.

Nein. Auch Adoption wäre für uns durchaus in Frage gekommen. Doch wir hätten als lesbisches Paar aufgrund des geltenden Adoptionsrechts kein Kind adoptieren können. Das wäre nur jeweils als Einzelperson möglich gewesen. Dazu hätten wir uns allerdings als Paar verleugnen müssen – auf diese Bedingungen wollten und konnten wir uns nicht einlassen.

Wir haben uns auch überlegt, wie es wäre, ein Kind in Pflege zu nehmen. Da hätten wir als Paar durchaus Chancen – sogar Wohngemeinschaften sind schon als Pflegefamilien anerkannt worden. Dies zeigt, wie diese Vermittlungen von Angebot und Nachfrage abhängen – die „Ware" ist das Kind. Dennoch habe ich mich gefragt, wie das für mich wäre, ein Kind in Pflege zu nehmen. Ich war mir aufgrund meiner eigenen Biographie unsicher, ob ich das wirklich ohne Probleme durchtragen kann. Ich persönlich habe die Erfahrung gemacht, daß das einerseits für mich als Kind nicht einfach war, die Familien zu wechseln, andererseits auch schwierig für die Familien, die mich betreut haben.

Du hast eigene Erfahrungen als Pflegekind gesammelt?

Nicht als Pflegekind. Meine Mutter war über eine lange Phase hinweg sehr krank und mein Vater berufstätig, also war ich zu Verwandten „ausgelagert". So hatte ich dort und hier Bindungen – für mich und beide Familien nicht immer einfach. Aus diesem biographischen Hintergrund heraus scheue ich mich vor einer Pflegekindschaft. Ich traue es mir nicht so richtig zu, z.B. wenn das Kind wieder aus unserer Familie herausgenommen wird, damit wirklich souverän und freilassend umzugehen. – Wir konnten es also drehen und wenden, wie wir wollten, uns blieb aufgrund der Rechtslage unseres Staates nur die Möglichkeit, selbst ein Kind zu gebären.

Und wie habt ihr das dann gemacht?

Das war ein langer Prozeß des Nachdenkens, was für uns überhaupt in Frage käme. Theoretisch gibt es ja viele Möglichkeiten für Frauen, auch lesbisch lebende, zu einem eigenen Kind zu kommen. Eine heterosexuelle Freundin hat sich z.B. auf eine Disco-Bekanntschaft eingelassen. Sie hatte dann eine kurze Beziehung mit diesem Mann, bis sie schwanger wurde. Dann hat sie diese Beziehung wieder beendet. Ich kenne noch andere heterosexuelle Frauen, die sich auf ähnliche Weise ihren Wunsch nach einem Kind oder Kindern erfüllt haben. So selten ist das vermutlich gar nicht. Bei einer anderen, lesbischen Freundin hat sich der Bruder ihrer

Lebensgefährtin als Vater zur Verfügung gestellt. Eine weitere lesbische Freundin versucht zur Zeit, über eine Samenbank in Holland schwanger zu werden.

Ich habe für mich festgestellt, daß weder eine Zufallsbekanntschaft mit irgendeinem Mann noch die Variante der Samenbank für mich der richtige Weg ist. – Darüber hinaus versuchten wir auch, eine mögliche Sichtweise des Kindes zu gewinnen. Spielt es vielleicht für das Kind eine Rolle, woher es – biologisch betrachtet – kommt? Sollte es nicht die Möglichkeit haben, seinen Vater kennenlernen zu können?

Nach all diesen Überlegungen war für uns klar, daß wir unseren Kinderwunsch nur mit einem Mann realisieren können, der sich auf unsere Bedingungen, so wie sie sind, einläßt. Und wir hatten wirklich großes Glück, weil wir seit vielen Jahren durch gemeinsame Arbeit einem Mann verbunden sind, bei dem wir das Gefühl hatten, daß er unter den von uns gesetzten Voraussetzungen unser Ansprechpartner sein könnte. Wir brauchten ziemlich viel Zeit, um unsere Frage mit diesem Freund zu besprechen und von allen Seiten zu beleuchten. Zwischen der Bildung des Gedankens und seiner Realisierung lagen schließlich sieben Jahre. Nun leben wir seit einem Jahr mit unserem Kind zusammen und haben festgestellt, daß das für uns der richtige Weg war.

Welche Rolle soll für euch dieser Vater spielen?

Den Mann nur als Samenspender einzubeziehen war für uns eigentlich keine Möglichkeit. Deshalb dauerte das alles auch so lange, weil wir mit dem Vater unseres Kindes eine tragfähige Beziehung jenseits der klassischen heterosexuellen Liebesbeziehung haben wollten. Für die Zukunft jedenfalls wünsche ich mir, daß das Kind Kontakt zu seinem Vater haben kann – wenn dies eines Tages für unser Kind von Bedeutung sein sollte. Wir stehen nach wie vor in regelmäßigem Kontakt zum Vater. Das Kind darf ruhig erleben, daß wir mit seinem Vater durch eine gewachsene Freundschaft verbunden sind.

Ist das denn für den Vater nicht ein großes Risiko, das er da eingeht? Nach den Gesetzen hat er ja z.B. die Unterhaltspflicht.

Ja, von der Rechtsseite her gesehen liegt das größere Risiko tatsächlich beim Vater. Theoretisch könnten wir jederzeit finanzielle Ansprüche gegen ihn geltend machen. Er hingegen würde kaum den Sorgerechtsanspruch realisieren können. Von daher ist es überhaupt keine Selbstverständlichkeit für einen Mann, sich auf eine solche Bedingung einzulassen. Ich bin mir allerdings sicher, daß ich keinerlei finanzielle Ansprüche geltend machen werde. Für mich ist klar, daß das unser Kind ist, für das wir auch die finanzielle Verantwortung tragen wollen. Es würde auch überhaupt nicht in unser Konzept passen, wenn da plötzlich noch ein anderer Mensch Verantwortung haben wollte oder sollte. Ich bin sehr dankbar, daß dieser Freund trotz aller auf seiner Seite liegenden Risiken uns soviel Vertrauen entgegenbringt und uns diesen Wunsch erfüllt hat.

Aber auch wir mußten und müssen Vertrauen aufbringen. Wenn mir beispielsweise etwas zustößt, kann meine Freundin nicht automatisch das Sorgerecht für das Kind übernehmen. Momentan ist es nämlich in Deutschland noch nicht möglich, daß meine Freundin und ich uns das Sorgerecht auch jetzt schon für unser Kind teilen können. Aber genau das streben wir an. Sowohl aus ganz pragmatischen, rechtlichen als auch aus seelischen Gründen. Wir übernehmen nämlich beide gleichermaßen die Elternschaft und hätten gerne, daß sich das auch in der Rechtsfolge niederschlägt. Das ist etwas, was uns manchmal ziemlich bedrückt, daß das nicht möglich ist, nur weil wir zwei Frauen sind.

Wie wäre denn momentan die Situation, wenn dir etwas passieren würde?

Theoretisch gibt es zwei Varianten. Erstens: Das Jugendamt übernimmt zunächst das Sorgerecht, und meine Freundin muß sich mit ihm auseinandersetzen. Doch das Jugendamt muß geltendes Recht umsetzen und kann möglicherweise kein Verständnis für die individuelle soziale Situation des Kindes und seiner zweiten Mutter aufbringen. Zweite Variante: Der Vater des Kindes hat die Vaterschaft anerkannt, würde in diesem Fall das Sorgerecht direkt übernehmen können und wäre deshalb der erste Ansprechpartner meiner Freundin.

Wir gaben dieser Variante den Vorzug, weil wir darauf vertrauen, daß meine Freundin sich gegebenenfalls mit dem Vater des Kindes wird arrangieren können – leichter und unbürokratischer als mit dem Jugendamt.

Doch dies ist für uns nur eine Notlösung. Eigentlich wollten wir, daß meine Freundin und ich uns das Sorgerecht teilen. Wir wollen, daß die rechtliche Lösung unserer gemeinsamen Verantwortung und Elternschaft Rechnung trägt.

Ihr habt auch nicht den gleichen Status als zwei Mütter. Die eine ist die biologische Mutter, die andere nicht. Wie macht deine Freundin das, wenn sie mit dem Kind unterwegs ist, wenn sie z.B. eine Ärztin oder einen Arzt aufsucht. Darf sie das denn überhaupt?

Zunächst einmal rechne ich damit, daß sich der unterschiedliche Status zwischen uns Müttern im Alltag verringert, je älter unser Kind wird. Als unser Kind frisch geboren war und meine Freundin erzählte, sie hätte einen Säugling, haben sich manche Leute gewundert, weil sie sie doch nie schwanger gesehen hatten.

Von der formalen Rechtslage her sieht das etwas anders aus. Aber ich als die biologische Mutter unseres Kindes habe in den wichtigen Zusammenhängen – z.B. beim Arzt oder beim zukünftigen Waldorfkindergarten – unsere Familienverhältnisse dargelegt und geklärt, daß meine Freundin gleichberechtigte Ansprechpartnerin ist.

Und das wird akzeptiert?

Beim Arzt und beim Kindergarten habe ich keine Ablehnung erfahren.

Also da, wo eine persönliche Beziehung zu dir oder zu euch beiden besteht, wird das akzeptiert?

Ich bin mir nicht sicher, ob ich das so verallgemeinern kann. Ich könnte mir vorstellen, daß z.B. der Arzt oder die Arzthelferin zunächst vermuteten, daß meine Freundin die Tagesmutter meines Kindes ist. Sie stellten keine Fragen, und ich gab keine Erklärungen ab. Oft habe ich auch keine Lust, soviel zu erklären. Manchmal denke ich, ich muß einfach durchs Tun Fakten setzen.

Aber zu Hause macht ihr beide als zwei gleichberechtigte Mütter die Arbeit mit dem Kind?

Ja. Das klassische Modell, bei dem der eine zur Arbeit nach draußen geht und das Geld verdient und die andere ausschließlich zu Hause die Reproduktions- und Erziehungsarbeit leistet, kam für uns nicht in Frage.

Ihr habt also nicht festgelegt, wer „der Mann" ist ...

Nein, das ist für uns auch nicht wichtig. Für beide von uns war es viel wichtiger, einerseits genügend Zeit für das Kind und andererseits genügend Raum für die persönliche Entwicklung zu haben – zu der für uns auch eine Betätigung außerhalb des Hauses gehört.

Seid ihr beide berufstätig?

Ja. Ich habe eine 60-%-Stelle, meine Freundin eine halbe. Wir sind beide sehr froh darüber, daß das überhaupt gelungen ist. Es ist nicht selbstverständlich, daß im hochqualifizierten Bereich Teilzeitstellen zur Verfügung stehen. Zum Glück bin ich in einer Organisation beschäftigt, in der die Idee herrscht, daß es Frauen möglich sein muß, Kind und Beruf zu vereinbaren. Ich habe momentan die Möglichkeit einer Dreitagewoche. Ich bringe einiges an Flexibilität ein und bekomme auch einiges an Flexibilität von meinem Arbeitgeber.

Und deine Freundin?

Sie hat das Glück gehabt, im hochqualifizierten Bereich eine 50-%-Stelle zu finden. Sie bekam das Angebot gerade zum richtigen Zeitpunkt.

Das hört sich ja ganz wunderbar an. Das möchte man allen wünschen, die in solcher Lage sind oder sein wollen.

Ja, mit unseren Arbeitszeitmodellen in der Berufsarbeit konnten wir unser Kind bisher ohne Tagesmutter oder Kinderkrippe selbst betreuen. Das war auch unsere Idealvorstellung, als unser Kind noch nicht geboren war.

Ich erlebe das als ungeheure Bereicherung. Bevor ich das Kind bekam, war ich sehr berufsorientiert. Mit dem Kind kam eine völlig neue Qualität in mein Leben. Vor allem kann ich jetzt ganz praktisch und hautnah erleben, was ich zuvor eher theoretisch ahnte, nämlich daß Zeit sehr unterschiedlich strukturiert sein und sehr unterschiedliche Qualitäten haben kann. Die Tage, die ich mit meinem Kind verbringe, sind nach ganz anderen Gesetzmäßigkeiten und Rhythmen strukturiert als meine Berufstage. Ich erlebe beide Seiten als enorme Bereicherung.

Wie reagiert eure Umwelt darauf, daß ihr zwei Frauen seid und ein Kind gemeinsam habt? Fangen wir mit der beruflichen Umwelt an. Wie haben sich deine Kolleginnen und Kollegen verhalten?

In meinem unmittelbaren Arbeitsumfeld habe ich ja nur Kolleginnen, die zum Teil selbst Kinder haben. Als ich ihnen sagte, daß ich schwanger bin, waren sie mehr oder weniger sprachlos vor Erstaunen. Aber eher deshalb, weil sie wissen, daß ich mit einer Frau zusammenlebe, und sie die Möglichkeit einer Schwangerschaft unbewußt ausgeschlossen hatten. Zwei meiner Kolleginnen thematisierten im nachhinein, daß sie da ihren verinnerlichten Klischeevorstellungen ein Stückweit aufgesessen sind. Insgesamt habe ich sehr viel Offenheit und Aufgeschlossenheit erfahren. Diejenigen, die nicht so aufgeschlossen sind, die trauen sich vielleicht auch gar nicht so richtig, mich anzusprechen. Andere Kolleginnen, die wissen, daß ich mit meiner Freundin zusammenlebe, haben ganz besorgt gefragt, ob ich mich denn von meiner Partnerin getrennt hätte oder ob wir noch weiter zusammenbleiben wollten.

Jetzt, wo das Kind da ist, erlebe ich keinerlei Diskriminierungen in meinem Arbeitsumfeld. Meine Kolleginnen unterstützen mich eher darin, daß ich Beruf und Familie vereinbaren kann.

Wie ist das mit deiner Herkunftsfamilie?

Für meine Mutter – mein Vater lebt nicht mehr – war das zunächst nicht ganz einfach. Sie weiß, daß ich mit meiner Freundin zusammenlebe und mit Männern nicht viel zu tun habe. Als wir ihr gemeinsam erzählt haben, daß wir ein Kind bekommen – also *ich* schwanger bin, aber *wir* ein Kind bekommen –, war sie zunächst sehr irritiert. Aber nach ungefähr zehn Minuten konnte ich ihr so richtig ansehen, daß die Freude darüber, daß sie noch ein Enkelkind bekommt, so in den Vordergrund gerückt war, daß die ganzen anderen Unklarheiten, woher das Kind kommt und wie das alles gehen soll, ziemlich nachrangig wurden. Und auch jetzt im konkreten Umgang spielt das für sie keine Rolle. An Fragen, die sie manchmal stellt, merke ich, daß es für sie wichtig ist, daß meine Freundin und ich in einer guten Beziehung zum Vater des Kindes stehen.

Du bist die biologische Mutter, und ich nehme an, daß du dich in deinem beruflichen Umfeld nicht von den anderen Kolleginnen unterscheidest, die auch Kinder haben, wenn auch gemeinsam mit einem Mann oder als Alleinerziehende. Ich denke, das hat für dich dieselben Auswirkungen, wenn du beispielsweise aufgrund einer Krankheit deines Kindes zu Hause bleiben mußt. Nun wüßte ich gerne, wie das im beruflichen Umfeld deiner Freundin ist; nehmen ihre Kolleginnen die Tatsache, daß sie mit dir gemeinsam ein Kind hat, das ja immerhin nicht ihr leibliches ist, auch ganz selbstverständlich? Und wie sieht es in ihrer Familie aus?

Die Eltern meiner Freundin behandeln unser Kind genauso wie ihre anderen Enkelkinder auch und versuchen, eine Beziehung zu ihm aufzubauen, was ich sehr schön finde. Die eine Oma meiner Freundin scheint aber doch etwas Probleme mit unserer Familienkonstellation zu haben. Sie erzählt oft begeistert von ihren anderen Urenkelkindern, erkundigt sich aber nur selten wirklich interessiert nach dem Befinden unseres Kindes. Trotzdem bemüht sie sich, unser Kind auch als weiteren Urenkel anzunehmen und es gegenüber den anderen nicht zu benachteiligen. Das rechne ich ihr auch hoch an. Dagegen hat die andere Oma meiner Freundin offenbar nie Probleme damit gehabt. Für sie sind wir nun eine Familie wie andere auch, wenn auch etwas aus dem Rahmen fallend.

Ich bin sehr froh darüber, daß die Verwandtschaft meiner Freundin insgesamt mit großer Aufgeschlossenheit unserem Kind gegenübersteht und auch bereit ist, es zu integrieren.

Und der Arbeitsplatz deiner Freundin?

Meine Freundin geht dort sehr offensiv mit unserer Lebensform um. Die Leute, die beruflich mit ihr zu tun haben, wissen also, daß sie ein kleines Kind hat, für das sie verantwortlich ist. Dies wird bei Terminabsprachen in der Regel berücksichtigt – genauso wie bei mir.

Wie reagieren eure lesbischen Freundinnen auf eure neue Lebenssituation?

Die Resonanz ist sehr unterschiedlich. Das reicht von großer Freude, freudiger Anteilnahme und hoher Zustimmung bis hin zur Ablehnung. Manche Lesben können es nicht nachvollziehen, daß sich andere Lesben überhaupt auf einen Mann einlassen können, auch nicht in einem Rechtszusammenhang ...

... und dann auch noch einen Jungen bekommen.

Genau. Das sprechen sie zwar nicht aus, aber denken es vielleicht. Andere wiederum sehen darin sogar ein Modell der Zukunft, finden, daß wir Pionierinnen sind.

Wie ist das in eurem anthroposophischen Umfeld? Ihr wohnt hier immerhin an einem Ort, an dem viele anthroposophische Menschen leben und arbeiten.

Falls es Ablehnungen oder Bedenken gegen unsere Lebensform gibt, werden diese uns gegenüber nicht deutlich wahrnehmbar geäußert. Dazu hat sicher auch beigetragen, daß insbesondere meine Freundin, die neben ihrem Studium einige Zeit in diesen anthroposophischen Zusammenhängen gearbeitet hat, sehr offensiv mit ihrer Lebensform umgegangen ist und immer schon gesagt hat, daß sie mit mir zusammenlebt. Ich war also längst, bevor wir beide ein Kind hatten, als ihre Partnerin eingeführt. Da hat nie jemand etwas gesagt. Die Menschen hier hatten aber auch Gelegenheit, sowohl meine Freundin als auch mich kennenzulernen. Ich denke, weil da bereits zuvor persönliche Beziehungen entstanden sind, haben wir nicht plötzlich mit der Geburt unseres Sohnes bzw. bereits mit meiner Schwangerschaft Ablehnung erfahren. Ganz im Gegenteil. Wir haben sogar viel Unterstützung von den AnthroposophInnen hier erhalten.

Auch bei der Taufe unseres Kindes in der Christengemeinschaft haben wir positive Erfahrungen gemacht. Wir wollten unser Kind taufen lassen auf der Basis, daß derjenigen oder demjenigen, der unser Kind tauft, unser Lebenszusammenhang bekannt ist. Wir wollten damit nicht zurückhalten, weil dieser besondere Lebenszusammenhang schicksalsmäßig zu unserem Kind dazugehört.

Selbstverständlich hatten wir zuvor für das Kind Paten gesucht. Unser erster Gedanke war, daß meine Freundin auf jeden Fall Patin unseres Sohnes werden müsse. Wir sind dann aber in Gesprächen mit Freundinnen und Freunden sehr schnell darauf gekommen, daß dies nicht den realen Umständen entsprechen würde, da sie doch die Elternrolle einnimmt. Hinzu kam, daß der Vater unseres Kindes für sich zum Schluß gekommen war, daß seine Rolle einen adäquaten Ausdruck im Patenamt finden würde. Dies fanden wir eine sehr gute Idee. Vorher hatten wir bereits einen anderen Paten gefunden, so daß unser Kind auf diese Weise zwei männliche Paten bekommen sollte. So haben wir unsere Pläne dann auch einem Priester der Christengemeinschaft vorgestellt.

Wie hat er reagiert?

Den ersten Kontakt hatte meine Freundin mit diesem ihr bis dahin unbekannten Priester, dem sie die ganze Geschichte am Telefon vortrug. Er zeigte sich sehr offen und hatte anscheinend weniger Probleme damit, daß unser Kind zwei Mütter hat, als damit, daß einer der Paten mit unserem Sohn blutsverwandt ist. Hier intervenierte er und sagte meiner Freundin am Telefon, daß er diese Konstellation noch nie gehabt hätte – wohlgemerkt, nicht die Tatsache, daß zwei Mütter ihr Kind taufen lassen wollen, sondern daß ein biologischer Vater das Patenamt übernehmen wollte. Darüber wollte er sich erst einmal mit seinen Kolleginnen und Kollegen austauschen. Seine offene Art hat mir gut gefallen. Wir waren natürlich auch positiv überrascht, daß es für ihn kein Problem darzustellen schien, daß wir beide als Eltern an der Taufe beteiligt sein wollten. Aber daß der Vater nicht auch als Elternteil an der Taufe teilnehmen wollte, war ihm zunächst nicht nachvollziehbar. Deshalb bot er meiner Partnerin an, daß unser Freund auf jeden Fall als Vater mit uns beiden Müttern am Taufbekken stehen dürfe, wenn er nicht Pate werden könne. Dies war aber weder für uns noch für unseren Freund eine Alternative.

Deshalb verabredeten sie sich für ein Gespräch, an dem auch der Vater unseres Kindes teilnehmen sollte. In dem Gespräch war es dem Priester wichtig, die Motivation für die Patenschaft beim Vater abzufragen. Das fand ich ganz in Ordnung. Ich denke, daß es den Priestern generell wichtig ist, darauf zu achten, ob es sich um Paten handelt, die ihr Amt oder ihre Funktion auch irgendwie ergreifen können. Am Ende unseres Gesprächs und nach den Gesprächen mit seinen Kolleginnen und Kollegen kam der Priester zum Schluß, daß er unsere Pläne durchaus mittragen kann.

Ich habe mich sehr gefreut, daß es innerhalb der Christengemeinschaft möglich ist, mit so einer ungewöhnlichen und für viele unbekannten Lebensform offen umzugehen, ernstgenommen zu werden in den Anliegen und diese auch realisieren zu können. Dadurch habe ich persönlich eine sehr positive Einstellung zur Christengemeinschaft gewonnen.

Hast du keine Angst, daß dein Kind später als Sohn zweier lesbischer Mütter große soziale Probleme bekommt, in der Schule z.B. oder bereits im Kindergarten?

Wenn ich ganz ehrlich bin, habe ich da gewisse Befürchtungen. Meine Freundin und ich haben uns, noch bevor wir das Kind bekamen, lange überlegt, ob wir es verantworten können, dem Kind ein soziales Umfeld zuzumuten, das mit unserer Lebensform nicht vertraut ist oder sie sogar diskriminiert und ablehnt. Und wir sind zu dem Schluß gekommen, daß wir das verantworten wollen und können, und vertrauen darauf, daß wir in der jeweiligen Situation schon richtig handeln werden. Wir sind uns bewußt, daß das Kind möglicherweise mit Irritation und Ablehnung konfrontiert wird. Wir vertrauen aber darauf, daß wir dem Kind genug seelische Stärke und Stabilität mitgeben und es in der jeweiligen Situation gut unterstützen können. Aus diesem Grund möchten wir, daß Lebensformen wie die unsrige allmählich im Bewußtsein der Menschen mehr wahrgenommen und akzeptiert werden und unsere Familienform als eine Form neben anderen anerkannt ist.

Was könnte denn das Zukünftige an eurer Lebensform sein?

Ich sehe allerhand Zukünftiges. Zum Beispiel kenne ich in meinem Umfeld kaum Mütter, die so viel Unterstützung von ihren Partnern erfahren und sich so gleichberechtigt wie meine Freundin und ich um die Versorgung ihrer Kinder kümmern können. Ich kenne kein anderes Elternpaar, das sich so ausgewogen den Verantwortungen stellt. Ich weiß aber von vielen Frauen, daß sie sich genau das wünschen. Männer wohl weniger, ich beobachte jedenfalls, daß sie sich unter dem Deckmäntelchen der finanziellen Verantwortung eher um die soziale Verantwortung für ihre Kinder drücken. Dabei sehen sie nicht, daß es auch anders ginge. Viele Mütter aus unserem sozialen Umfeld beneiden uns darum, wie wir uns die Verantwortung teilen, nicht mißgünstig, sondern sie finden einfach, daß wir es gut haben. Wir selbst finden allerdings auch, daß wir es gut haben. Ich bin z.B. oft beruflich unterwegs und weiß, daß ich auch mal zwei, drei Tage weg sein kann und daß das Kind dann genauso gut versorgt ist, wie wenn ich zu Hause wäre. Genauso geht es meiner Freundin. Das ist für uns eine ganz enorme Entlastung, aber welche Mutter kann das schon von sich sagen?

Was sehe ich noch Zukünftiges in unserer Lebensform? Eine Anthroposophin hier sagte neulich, sie sieht in unserer Lebensform etwas Zukünftiges im Hinblick auf die von Steiner geäußerte zukünftig anzustrebende Überwindung der Geschlechtertrennung. So weit will ich hier allerdings nicht gehen.

Im ganz praktischen Leben und in der praktischen Teilung von Verantwortung sehe ich nicht ferne Zukunft, sondern eine Zukunft, die sich viele Frauen wünschen.

Und du siehst nicht, daß das männliche Element bei euch fehlt?

Das kann ich überhaupt nicht sehen. Es gibt allenfalls Klischeevorstellungen davon, was männlich sei, und auch Vorstellungen darüber, was Männer in die Partnerschaft einbringen, nämlich z.B. das Geld und das Auto und den Wasserhahn reparieren und dergleichen. Und ich weiß, daß wir diese Funktionen sehr gut, aber in wechselnden, nicht starren Rollen jeweils übernehmen können. Die einen Belange, die klischeemäßig eher dem Männlichen zugeordnet werden, nehme ich zum Teil wahr, zum anderen Teil meine Freundin. Was das klischeemäßig Weibliche angeht auch. Ich erlebe es als sehr wohltuend, in der Partnerschaft jenseits gattungsmäßiger Rollenzuweisungen das zu erleben und einzubringen, was mir individuell möglich ist und auch entspricht. Für die persönliche Entwicklung ist es sehr bereichernd, ein ganzes Spektrum an Qualitäten ausbilden zu können und den Anforderungen nicht nur des familiären Lebens gerecht zu werden. Ich denke auch, daß es für unser Kind gut ist, die Überwindung der Geschlechterrollen im Sozialen vorgelebt zu bekommen. Darin sehe ich übrigens auch etwas Zukünftiges.

Aber meinst du nicht, daß euer Sohn auch Männer als Vorbilder braucht?

Ja, die Männer gibt es ja auch. Schließlich leben wir weder alleine in diesem Haus noch allein in diesem Dorf. Bei uns nebenan z.B. gibt es eine kleine Autowerkstatt und eine kleine Metallbauwerkstatt. Wenn ich dann sehe, wie die Männer dieser Werkstätten im Sommer nach Feierabend vor der Werkstatt stehen, rauchen und Bier trinken, dann denke ich, ja, ja, was für Männervorbilder hat da eigentlich mein Kind ...

Du meinst also, lieber keine Männervorbilder als so schlechte?

Auch wenn unser Kind in unserer Familie kein Männervorbild hat, bekommt es natürlich trotzdem permanent Männer aus dem nächsten Umkreis mit, z.B. auch die Männer aus den anthroposophischen Familien, die hier leben. In diesen Familien herrscht in der Regel die klassische Arbeitsteilung, nach der die Frau die Familie sozial versorgt und der Mann das Geld verdient. Zwar bringen sich einige Frauen auch mit Eurythmie- oder Malkursen usw. ein oder arbeiten zum Teil genauso hart wie die Männer mit, trotzdem sind sie zusätzlich auch noch für das Wohl der Familie zuständig. Und das wichtige Geschehen in der Öffentlichkeit, das bestimmen die Männer. Da frage ich mich dann auch, ob das die guten Vorbilder für meinen Sohn sind. Ich weiß es nicht. Eigentlich wünsche ich meinem Kind, daß es Männervorbilder hat, die mit den Rollen fließend umgehen können, die sich mit ihrem Mannsein bereits sehr bewußt auseinandergesetzt haben und die im nahen familiären Bereich auch soziale Verantwortung übernehmen können und wollen.

Deswegen hast du für dein Kind zwei Paten ausgesucht?

Ja. Wir haben sie auch nach solchen Gesichtspunkten ausgesucht, was sie diesbezüglich repräsentieren. Also, ob sie ein bißchen mehr mitbringen als nur die klischeehaft männliche Seite, die aus meiner Sicht eher defizitär ist.

Soll das euer einziges Kind bleiben?

Nein, ich wünsche unserem Sohn noch ein Geschwisterchen. Aber wie alles kommen wird, werden wir ja sehen.

Die Vielfalt der Lebensformen in der politischen Entwicklung

Noch bis vor wenigen Jahren konnte man zwei hauptsächliche Strömungen unterscheiden: die eine, konservative, die alles beim Alten – d.h. bei der Ehe – lassen wollte; und eine zweite, die die rechtliche Stellung der Homosexuellen verbessern wollte.[133]

Inzwischen reden selbst die konservativeren Kräfte, wie etwa die CDU oder Teile der Kirchen, der Anerkennung gleichgeschlechtlicher Partnerschaften das Wort. Der Kreis derer, die eine Weiterentwicklung befürworten, wird immer größer. Unter ihnen sind aber nun wieder zwei Hauptströmungen auszumachen:

- Die eine will die Privilegien der Ehe auch homosexuellen Paaren – und damit auch nichtverheirateten heterosexuellen – zugänglich machen.
- Die andere Strömung plädiert eher für das Akzeptieren der Vielfalt des Lebens und Liebens und für Rahmenbedingungen, die die Gestaltung von Beziehungen in weitgehender individueller Freiheit ermöglichen.

In vielen Staaten Europas entwickelt sich schon seit Jahren eine erstaunliche Offenheit gegenüber neuen Formen der staatlichen Absicherung des Zusammenlebens jenseits der konventionellen Ehe. Die skandinavischen Staaten sind Vorreiter: Dänemark hat homosexuellen Paaren sogar das Adoptionsrecht für leibliche Kinder eines der beiden Partnerinnen oder Partner eingeräumt, nachdem es schon 1989 als erstes Land der Welt die Möglichkeit zur standesamtlichen „Trauung" gleichgeschlechtlicher Paare geschaffen hatte. Aber auch in Ländern wie etwa Frankreich und Tschechien wird heftig über die Gleichstellung homosexueller Paare debattiert. Außerhalb Europas finden sich dieselben Entwicklungen: Beispielsweise wird aus Kanada berichtet, daß die Diskriminierung und Benachteiligung homosexueller Lebensgemeinschaften, z.B. bei der Frage des Unterhalts für gemeinsame Kinder, vom Obersten Gericht untersagt wurde und daß dies weitreichende Folgen für das kanadische Familienrecht haben werde.[134]

Auch Deutschland steht da nicht ganz hintenan. Nachdem zunächst einzelne Bundesländer mit Anträgen auf Schaffung eines Rechtsinstituts

---

133 Vgl. Laabs.

134 Vgl. dpa-Meldung vom 20.5.1999.

für gleichgeschlechtliche Paare über den Bundesrat vorangegangen waren – etwa Niedersachsen und Hamburg –, hat Ende 1998 nach dem Machtwechsel in Bonn auch die deutsche Bundesregierung eine derartige Liberalisierung in Aussicht gestellt. Der für 1999 angekündigte Gesetzentwurf wurde jedoch zugunsten einer sorgfältigeren Erarbeitung noch zurückgestellt, er soll nun im Laufe des Jahres 2000 vorgelegt werden. Es ist zu erwarten, daß dieses Gesetz etliche Elemente dessen enthält, wofür sich Homosexuelle seit Jahren einsetzen.

Privilegien der Ehe – wofür viele Homosexuelle kämpfen

In Deutschland können sich bisher (Anfang 2000) nur heterosexuelle Paare für oder gegen die Eheschließung entscheiden; gleichgeschlechtlichen Paaren bleibt diese Entscheidung versagt. Anhand wichtiger Beispiele soll aufgezeigt werden, warum die Ehe als Rechtsinstitution auch für viele Homosexuelle so attraktiv ist.

Rechtliche und wirtschaftliche Privilegien

Zwei wichtige Rechtsgebiete, das Steuer- und das Rentenrecht, orientieren sich in ihrer Struktur seit Bestehen der Bundesrepublik Deutschland an der Idee des männlichen Alleinverdieners, der sein ganzes Arbeitsleben lang ununterbrochen erwerbstätig ist und seine Ehefrau und ggf. mehrere Kinder vollständig unterhält. Die Ehefrau ist in diesem Konzept allenfalls zeitweise Zuverdienerin.

Steuerrecht: Die für Verheiratete vorgesehene Zusammenveranlagung, das sogenannte Ehegatten-Splitting, entfällt bei homosexuellen Paaren. Verdienen beide in etwa gleich viel, so ist dies relativ bedeutungslos. Der maximale Vorteil allerdings (dann nämlich, wenn die eine Person 500.000 DM verdient und die andere keinerlei Einkommen hat) beläuft sich immerhin auf fast 23.000 DM pro Jahr.

Rentenrecht: Wenn der Ehemann verstirbt, hat die Hinterbliebene Anspruch auf Witwenrente, und umgekehrt. Homosexuelle Paare dagegen können keinen Anspruch auf Hinterbliebenenrente bzw. Pension erwerben. Das gleiche gilt auch für Kinder: Ein Anspruch auf Waisenrente kann von Kindern homosexueller Paare nie geltend gemacht werden, weil es sich aus biologischen Gründen nicht um Kinder beider Partnerinnen handeln kann und das Adoptionsrecht Homosexuellen nicht offen steht.

Erbrecht: Zwar können für den Todesfall testamentarische Regelungen im Vorfeld getroffen werden, doch sind selbst in diesem Fall gleichgeschlechtliche Paare massiv benachteiligt, da sie keinen Angehörigenstatus genießen. Zum einen liegt bei Verheirateten der Freibetrag für die überlebende Person bei 600.000 DM, der für nichtverwandte Erben dagegen lediglich bei 2.000 DM, und zum anderen gibt es auch bei der Erbschafts- und Schenkungssteuer erhebliche Unterschiede bei den Steuerklassen.

Handelt es sich z.B. um ein Erbe von 700.000 DM, so würden z.B. der überlebenden Ehefrau lediglich auf 100.000 DM Steuern erhoben, und zwar 7 %, das sind 7.000 DM. Käme es dagegen innerhalb einer homosexuellen Lebensgemeinschaft zu einem solchen Erbfall, so müßte die überlebende Person auf 698.000 DM Steuern entrichten, und zwar 29 %, das wären knapp 200.000 DM! Dadurch, daß homosexuelle Partner keinen Angehörigenstatus genießen, kann aufgrund des gültigen Erbrechts außerdem folgende Situation eintreten: Wer z.B. seine Lebenspartnerin pflegt, kann nach deren Tod zwar als Alleinerbin eingesetzt werden. Die noch lebenden Eltern der Verstorbenen können jedoch später den Pflichtteil von 50 % einklagen!

Kranken- und andere Versicherungen: Homosexuelle müssen sich bisher fast immer einzeln versichern, erhalten also nicht den nur für Eheleute geschaffenen günstigeren Familientarif.

Mietrecht: Wenn innerhalb einer homosexuellen Lebenspartnerschaft diejenige Person verstirbt, die den Mietvertrag der gemeinsam bewohnten Wohnung unterschrieben hat, darf die überlebende Person die Wohnung nicht automatisch behalten. Anders verhält es sich bei Verheirateten, hier ist die Mietnachfolge gesetzlich geregelt. Auch bei der Vergabe von Sozialwohnungen sind gleichgeschlechtliche Paare gegenüber heterosexuellen Paaren massiv benachteiligt.

Aufenthaltsrecht von ausländischen Lebenspartnern: Das Familiennachzugsrecht gilt nur für Ehepaare (beruhend auf Art. 6 GG). Bei heterosexuellen binationalen Paaren wird durch eine Heirat automatisch der nichtdeutschen Person die Aufenthaltsberechtigung zugesprochen. Nicht so bei gleichgeschlechtlichen Paaren. Zwar besteht seit 1996 ein „Ermessensfreiraum" für die Ausländerbehörde, doch sind die Anforderungen beinahe unerfüllbar.

So muß die materielle Absicherung gegeben sein, obwohl (Nicht-EU-) Ausländern keine Arbeitserlaubnis erteilt wird. Das bedeutet in der Konsequenz, daß nur wohlhabende Deutsche sich eine ausländische Lebenspartnerin „leisten" können. Der Antrag auf Aufenthaltserlaubnis muß außerdem in der Regel vom Heimatland aus gestellt werden, was unter Umständen mit erheblichen Kosten oder im Falle von Verfolgung mit Gefahren verbunden ist. Außerdem darf kein Ausweisungsgrund vorliegen (was aber z.B. schon eine „größere" Ordnungswidrigkeit wie das Überfahren einer roten Ampel sein kann!). Schließlich dürfen die Interessen der BRD nicht betroffen sein – und die sind bereits dann betroffen, wenn eine zukünftige Arbeitsaufnahme angestrebt ist. Die nächste Klippe ist die Arbeitserlaubnis. Während ausländische Ehepartner nach Erteilung der Aufenthaltserlaubnis einen Anspruch auf Arbeitsberechtigung haben, bleibt homosexuellen Paaren nur der Klageweg.

Auskunftsrecht im Krankenhaus: Aufgrund des fehlenden Angehörigenstatus haben gleichgeschlechtliche Lebenspartner nicht automatisch ein Recht darauf, über den Gesundheitszustand oder getroffene Maßnahmen etwa des verunfallten und bewußtlosen Lebenspartners Auskunft zu bekommen. Zwar können sie vorsorglich in einer Verfügung die Ärzte von ihrer Schweigepflicht entbinden. Allerdings gibt es keinen bindenden Rechtsanspruch auf Befolgung solcher Verfügungen, so daß homosexuelle Paare dennoch vom guten Willen der Ärzte abhängig sind.

Arbeitsrecht: Da für die katholische Kirche Homosexuelle nur tragbar sind, wenn sie auf die Praktizierung der Homosexualität verzichten, gelten Kündigungen wegen lesbischer oder schwuler Lebensweise als rechtens. Auch in der Bundeswehr bestehen eindeutige Benachteiligungen: Schwule junge Männer müssen den Wehrdienst ableisten, als Vorgesetzte und Ausbilder werden sie aber generell als ungeeignet betrachtet, was die Rechtsprechung des Bundesverwaltungsgerichts bislang billigt.

Tarifrecht: Der Ortszuschlag für Angestellte im öffentlichen Dienst, der für Verheiratete höher ist als für Ledige, kommt Homosexuellen nicht zugute.

Zeugnisverweigerungsrecht im Gerichtsverfahren: Da gleichgeschlechtliche Lebenspartner keinen Angehörigenstatus haben, können sie sich in der Regel auch nicht auf dieses Recht berufen.

Adoptionsrecht: Homosexuelle Paare dürfen keine Kinder adoptieren. Dabei ist weder nachgewiesen, daß sie sich häufiger an ihren Kindern vergehen als heterosexuelle Eltern, noch konnte ein vermehrtes Auftreten von Homosexualität bei Kindern beobachtet werden, die mit zwei Müttern aufwachsen.[135]

Sorgerecht: Das Sorgerecht stand bisher ausschließlich verheirateten Eltern zu; seit dem neuen Kindschaftsrecht von 1998 können nichtverheiratete, heterosexuelle Eltern eine Erklärung abgeben, daß sie die Sorge gemeinsam ausüben wollen. Auch die Stiefelternadoption, also die Möglichkeit, das Kind der Partnerin oder des Partners zu adoptieren und damit gemeinsam das Sorgerecht zu erhalten, ist ausschließlich verheirateten Paaren vorbehalten. Soziale Elternschaft dagegen wird vom Gesetzgeber nicht als Elternschaft anerkannt und bewertet. Gleichgeschlechtlichen Eltern steht also grundsätzlich kein gemeinsames Sorgerecht für ihre Kinder zu, selbst dann nicht, wenn sie gemeinsam die Kinder gewollt und geplant haben. Verheiratete dagegen erhalten auch dann ein gemeinsames Sorgerecht für ein Kind, wenn der Ehemann nicht der biologische Vater ist – sogar, wenn der Ehemann von der Ehefrau getrennt lebt und kein Interesse an einem Sorgerecht hat!

Als Ersatz für das gemeinsame Sorgerecht bleibt gleichgeschlechtlichen Eltern nur die Möglichkeit, daß der leibliche Elternteil dem anderen Elternteil (der „Co-Mutter" oder dem „Co-Vater") durch entsprechende Vollmachten Befugnisse überträgt, wie z.B. für den Kindergarten, die Schule, Behörden, die ärztliche Behandlung, Urlaubsreisen. Nachteilig wirkt sich aus, daß der Co-Elternteil auf den guten Willen anderer angewiesen ist, z.B. der behandelnden Ärztin oder des Grenzbeamten bei einer Urlaubsreise, also keinen Rechtsanspruch geltend machen kann.[136]

Künstliche Befruchtung – jedenfalls als institutionalisierte und kontrollierte Leistung des Gesundheitswesens – ist ausschließlich verheirateten Frauen vorbehalten.

Unterhaltsanspruch nach einer Trennung besteht auch nicht.

Die Ehe in der christlichen Kirche

Die kirchliche Trauung bleibt gleichgeschlechtlichen Paaren in Deutschland versagt, da ihr grundsätzlich die standesamtliche vorausgehen muß. Dabei gibt es durchaus Lesben und Schwule, die aus den gleichen Gründen wie heterosexuelle Paare für ihre Lebensgemeinschaft Gottes Segen

[135] Vgl. Lähnemann.

[136] Zum Sorgerecht vgl. Streib.

erbitten möchten. Für viele ist der kirchliche Segen nicht nur Symbol, sondern Realität, hat das Treueversprechen vor dem Altar mehr Relevanz als jeder privat abgeschlossene Vertrag. Drei Beispiele sollen den kirchlichen Umgang mit diesen Erwartungen skizzieren:

■ Der *katholischen Kirche* gehen schon jegliche Pläne für eine eingetragene Partnerschaft zu weit. Und dabei ist es nach katholischer Lehre eigentlich unverständlich, daß zwei Männern oder zwei Frauen, die ihren Lebensweg gemeinsam gehen wollen, sogar ein Segen verweigert wird, da die Kirche so ziemlich alles segnet: Menschen, Tiere, Gegenstände des täglichen Bedarfs, ja, sogar Autos.

■ In der *evangelischen Kirche* – der die Trauung zwar nicht als Sakrament gilt, die aber die Familie als Leitbild ansieht – wird viel über das Thema „Partnerschaftssegnungen“ diskutiert. Da es für dieses Zeremoniell keine kirchliche Ordnung gibt, wurde den Pfarrern und Pfarrerinnen von der Kirchenleitung nach vereinzelten Versuchen in dieser Richtung inzwischen untersagt, solche Segnungen vor der Gemeinde vorzunehmen. Allerdings können Segnungen von homosexuellen Menschen (nicht ihrer Partnerschaften!) inoffiziell zu Hause durchgeführt werden, da dies als Akt der Seelsorge gilt:

> „Der Segen, vermittelt durch Handauflegung und/oder durch direkten Zuspruch, macht deutlich, daß inmitten aller Zweifel und Konflikte Gott uns zugewandt ist, für uns sorgt und uns auf dem Weg des Lebens begleitet. Segen ist von elementarer Bedeutung für Partnerschaften, weil er trotz aller gemischten Gefühle und bestehenden Schwierigkeiten die Partner ermutigt, einander und Gott zu vertrauen. So gesehen ist der Segen wirklich ein Schatz, ein tiefgehendes, seelsorgerliches Ritual, das der Kirche anvertraut ist.“[137]

■ Von der *Christengemeinschaft* gibt es zu diesem Thema keine offizielle Stellungnahme. Die Meinungsskala innerhalb der Gemeinden ist so breit gefächert wie anderswo auch, also von Ablehnung über Toleranz bis hin zur Befürwortung. Das Sakrament der Ehe ist eindeutig auf Mann und Frau hin ausgerichtet. Der Wortlaut der Sakramente wird als Gabe der geistigen Welt angesehen und darf in keiner Weise verändert werden. Daher können gleichgeschlechtliche Paare in der Christengemeinschaft prinzipiell nicht das Sakrament der Ehe empfangen. Allerdings kann die Menschenweihe-

---

137 HuK Hannover, S. 1.

handlung mit jedweder Intention besucht werden, also durchaus auch mit der Bitte um Hilfe aus der geistigen Welt für das risikoreiche Unternehmen einer Partnerschaft. Dies könnte selbstverständlich nach Absprache mit der Pfarrerin oder dem Pfarrer der Gemeinde geschehen, die dann eine zum Thema Partnerschaft passende Predigt halten würden.

Oder: Die Freiheit von Leben und Lieben

Die gesellschaftliche Kraft, die sich in der politischen Debatte der letzten Jahre am deutlichsten mit einem freiheitlichen Konzept zu Wort gemeldet hat, ist erstaunlicherweise die PDS – eine Partei, deren Vorgängerin SED noch in den 80er Jahren als Garantin sehr einengender politischer Vorstellungen bekannt war. Wir zitieren hier einen Beitrag der Bundestagsabgeordneten Christina Schenk – weil wir es nicht besser formulieren könnten:

> „Die erklärte Absicht der neuen Bundesregierung, die Rechtslage für lesbische und schwule Lebensgemeinschaften zu verbessern, löste bei Konservativen große Empörung aus. Nicht nur das Abendland sei dadurch in Gefahr, sondern auch – wir ahnten es schon – die Familie. Kürzlich äußerte sich der Vorsitzende der Bischofskonferenz, Karl Lehmann, in dankenswert klarer Form: *Familie ist da, wo Ehe ist.* Diese Auffassung verrät nicht nur groteske Lebensfremdheit, sondern sie diskriminiert auch all diejenigen, die in einer nichtehelichen Gemeinschaft oder als Alleinerziehende Kinder großziehen oder die in einer lesbischen bzw. schwulen Beziehung zusammenleben.
>
> Gegenüber dem erzkonservativen Verständnis von Familie deutet sich in der Familienpolitik mit der neuen Ministerin, Christine Bergmann, ein Wandel an. Im Koalitionsvertrag heißt es: *Familie ist da, wo Kinder sind.* Das Zusammenleben mit Kindern soll stärker gefördert werden – unabhängig vom Trauschein und davon, ob es sich bei den Eltern um Lesben bzw. Schwule handelt.
>
> Dies ist zu begrüßen. Aber gleichzeitig ist auch Frau Bergmanns Familienbegriff unzureichend, denn auch das unverheiratete, kinderlose Paar bezeichnet sich zurecht als Familie. Andere haben Kinder, leben in einer Partnerschaft, aber nicht in einem gemeinsamen Haushalt. Viele haben nacheinander in mehreren Beziehungen gelebt. Kinder werden in lesbischen oder schwulen Partnerschaften oder bei einer Person groß, zu der keine verwandtschaftliche Beziehung besteht. Es

haben sich vielfältige neue Formen des Miteinander und der Solidarität entwickelt. Da gibt es LebensabschnittsgefährtInnen, Lebens- oder Wohngemeinschaften, die Ehe, Kommunen und Beziehungsformen, für die es noch keinen Namen gibt. Zur ‚eigenen' Familie zählen wir im Grunde alle, zu denen eine enge Beziehung besteht und mit denen emotionale und materielle Unterstützung, Beistand und Fürsorge gelebt werden – ob mit Kindern oder ohne. Manche befürchten, die Auflösung fester Muster sei das Ende der Familie. Ich halte das für verfehlt. Familie als Netzwerk von engen emotionalen Bindungen wird es immer geben. Nur wird das Zusammenleben immer weniger von starren Normen bestimmt, seien sie nun religiös oder ökonomisch begründet, statt dessen wird es freiwilliger und zunehmend selbstbestimmter.

Ein neuer Familienbegriff ist also notwendig – mein Vorschlag ist: *Familie ist da, wo Nähe ist.* So verstanden, kann der Begriff ‚Familie' nicht mehr dazu dienen, die Zielrichtung politischen Bemühens zu beschreiben, da der Staat schlichtweg keine Kriterien mehr zur Hand hat, ihr Vorhandensein festzustellen. Das heißt jedoch nicht, daß es keine politischen Aufgaben in Bezug auf die Familie mehr gäbe. Ganz im Gegenteil – es besteht großer Handlungsbedarf: Zum einen darf die Wahrnahme von Verantwortung für Kinder und Pflegebedürftige nicht zum Nachteil oder Risiko für diejenigen werden, die dies tun. Es ist ein unhaltbarer Zustand, daß das Kinderhaben zum größten Armutsrisiko geworden ist. Zum anderen muß für alle der Freiraum für ein selbstbestimmtes Zusammenleben hergestellt werden. Es kann nicht angehen, daß – wie bisher die Ehe – nur eine Form des Zusammenlebens von Erwachsenen in vielfacher Weise gefördert wird, andere hingegen diskriminiert werden."[138]

Und dann – wie weiter?

Diese beiden Strömungen – die „verrechtlichende" und die „freiheitliche" – müssen nicht als sich ausschließende Alternativen diskutiert werden, wie es häufig geschieht. Vielleicht können sie sich auch gegenseitig befruchten und aufeinander aufbauen. Beispielsweise können die Rechte gleichge-

---

138 Schenk, Christina: Die Vielfalt von Familien – Konsequenzen für linke Politik, in: *Rheinblick* (2/1999).

schlechtlicher Paare als Prüfstein für die Offenheit gegenüber jeglicher Abweichung von der sogenannten Norm, der möglichst lebenslangen Einehe, angesehen werden. Was einmal gleichgeschlechtlichen Paaren zusteht, darf dann eigentlich auch gegengeschlechtlichen nicht vorenthalten werden – und eines fernen Tages wird die „Ehe ohne Trauschein", die Verbindung auf Zeit mit sogenannten Lebensabschnittsgefährten oder gar das Zusammenleben mit mehreren Partnerinnen und/oder Partnern, eines Tages ebenso „normal" wie im ersten Schritt die gleichgeschlechtliche Nachahmung der „guten alten Ehe".

Dieses „evolutive Modell" birgt aber auch Gefahren. Wenn immer mehr Formen des Zusammenlebens gesellschaftlich akzeptiert, staatlich sanktioniert, mit Brief und Siegel beglaubigt sind: Wird es dann für Lebensformen, die sich nicht an diese erweiterten Spielregeln der Gesellschaft halten, immer schwerer (etwa für Menschen, die sich nicht über Jahre oder für ein ganzes Leben an einen Partner oder eine Partnerin binden wollen oder die mit mehreren Partnern zusammenleben)? Werden die Randgruppen nicht immer kleiner und schwächer? – Das mag vielen nicht als Gefahr vorkommen, sondern als willkommene Entwicklung. Bedenklich erscheint die Ausdünnung des Randes aber dann, wenn man von Minderheiten mehr Anstoß zum sozialen Wandel erwartet als von der schweigenden, zufriedenen, im allgemeinen Trend mitschwimmenden Mehrheit.[139]

Wie wären die dargestellten Entwicklungen aus einer „anthroposophischen Sicht" beurteilbar (sofern es eine solche überhaupt gibt)? – Sicher würde der Gedanke der Freiheit und individuellen Entwicklung betont; allerdings dürfte auch die Brüderlichkeit – die Geschwisterlichkeit, das Füreinander-Leben – nicht vernachlässigt werden. Individuelle Freiheit, Gleichberechtigung und Solidarität sind die drei Prinzipien, nach denen die Menschen ihr Zusammenleben gestalten sollten – und wo dies in den alten Formen nicht möglich ist, müssen neue geschaffen bzw. erst einmal ermöglicht und dann gefördert werden. Im Zeitalter der Individualisierung – bzw. der Bewußtseinsseele – kann von den alten Formen des Lebens und Liebens nicht mehr generell die Haltbarkeit für ein ganzes Leben erwartet werden. Viele Menschen werden weiterhin versuchen, in denselben Partnerschafts- und Familienformen weiterzuleben wie ihre Eltern und Großeltern; aber etliches spricht dafür, daß es immer weniger von ihnen ein Leben lang gelingen wird. In diesen Momenten werden alterna-

---

139 Vgl. Moscovici.

tive Lebensformen von unbequemen Randphänomenen zu gesuchten Modellen, an denen man sich für die eigene Weiterentwicklung orientieren kann.

Interview mit Lars und Noa

„Das Leben ist überhaupt verwirrend, oder?“

Frage: Wir sind auf der Suche nach der Vielfalt von Lebens- und Liebensformen. Was ist das Besondere an deiner Lebensform?

Lars: *Jedes* Leben ist ein besonderes. Bei meinem bisherigen Werdegang könnte auffallen, daß ich mich nie den traditionellen Anforderungen gebeugt habe: zu heiraten und eine heterosexuelle „Normal“-Familie zu gründen. Auch eine schwule Ehe wollte ich nie haben.

Kannst du genauer beschreiben, wie du lebst?

Nun, das ist nicht immer gleich. Im Moment lebe ich in einer Wohngemeinschaft, die zwei kleine Wohnungen in einem städtischen Wohnhaus umfaßt, zusammen mit meiner Freundin, die während der Woche an einem anderen Ort studiert, und einem schwulen Mann, der sich als „Punk“ bezeichnet und Musik hört, die ich allenfalls als „Geräusch“ bezeichne. Wir sind alle drei ziemlich verschiedene Menschen – und wir sitzen uns nicht ständig auf der Pelle. Aus diesen zwei Gründen, glaube ich, verstehen wir uns so gut. Beide kenne ich seit etwa acht Jahren.

Außerdem habe ich einen schwulen Freund in einer anderen Großstadt, den ich noch einige Jahre länger kenne, mit dem ich aber bisher nur in einer sehr freilassenden Beziehung und auf räumliche Distanz zusammenleben kann. Wir waren einmal sehr heftig und entscheidend verliebt, haben uns aber während der letzten zwölf Jahre mehrmals jahrelang nicht gesehen. Jetzt ist gerade mal wieder eine intensivere Phase dran.

Insgesamt habe ich in meinem bisherigen Leben mehr intime Beziehungen zu Männern als zu Frauen gehabt. Irgendwann merkte ich aber, daß das Geschlecht der Menschen, denen ich begegne, weniger wichtig ist als etwas anderes – so etwas wie ein Interesse an der Person. Manchmal ist das eine *zwingende* Verbindung, wie wenn wir uns früher schon einmal gut gekannt hätten und uns jetzt weiter aneinander abarbeiten müßten. Andere Beziehungen sind sehr viel freilassender; was uns am jeweils anderen interessiert und was wir daraus machen wollen, scheint dann sehr viel stärker selbstbestimmt gestaltbar. Inzwischen habe ich mir auch abgewöhnt, herausfinden zu wollen, ob ich nun verhindert-heterosexuell, bi oder schwul bin. Viele meiner Bekannten, die nur die schwule Seite kennen, sortieren mich in diese Schublade, zumal ich jahrelang ausschließlich schwul gelebt habe, andere in die bi- oder heterosexuelle – alles stimmt irgendwo, ist aber eben doch nicht alles.

Für mich hat auch irgendeine „Normalität" nicht mehr die große Bedeutung, etwa wie „man" – als Heterosexueller oder auch als Schwuler – so lebt oder leben soll ... In den Zusammenhängen, in denen ich lebe, werde ich überwiegend als Person wahrgenommen, nicht als Träger einer Rolle, nicht als Schwuler oder als „Normaler", sondern eben als ich, als Lars.

Wie kommst du mit mehreren gleichzeitigen Beziehungen zurecht? Ist das nicht anstrengend und verwirrend – sowohl für dich als auch für deine jeweiligen Partner?

Sicher, es ist eine Herausforderung. Ich kann mich nicht zurücklehnen, ich jage nicht der Hoffnung auf Beständigkeit und Dauerhaftigkeit in einer Ehe oder eheähnlichen Beziehung nach. Ich muß meine Verhältnisse und Beziehungen immer wieder neu definieren. Oft muß ich auch mit der Zeit jonglieren, denn die läßt sich nicht beliebig vermehren – die Liebe kann durch Teilen mehr werden, wenn man ein großes Herz hat (daran muß ich allerdings noch arbeiten), die Zeit aber wird durch Teilen für jeden Beteiligten weniger.

Was sagt deine Freundin dazu, daß du auch noch einen Freund hast, und wie steht der zu ihr?

Eine solche Lebensform funktioniert nur mit Menschen, die von vornherein so etwas akzeptieren – oder die selbst so leben. Meine Freundin ist nicht bisexuell, und sie versucht auch keinen solchen Spagat wie ich, daher gibt es schon manchmal Spannungen, wenn ich zuviel weg bin oder wenn mein Freund anruft, während ich mit ihr zusammen bin. Sie braucht viel Freiheit, und dadurch ist unsere Art des Zusammenlebens und diese Beziehung auch für sie richtig.

Mein Freund dagegen hat selbst auch zu vielen Männern Kontakt, freundschaftlichen wie sexuellen. Das führt allerdings nicht zur Beliebigkeit; wir sind sehr wichtig füreinander, andere Beziehungen haben da völlig andere Bedeutungen. Jeder Mensch hat seinen eigenen Platz – das gilt bei mir nicht nur für die, mit denen ich intimer zusammen bin. Ich habe die Erfahrung gemacht, daß mir ein Mensch nie alles geben kann, was ich brauche, und umgekehrt konnte ich noch nie jemandem alles geben, was er oder sie brauchte. Also, was spricht dagegen, in mehreren Beziehungen das eine mit dem einen und das andere mit der anderen zu teilen – und umgekehrt?

Gibt es viele Menschen, die eine solche Beziehungsform mitmachen können und wollen?

Das ist tatsächlich eine Einschränkung. Ich habe schon etliche Männer getroffen, die nicht gut damit leben konnten, daß ich auch noch eine Freundin habe. Generell würde ich sagen: Für eine solche Lebensform eignen sich besonders Menschen, die viel Freude am Experimentieren und Entdecken haben und bei denen weniger das Bedürfnis nach Sicherheit und Geborgenheit im Vordergrund steht.

Was ist deine Motivation für ein solches Leben – fällt dir das leicht, oder mußtest du dir diese Lebensform erkämpfen?

Wahrscheinlich habe ich es leichter dadurch, daß ich selbst nicht aus einer „Normal“-Familie komme. Meine Eltern waren nicht verheiratet und lebten nicht zusammen, sie mußten in ihrem Leben viel herumreisen. Und dann bin ich in einem privaten Internat aufgewachsen, wo es auch wenig traditionell-festgefügte Verhältnisse gab. Das hat es mir sicher alles leichter gemacht, heute mit einer frei gewählten „Wahlfamilie“ zu leben anstatt im ständigen Mit- und Gegeneinander in einer geliebt-gehaßten Bluts- oder Herkunftsfamilie.

Allerdings hatte ich auch erhebliche Schwierigkeiten zu überwinden. Obwohl ich mein Interesse an Jungs schon früh bemerkte, hatte ich viele Jahre lang enorme Probleme damit, denn in den 60er Jahren war eine gleichgeschlechtliche Neigung noch total tabu, ganz besonders in einer dörflichen Kleinstadt – und noch dazu als Waldorfschüler. Ich schaffte mein Coming-out erst mit 23 Jahren. Und ich mußte natürlich wie jeder andere auch erst schmerzlich lernen, wie das mit Beziehungen ist, mit Nähe und Distanz, mit Trennung und Eifersucht ...

Wie groß ist denn das, was du Wahlfamilie nennst?

Je nachdem wo ich die Grenze ziehe. Das sind konzentrische Kreise –

natürlich auch mit exzentrischen Persönlichkeiten drin ... Neben den schon Erwähnten sind da noch etliche frühere Beziehungspartner und -partnerinnen, mit denen ich gelegentlich noch zu tun habe und deren weiteren Lebensweg ich gerne noch miterlebe. Und dann habe ich vor allem zu Noa ein geschwisterliches Verhältnis. Als wir uns in dem bereits erwähnten Internat kennenlernten, war ich 13 und Noa zehn Jahre alt. Und seither haben sich unsere Wege immer wieder gekreuzt, oder wir sind ein Stück neben- oder hintereinander her gegangen. Auch über die Frage der neuen, selbstgestalteten Lebensformen haben wir viel gemeinsam gesprochen und gearbeitet. Aber nun soll Noa selbst weitererzählen!

Noa, wie ist deine Lebensform – genauso vielfältig und unübersichtlich wie bei Lars?

Noa: Vielfältig allerdings! Wobei ich weder Lars' noch meine „unübersichtlich" finde. Da mag das ganze Leben unübersichtlich sein, weil es eben nicht nach Schema F funktioniert, und nach Schema F funktioniert eben auch mein Leben nicht. „Form" trifft hier als Begrifflichkeit ebenfalls nicht zu. Ich lebe ja in Vorgängen: Verhältnisse, Beziehungen und Zusammenhänge – alles in Bewegung, und alles von Persönlichkeiten, Schicksalen, Zufällen und hiesigen Bedingungen geprägt. Übrigens: Zufall ist das, dessen Ursachen unbekannt sind. Und Bedingungen können geschenkt, gewählt oder unausweichlich sein.

Form hat am ehesten die Wohnung, der Haushalt, in dem ich wohne. Ich erzähle mal, wie es dazu kam. Wie Lars schon sagte, kennen wir uns seit unserer Kindheit. Anschließend hatte ich mein erstes Zimmer ohne Aufsicht als Nachfolgerin in Lars' erstem Zimmer. Dann ging ich nach Köln. Irgendwann wohnte Lars dann in Basel und dort später mit seinem damaligen Freund Paul zusammen. Lars zog nach einiger Zeit aus der gemeinsamen Wohnung aus; Paul kam zu einer Zeit nach Köln, als ich von dort weg wollte. Inzwischen wohnte in Pauls Wohnung in Basel noch Karl; Paul kam nach Köln, ich zog in Pauls Zimmer in Basel und wohnte dort gemeinsam mit Karl. Der zog dann aufs Land, und ein Freund von ihm zog in sein Zimmer. Ich habe dann Marc gefragt, der mit Karl zusammenarbeitet, ob er noch zu uns ziehen wolle. Inzwischen wohnen Marc und ich schon einige Jahre zusammen und außerdem noch ein Freund von Paul.

Unter uns allen bestehen Arbeitsverhältnisse, d.h. wir arbeiten in verschiedenen Konstellationen eigentlich immer an irgendwelchen gemeinsamen Projekten, mal mehr, mal weniger. Außerdem gibt es eine wichtige

Institution schwuler Kultur, die so etwas wie einen Angelpunkt bildet und die von Paul und Karl und anderen geleitet wird. Und das Ganze in einem großstädtischen, kleinräumigen Stadtteil, in dem viele Sprachen gesprochen werden und viele Welten eine kleine ausmachen. Auch Lars wohnt hier, ein paar Straßen weiter ...

Außerdem lebe ich in Verbindungen über größere Distanzen. Da ist z.B. eine Person, mit der ich in Köln lange zusammengelebt habe und mit der ich weiter verbunden bin – wir leben nicht mehr den Alltag miteinander, führen verschiedene Leben, begleiten aber einander, reisen zusammen, schreiben auch bisweilen zusammen Bücher oder Artikel ... Wir haben einander auch vor langer Zeit verpflichtende Versprechen gegeben, deren Art, sie zu halten, sich mit uns ändert. Das ist übrigens die einzige Verbindung, die ein „Versprechen" mit sich trägt. Alle anderen, auch die mit Lars, sind solche, die nicht mit einem Versprechen in die Zukunft einhergehen, sondern nur so sind, wie sie sind, weil sie aus den Vorgängen leben. Und unversehens gibt es da auf einmal eine gemeinsame, vieljährige Vergangenheit. Die Verbindlichkeit entwickelt sich im gelebten täglichen Leben, jede Verbindung ist ganz eigener Art.

Mit Lars – dem Geschwister, das ich am längsten kenne und mit dem ich in der uns eigenen Art geschwisterlich verbunden bin – teile ich ein Gutteil täglichen Lebens. Wir planen häufig gemeinsame Veranstaltungen, betreiben eine Art Firma, streiten uns über stilistische Fragen im sprachlichen Ausdruck ... und wir sind beide Teil jener Wahlfamilie, zu der übrigens auch leibliche Angehörige zählen. Das alles lebt sich freiwillig und selbstverständlich, aber ebenfalls nicht als Form, sondern als Vorgang – sich wandelnd.

Wie kommst du mit mehreren gleichzeitigen Beziehungen zurecht? Ist das nicht anstrengend und verwirrend – sowohl für dich als auch für deine jeweiligen Partner?

Das Leben ist überhaupt verwirrend, oder? Die Frage ist doch: Mit wem kann ich wie und wann wirklich intim sein? Mit Intimität meine ich das, was zwischen Ich und Du wirkt. Dieses Zwischen ist für mich entscheidend. Es kann heißen „Du + Ich", „Du + Ich + Du", „Du + Du + Ich" = „Wir" ... Das hängt nicht davon ab, was wir miteinander treiben, sondern wie. Und für mich ist das eine Frage meiner Möglichkeit zur Gegenwärtigkeit, Präsenz – Geistes- und Herzens-, manchmal auch Leibesgegenwart. Und diese Präsenz hängt davon ab, wie ich gearbeitet habe an mir und mit mir, und davon, ob ich und die andere Person erleben, welche Sprache, welche Möglichkeiten uns gemein sind, unser Zwischen bilden. Ich habe da schon völlig versagt, habe andere schwer verletzt, weil ich gerade das nicht konnte, indifferent war in meinen Aussagen und Signalen, weil ich von mir weggelaufen bin.

Gibt es viele Menschen, die eine solche Beziehungsform mitmachen können und wollen?

Keine Ahnung. Das ist mir auch egal. Mir ist wichtig, zu leben, was in Achtung, Respekt und Freiheit möglich ist. Ich möchte meine eigenen und die Möglichkeiten und Bedingungen der anderen erkennen und erleben, ich halte das grundsätzlich für entscheidend. Das ist etwas ganz Intimes und Individuelles – jede Person und damit jede Beziehung, Verbindung und Begegnung ist einzigartig – und steht auch im Kontext gesellschaftlicher und politischer Entwicklung. Das gebe ich durch mich selbst weiter, hoffe ich, z.B. an die Kinder, mit denen ich zu tun hatte und habe.

Was ist deine Motivation für ein solches Leben – fällt dir das leicht, oder mußtest du dir diese Lebensform erkämpfen?

Nein. Für meine Art zu leben wäre es vermessen, von „erkämpfen" zu sprechen. Ich bin beschenkt und beglückt: Ich lebe frei und in Verbindung, in vielsprachigen, vielgestaltigen kleinen Alltagswelten mit einigen Brükken in die große weite Welt ... Es gibt die Menschen, zu deren Leben ich gehöre, die zu meinem Leben gehören, die ich lieben und bewundern darf.

Zum Schluß noch eine Frage an euch beide, wo ihr doch so nah am Dornacher Goetheanum lebt: Wie lebt ihr mit der Anthroposophie?

(Nach einem kurzen Streitgespräch sagen Lars und Noa unisono:) Sehr gut! Der Anthroposophie haben wir zu großen Teilen zu verdanken, daß wir geworden sind, was wir sind. Aber wir nehmen kaum teil an der anthroposophischen „Szene", wir sind nicht Mitglieder der Anthroposophischen Gesellschaft. Eher der anthroposophischen Bewegung.

Die spirituelle Liebe

Ist die spirituelle Liebe, die geistige Dimension der Liebe, so unfaßbar, daß wir uns ihr nur auf Knien, ehrfürchtig und andächtig tastend nähern dürfen? Oder findet sie sich auch diesseits unseres Horizontes, im alltäglichen Leben, in den kleinen Liebeleien, dem täglichen Miteinander wie in der „großen Liebe"?

Viele Wege führen nach Rom – wir versuchen hier eine Annäherung an unser Thema von verschiedenen Seiten. Wir stellen die spirituelle Seite der menschlichen Liebe als deren anspruchsvollste, aber auch geheimnisvollste dar. Gleichzeitig lenken wir den Blick auf ihre Allgegenwärtigkeit im Alltag. Durch sie kann das Zusammen- und Miteinanderleben der Menschen über enge soziale Normen sowie über materialistisches Zweck- und Nützlichkeitsdenken hinauswachsen. Alle Themenbereiche, die in den Kapiteln dieses Buches berührt werden, erscheinen durch sie in einem anderen Licht:

- Soziale Formen der Liebe – egal ob die traditionelle Ehe oder das wilde Leben in einer nach Geschlecht, Orientierung und Identität bunt gemischten Wohngemeinschaft – werden nicht mehr an herkömmlichen Moralbegriffen gemessen, sondern immer mehr an den Fähigkeiten der Beteiligten, das Urbild im anderen zu erkennen und zu behalten.

- Der Gegensatz zwischen Frauen und Männern wird nebensächlich, jede Ungleichbehandlung der Geschlechter fragwürdig, wenn die spirituelle Dimension auf das Innerste des Menschen schaut, anstatt die äußeren Hüllen zu betonen. Denn das Ich des Menschen ist übergeschlechtlich.

- Und auch die Richtung der Liebe eines Menschen – Frau oder Mann, alt oder jung, rothaarig oder blauäugig, sommersprossig oder schwarzhäutig – bekommt eine andere Bedeutung. Denn diese Attribute und Eigenschaften sind Schleier, die das Eigentliche zum Teil verhüllen, zum Teil aber auch offenbaren.

Ein Liebesbrief

Lieber Hans,
vor viereinhalb Jahren war es. Du feiertest gerade deinen 17. Geburtstag, die Sonne stand hoch am Himmel, da gingen wir zusammen auf die Reise nach Südfrankreich, in die Gegend, in der früher die Katharer gelebt hatten. Du hattest Schwierigkeiten. Deine Eltern, schon jahrelang Freunde von mir, hatten mich gebeten, Dir zu helfen. Es wunderte und freute mich, daß Du, ein schüchterner Junge, mitfahren wolltest.

Fast drei Wochen waren wir unterwegs. Wir kampierten (und Du hast so herrlich gekocht!), wir bestiegen die Katharerberge und besuchten die Grotten, wir erlebten ein Gewitter in den Pyrenäen und spielten in den kleinen Bergflüssen.

Anfangs warst Du ganz müde und bleich von der Schulzeit. Aber die Sonne, die Luft und die Freiheit ließen Dich schnell besser aussehen. Du warst zuerst schweigsam und in Dich zurückgezogen, aber ganz allmählich fingst Du an, über Dich selbst zu erzählen. Ich liebte Deine Rede und die Ideale, die Du mit sanfter Stimme aussprachst. Und ganz langsam, je mehr ich mit Dir mitfühlen konnte, lernte ich Dich besser kennen. Ich sah, wie Du ein kleines Kind, das gefallen war, so liebevoll versorgtest. Ich sah, wie Du im Wasser der Bäche und Seen spieltest, und fühlte, wie ich mitzuspielen begann, wie jung und freudevoll ich selbst wieder wurde. Ich erlebte Schrecken, als Du beim Herabsteigen von jenem Kloster fast eine Steinlawine verursachtest, oder als Du ganz alleine einen Stausee durchschwammst ... Mein Herz jubelte um Dich – und erlitt Todesschrecken um Dich.

Du warst schön. Eines Morgens, beim Aufwachen im Zelt, lagst Du mit Deinem Haupt auf meinen Füßen. Wie hätte meine Seele unberührt bleiben können? Wie hätte ich nicht in Liebe erglühen können?

Eines Abends, die untergehende Sonne spiegelte ihr rötliches Licht auf Deinem Antlitz ... Und da sah ich: Die Sonne holte ihr Gold aus Deinem Innersten heraus auf Deine Haut. Deine bleiche Haut verbrennt nicht in der Sonne, noch wird sie braun, sondern sie wird Gold. Da sah ich das Gold Deiner Seele, die goldene Liebeskraft, die in Dir wohnt – ganz plötzlich, wie in einer Vision, ganz kurz, aber um so sicherer. Dieser Augenblick hat mich nie mehr losgelassen; ich habe ihn besungen in meinen Gedichten an Dich, ich habe Dir (viel später) davon erzählt. Wenn ich jetzt, so viele Jahre danach, lese, was Rudolf Steiner einmal sagte: daß die

Menschen in Zukunft ganz plötzlich und unerwartet einen Blick in das Wesen des anderen Menschen erfahren werden – war es so etwas, das mit mir geschah?

Ich begann, Dich zu lieben, und verstand nicht, welche Liebe das war. War sie nur erotisch, auch wenn ich in den ersten Jahren keine sexuelle Begierde nach Dir erlebte? War es wirkliche Menschenliebe, auch wenn ich selbst diese Liebe nicht jeden Tag gleich stark fühlen konnte? War es „spirituelle Liebe", auch wenn ich noch gar nicht weiß, was das bedeuten soll?

Manchmal war ich glücklich, manchmal sehr traurig. Im ersten Jahr schrieb ich Dir manchmal: um Dich zu ermuntern, um Dich spüren zu lassen, daß ich an Dich denke. Du hast Dich wieder fassen können, und Du hast Deine Rolle beim Abschlußspiel der 12. Klasse sehr stark gespielt: Da hast Du Dich selbst überwunden. Und nachher, als ich Dir meine Gedichte schenkte, ein Jahr nach unserer Reise schon, fühlte ich Dich so nahe, als wolltest Du die Wärme unter meinen Flügeln aufsuchen. Und auch später gab es noch Augenblicke, wo ich dachte: Jetzt verlangt er nach meinen Armen um seine Schultern. Aber so etwas habe ich nie gewagt.

Ein Freund gab mir ein schönes Photo von Dir, ich habe es neben meinem Bett aufgestellt. Wir haben noch manches zusammen erlebt: Konzerte besucht, Deine Examen an der Sozialhochschule vorbereitet, mit Freunden Wanderungen gemacht. Als Du in Bolivien warst, dreieinhalb Monate lang, ganz alleine als 18jähriger, war die Zeit sehr schwer für mich – wie auch für Deine Eltern: Wir wußten nicht, wie es Dir da erging. Im letzten Jahr wurde dann deutlich, daß Du dort einen riesigen Kulturschock erlebt hast in Deiner empfindlichen Seele.

Und dann, nach dem letzten Konzert, das wir gemeinsam besucht hatten, schrieb ich Dir meinen damals letzten Brief. Darin fragte ich, ob Du vielleicht einmal bei mir schlafen möchtest, darin sagte ich Dir, wie verliebt ich in Dich war. Vielleicht war das zuviel für Dich; Du hattest den emotionalen Schock von Bolivien noch nicht verarbeitet, Du hattest viele Fragen über Dich selbst und Dein Studium, Du hattest andere Freunde, die Dir Probleme machten. Da hast Du beschlossen, mich nicht mehr zu sehen, aber ohne mir das je mit Worten zu sagen. Du bliebst einfach weg, wenn wir einen Termin verabredet hatten. Ich war zerschlagen und machte mir selbst Vorwürfe, daß ich Dir diesen Brief geschrieben hatte – auch wenn Du schon lange gewußt hattest, daß ich schwul bin, und wir schon einmal darüber geredet hatten.

Nur ab und zu sah ich Dich: wenn ich einmal bei Deinen Eltern auf Besuch war. Und ich sah, wie krank Du warst, wie bleich und dünn (Du hattest sieben Kilo abgenommen), wie unversorgt. Und ich hörte, daß Du Dein Studium unterbrochen hattest. Ich war machtlos, ich konnte nichts für Dich tun. Nur Deine Mutter blieb standhaft an Deiner Seite, und ihr ist es wohl zu danken, daß Du dann endlich diese Therapeutin aufgesucht hast. Aber für mich bliebst Du verschlossen.

Ich versuchte zu beten, ich versuchte, Dein Bild vor mich hinzustellen, ich versuchte, mit guten Gedanken an Dich einzuschlafen. Aber all dies gelang mir immer weniger. Es war ein langes Jahr. Und wie schwach ist doch ein Mensch: Ich wurde selbst depressiv. Dann sah ich Dich noch einmal, bei Deinen Eltern: Du sahst schon etwas besser aus, und ich spürte, wie Du wieder etwas offener zu mir warst: Du schlugst selbst vor, einige Pflanzen für mich aus eurem Garten zu holen. Dann habe ich Dir geschrieben, ganz kurz: daß Du noch immer willkommen bist bei mir.

Und dann, plötzlich, vor drei Wochen, warst Du da, vor meiner Tür! Ach, lieber Hans, wie froh war ich darüber – nicht nur wegen mir selbst, sondern auch, weil es Dir wieder besser geht, weil Du Dein Studium wieder angefangen hast –, und vor allem, weil Du den Mut hast, mich wieder aufzusuchen. Es war ein wunderschöner Abend, und ich weiß: Ich werde Dich wiedersehen.

Was ist *Liebe?* Ich habe Dir öfter vom doppelten Antlitz der menschlichen Liebe geschrieben: Das eine liebt und begehrt, das andere liebt und läßt frei. Ich spüre, wie in meiner Seele beides lebt, wie ich Dich auf beide Arten liebe.

Zwei Dinge noch. Das erste ist, was ich Dir schon immer gesagt und geschrieben habe: Ich glaube an Dich, weil ich Dein Gold gesehen habe. Das zweite ist eine Art Traumbild, das ich hatte, eines Morgens beim Aufwachen in der Zeit, als Du in Bolivien warst. Ich stand auf einem Hügel, von dem eine Straße hinunterführte, mit südamerikanisch anmutenden Häusern an beiden Seiten; ganz weit ging die Straße; unten am Hügel führte sie weiter durch eine fast endlose Ebene, bis sie am Horizont verschwand. Du warst die Straße schon halbwegs hinabgegangen. An Deiner linken Seite ging eine andere Gestalt, in weißem Gewand, ihren rechten Arm um Deine Schultern, mit zarten Flügeln auf dem eigenen Rücken ...

Moritz

Erste Annäherung

Vielleicht ist es leichter, sich zumindest von demjenigen Aspekt der spirituellen Liebe, der einem überwiegend auf die diesseitige Welt ausgerichteten Menschen zugänglich ist, eine Vorstellung zu bilden, indem wir die Beschreibung entsprechender Erlebnisse studieren.

George G. Ritchie hat als einer der ersten über sogenannte „Nahtodes-Erfahrungen" berichtet. Als 20jähriger Rekrut erlag er einer schweren Lungenentzündung, und während einer in äußeren Zeitmaßstäben nur zehnminütigen todesähnlichen Bewußtlosigkeit erlebte er mehrere außerkörperliche „Reisen", bei denen er teils von einem übermenschlichen Lichtwesen begleitet und geführt wurde, das er als Jesus bezeichnet. Die Beschreibung der Beziehung zwischen ihm und diesem geistigen Wesen kann vielleicht eine Vorstellung von der spirituellen Stufe der Liebe geben. Zuerst eine Szene während Ritchies Rückschau auf sein bisheriges Leben:

> „Er tadelte nicht, er warf mir nichts vor. Er ... liebte mich ganz einfach. Er erfüllte die ganze Welt mit ihm selbst, und dennoch, irgendwie näherte er sich mir persönlich. Er wartete auf meine Antwort auf die Frage, die immer noch in der Luft hing.
>
> Was hast du aus deinem Leben gemacht? Was kannst du mir zeigen?
>
> Ich verstand bereits, daß ich in meinen ersten wahnsinnigen Anstrengungen, mit einer eindrucksvollen Antwort aufwarten zu wollen, vollkommen falsch lag. Er fragte nicht nach Leistung und Orden.
>
> Die Frage hatte, wie alles andere, was von ihm ausging, etwas mit Liebe zu tun. Wieviel hast du mit deinem Leben geliebt? Hast du andere geliebt, so wie ich dich liebe? Ganz? Bedingungslos? [...]
>
> Ich hatte Liebe nicht so gekannt, wie sie mir jetzt als Möglichkeit vorgestellt wurde. Jemand sollte mir davon erzählt haben, dachte ich entrüstet! Ein guter Augenblick, um zu entdecken, was ein Leben ausmacht – so als ob man zum Abschlußexamen kommt und entdekken muß, daß man in einem Fach geprüft wird, das man niemals studiert hat. Wenn dies die Mitte aller Dinge war, warum hatte mir das niemand erzählt?"[140]

Während ihn das Lichtwesen durch Bereiche der Welt führte, die er als „Hölle" erlebte, in denen die Seelen Verstorbener aufs heftigste mit- und

[140] Ritchie/Sherrill, S. 42.

gegeneinander kämpften, blieb das Empfinden überwältigender Liebe immer bestehen:

> „Aber wenn das hier die Hölle war, wenn es hier keine Hoffnung gab, warum war er dann neben mir? Warum schlug mein Herz voller Freude, so oft ich mich ihm zuwandte? Weil er in überwältigender Weise der hauptsächliche Eindruck dieser Reise war. Alle Bilder und Schocks, die mich überfielen, waren nichts im Vergleich zu der Hauptsache, die sich ereignete. Und das war, ganz einfach, daß ich mich in die Person neben mir verliebt hatte. In welche Richtung ich auch schaute, er blieb der wirkliche Brennpunkt meiner Aufmerksamkeit. Was ich auch sonst noch sah, nichts war ihm vergleichbar."[141]

Und das Resümee dieser Erfahrung, bevor er beschreibt, wie sein Bewußtsein endgültig wieder in den leblosen Körper in dem kleinen Lazarettzimmer unter dem Bettlaken zurückkehren mußte:

> „Von dem einsamsten Augenblick meines Lebens war ich in das vollkommenste Verhältnis versetzt worden, das ich je gekannt hatte. Das Licht Jesu war in mein Leben eingetreten und hatte es ganz ausgefüllt, und der Gedanke, von ihm getrennt zu werden, war mehr, als ich ertragen konnte."[142]

Wenige Jahre später lernt Ritchie dann als medizinisch-technischer Lazaretthelfer, dieses Erlebnis umfassenden Angenommenseins auch gegenüber Menschen zu haben. Er muß einen etwa gleichaltrigen Hauptfeldwebel mit einer schweren Knieverletzung betreuen:

> „Da war irgend etwas mit diesem Jack – er wollte nicht ‚Feldwebel' genannt werden –, etwas, das einen anzog. Er erinnerte mich an irgend jemanden, aber ich konnte nicht feststellen, an wen. Er war ein großer, gut aussehender Bursche mit einem stark gebräunten Gesicht und dunklen braunen Augen; aber es war sein Lächeln, das unvergeßlich war. Es teilte sein Gesicht von einem Ohr zum anderen und umschloß einen und das große grüne Zelt und das ganze schlammige Transportlazarett in einer Glut von Dankbarkeit."[143]

---

141 Ebd., S. 48.

142 Ebd., S. 57.

143 Ebd., S. 85.

„Ich entdeckte bereits, daß das Verhalten, das um Jack herum ‚natürlich' war, sich in irgendeiner Weise von dem gewöhnlichen Verhalten unterschied. Was mich bei den fortgesetzten Besuchen des Hauptmanns am meisten beeindruckte, war nicht, wie Jack ihn begrüßte, sondern wie er genauso jeden anderen begrüßte, der anhielt und mit ihm sprach ... meine Person eingeschlossen. Jack schien keinen Unterschied zwischen dem Hauptmann und dem Stabsarzt zu machen, der sein Knie operierte, oder gegenüber dem gewöhnlichen medizinisch Technischen, der seine Bettücher wechselte."[144]

„Auf diesen Spaziergängen sprachen wir über alles, Schule, Kindheit, Karriere, und in mir wuchs fortwährend der Eindruck, daß ich Jack Helms schon vorher gekannt hatte. Er war ein echter Nachfolger Jesu, begriff ich [...].

Wieder beschlich mich das Gefühl, daß ich ihn vorher schon gekannt hatte. Dieses sonderbare Empfinden, das ich vom allerersten Tag an hatte, in der Nähe eines bekannten Freundes zu sein ... Es war Christus, der mich die ganze Zeit über aus Jack Helms' Augen angeschaut hatte. Das Angenommensein. Die Fürsorge. Die Freude. Natürlich, ich erkannte das alles! Ich war ihnen im Krankenhauszimmer in Texas begegnet, und jetzt, 5.000 Meilen entfernt, traf ich sie wieder, auf einem Hügel in Frankreich. Dieses Mal waren sie nur wie ein Echo, unvollkommen, übertragen durch ein fehlerhaftes menschliches Wesen. Aber schließlich wußte ich jetzt, von wem die Botschaft kam. So vieles ordnete sich jetzt plötzlich ein [...]."[145]

Auch wenn Ritchie hier Worte benutzt, die wir aus der erotisch-kommunikativen Dimension der Liebe kennen, z.B. daß er sich in das Lichtwesen „verliebt" habe, so ist doch deutlich, wie weit dieses Erlebnis von der alltäglichen seelischen Liebe entfernt ist. Deutlich wird auch, wie wenig wichtig das Geschlecht des geliebten Wesens ist: Zwar wird beide Male ein männliches Wesen beschrieben, dies scheint jedoch überhaupt keine Bedeutung zu haben.

Noch deutlicher wird hier ein anderer Erlebnisbericht. Dannion Brinkley, der vom Blitz erschlagen wurde, hat während seiner Zeit als Totgeglaubter ein ebensolches Lichtwesen erlebt, über das er schreibt:

---

144 Ebd., S. 86.

145 Ebd., S. 87.

„Auch wenn ich von diesem Lichtwesen als von ‚ihm' spreche, war es für mich niemals männlich oder weiblich. Ich bin diese erste Begegnung immer wieder in meinem Kopf durchgegangen und kann mit Sicherheit sagen, daß keines der Wesen, denen ich begegnete, ein Geschlecht gehabt hat."[146]

Die alltägliche spirituelle Liebe

In der ersten Annäherung haben wir die spirituelle Dimension der Liebe als eine Art Geschenk kennengelernt, das offenen und empfänglichen Menschen in einer Grenzsituation zuteil wurde. Mit diesem „Blick von unten" steht der in diesem Fall gar nicht bewußt um Spiritualität bemühte Alltagsmensch staunend vor einer fremden Welt – die ihm jedoch sehr schnell vertraut und sogar bald unverzichtbar wird. Ein ganz alltäglicher Vorgang – das Gespräch zwischen Feldwebel und Sanitäter im Lazarett – bekommt auf einmal eine zweite Ebene, die sich als viel wichtiger und grundsätzlicher erweist als die gewöhnliche, alltägliche. Plötzlich erkennt er, daß er bis dahin wie blind war für diese Dimension.

Die spirituelle Seite der Liebe ist nicht nur in solchen Ausnahmesituationen gegenwärtig. Sie spielt in jeder Menschenbegegnung mit, sie mischt sich in jedes irdische Lieben und Verlieben ein. Enthält nicht jede Begegnung, bei der die Sich-Begegnenden etwas Wesentliches voneinander wahrnehmen, wenigstens einen Funken der spirituellen Dimension der Liebe – auch dann, wenn das Zusammentreffen aus ganz anderen Gründen, etwa ausschließlich zur sexuellen Befriedigung gesucht wurde?

Wir fragen hier nicht nach dem Wert von Begegnungen, die auf den ersten Blick nur wenig Spirituelles zu enthalten scheinen. Denn dann müßten wir auch die Frage beantworten, welchen Anteil Spiritualität – ausgedrückt in % der möglichen Gesamtspiritualität – eine Begegnung mindestens enthalten müsse, um unserem strengen moralischen Blick standhalten zu können.[147] Die Bewertung des eigenen Verhaltens steht nur jedem selbst zu.

Aber ist jedes Aufscheinen von irgend etwas Geistigem schon ein Funken der spirituellen Liebe? Was liegt etwa vor, wenn mich ein Mensch ganz

---

146 Brinkley/Perry, S. 23.

147 Der MGS-Faktor wäre dann der zahlenmäßige Ausdruck für den jeweiligen Anteil an der *M*öglichen *G*esamt-*S*piritualität.

stark fasziniert, wenn ich voll von ihm eingenommen, ja, mitgerissen bin und mich kaum gegen seine Wirkung wehren kann? Dann bin ich dabei, mich zu verlieben, ohne Zweifel. Aber wo ist da die spirituelle Liebe? Vielleicht bin ich nur Schlüsselreizen erlegen, die auf mich wirken wie die Glocke auf den Speichelfluß beim konditionierten Hund. Liegt vielleicht die spirituelle Dimension in solchen Fällen gerade in der Möglichkeit, weder wie der Hund der Wurst hinterherzulaufen, noch die Begegnung aus Angst zu vermeiden oder zu beenden, sondern mich mit der Wirkung des anderen bewußt auseinanderzusetzen?

Im zweiten Kapitel haben wir die Dimensionen der Liebe in der Form eines Kreuzes dargestellt, in dessen Zentrum die erotische Liebe steht. Diese Sichtweise haben wir dann auch auf die körperlich-sexuelle Liebe übertragen. Wir wenden sie nun genauso für die spirituelle Liebe an. Steht nicht auch diese, sofern sie sich durch und unter Menschen ausdrückt, zwischen Natur und Geist?

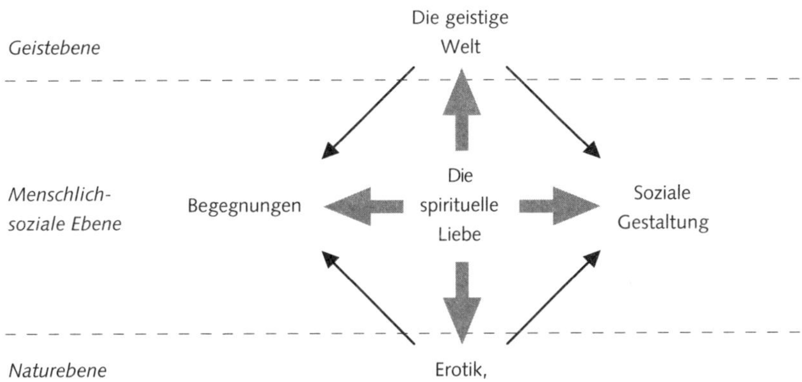

Abb. 7

Jede Menschenbegegnung kann zum Anlaß werden, die spirituelle Dimension der Liebe auch in den alltäglichsten Situationen zu suchen. Vor allem der erste Eindruck einer Begegnung ist häufig von einem geheimnisvollen Wahrnehmen durchdrungen. Für Momente wird der Blick frei für Wesenhaftes der anderen Individualität – allerdings wird er oft wieder getrübt und verschleiert durch die vielen äußeren Einflüsse des Alltags. Manchmal gelingt es, das, was der oder die andere im Innersten anstrebt, eigentlich werden will, auch weiterhin wahrzunehmen. Der oder die andere berührt Hoffnungen, aktiviert Wünsche und Ziele, bringt Saiten in Schwingung – der Anreiz zur fruchtbaren Entwicklung einer Freundschaft, Partnerschaft oder Liebesbeziehung ist entstanden.

Die menschliche Liebe ist immer auch eine Leistung der Vorstellung und des Denkens. Dies wird von Rudolf Steiner folgendermaßen beschrieben:

> „Der Weg zum Herzen geht durch den Kopf. Davon macht auch die Liebe keine Ausnahme. Wenn sie nicht die bloße Äußerung des Geschlechtstriebes ist, dann beruht sie auf den Vorstellungen, die wir uns von dem geliebten Wesen machen. Und je idealistischer diese Vorstellungen sind, desto beseligender ist die Liebe. Auch hier ist der Gedanke der Vater des Gefühles. Man sagt: die Liebe mache blind für die Schwächen des geliebten Wesens. Die Sache kann auch umgekehrt angefaßt werden und behauptet: die Liebe öffne gerade für dessen Vorzüge das Auge. Viele gehen ahnungslos an diesen Vorzügen vorbei, ohne sie zu bemerken. Der eine sieht sie, und eben deswegen erwacht die Liebe in seiner Seele. Was hat er anderes getan: als von dem sich eine Vorstellung gemacht, wovon hundert andere keine haben. Sie haben die Liebe nicht, weil ihnen die Vorstellung mangelt.“[148]

Eine zunächst rätselhafte, anziehende Kraft, der Eros, drängt die Menschen zueinander. Sie wollen sich kennenlernen, auseinandersetzen, um sich zu verstehen, und auf verschiedenen Ebenen miteinander verbinden. „Wer bist du für mich? Wo können wir uns bereichern und in unserer Entwicklung weiterbringen?“ können die unbewußten Fragen und somit Antriebskräfte der Begegnung sein. Dieses Hinstreben zum innersten Wesen des anderen nährt sich von einer ursprünglichen Vereinigungssehnsucht, welche über die Erotik bis in die Physis ankommen kann. Je inniger die Verbindung wächst, desto mehr wird die seelische Saite in Schwingung geraten und viele Gefühlsnuancen freilegen können. Das ganze Wesen des Menschen wird ergriffen.

---

[148] Steiner: GA 4, Kapitel I: Das bewußte menschliche Handeln.

Essay: Die Kraft der Liebe und die Erkenntnis der Liebe

Über Liebe zu sprechen bedeutet, uns ihrer so zu vergewissern, daß wir sie da aufsuchen, wo sie als Kraft in uns selbst bereits anwesend ist. Wenn wir dies tun, kann es gelingen, statt zu definieren, was Liebe ist oder sein soll, sie charakterisierend in ihrer Qualität zu erfassen. Wenn wir uns auf diese Gedanken einlassen, kann uns ahnend bewußt werden, daß wir den Begriff der Liebe selbst spirituell fassen müssen, wenn von den Erfahrungen der spirituellen Liebe in den konkreten menschlichen Begegnungen gesprochen werden soll.

Rudolf Steiner spricht über die Andacht als Erzieherin der Bewußtseinsseele.[149] Er entfaltet den Gedanken, daß im Erschließen eines uns noch Unbekannten (eines unbekannten Physischen oder unbekannten Übersinnlichen) die Liebe und die Ergebenheit das Denken, das aus sich allein nicht über sich hinauskäme, zu diesem Unbekannten führen: Im Gefühl der Liebe und in der Willensqualität der Ergebenheit öffnet sich der Mensch diesem Unbekannten so, daß in der Folge das Ich im Denken sich dieses Unbekannte zu erschließen vermag. Die Kraft der Ergebenheit führt in ihrer Willensqualität das Ich über sich selbst hinaus in jenes physisch oder übersinnlich Unbekannte; und in der Liebe ist ein Gefühl am Werk, das uns ermöglicht, jenes noch Unbekannte doch schon zu „umfassen". So sind die Liebe und die Ergebenheit als Seelenhaltung der Andacht „der Führer zur Erkenntnis, zum Wissen des Unbekannten".

Indem wir so uns ein Verständnis der Kraft der Liebe zu erschließen versuchen (in ihrem Zusammenwirken mit der Ergebenheit und dem Denken), sind wir in diesen tastenden Suchbewegungen vorweg selbst schon in der Liebe, die von uns wie selbstverständlich und zunächst nicht bewußt vorausgesetzt wird.

Eine weiterführende Frage schließt sich hier an: Woheraus nährt sich diese offenbar in uns wirkende Kraft der Liebe, mit der wir das uns Unbekannte in einem gefühlsgetragenen Vor-Wissen umfangen, eben liebend umfangen? In einem anderen Vortrag charakterisiert Rudolf Steiner, etwas anders als bislang ausgeführt, das Wesen der Liebe als Fähigkeit, „aufzugehen in einem anderen Wesen oder in einem anderen Vorgang, gewissermaßen hinüberzugehen in diesen anderen Vorgang ..."; und dann begründet er geisteswissenschaftlich, daß das nur möglich ist, weil das Ich „allnächt-

---

149 Vgl. Steiner: GA 58, Vortrag vom 28.10.1909.

lich aus uns real herausgeht, um in die Dinge und Vorgänge des Kosmos draußen unterzutauchen".[150]

Und weiter: „Indem es in uns hineinschlüpft im tagwachenden Bewußtsein, erteilt [das Ich] uns durch die Fähigkeit, die es draußen erlangt hat, innerlich die Kraft zu lieben."[151] In diesem Hinüber- bzw. Aufgehenkönnen des Ich in der Liebe zu einem Wesen, zu einer Sache, zu einem Vorgang, lebt also an sich schon ein Geistiges in unserer Seele: Das ist die geisteswissenschaftlich angeleitete Gedankenbewegung, die wir aus unserem Fragen heraus vollziehen können. Wenn wir bis zu dieser Erkenntnis durchgedrungen sind, kann sich wiederum ganz selbstverständlich die Überlegung einstellen, welche Bedeutung überhaupt die Entfaltung unserer Liebesfähigkeit in der Menschheits- und Erdentwicklung hat.

Auch dieses ahnende Fragen nach der umfassenden Bedeutung der Liebe in der Welt kann nicht umhin, selbst aus der Quelle der Liebe zu schöpfen. Sie ist, wie wir gesehen haben, in uns veranlagt als eine Kraft, das, was wir zwar denkend noch nicht erfassen können, doch schon zu ergreifen – zusammen mit der Ergebenheit –, mit unserem Ich in ihm schon zu sein, so daß es dann kraft seines Denkwillens diesen „Erkenntnisraum" mehr und mehr begreifen kann. An unserem Fragen nach dem Wesen der Liebe ist die Kraft der Liebe selbst beteiligt und kann als solche in ihrer spirituellen Qualität rein erfahren werden.

(Die Autorin ist Teilnehmerin des Arbeitskreises „Bi/Homosexualität und Anthroposophie".)

Das Spirituelle in der Liebe

Neben dem unverhofften, wie „von oben" gewährten Einblick in geistige Dimensionen der Liebe und dem Aufsuchen der „spirituellen Funken" in Begegnungen des Alltags muß vor allem die dritte Bewegung, die „von unten nach oben", hervorgehoben werden. Sie wird sehr deutlich in einem von Rudolf Steiner überlieferten Satz zur Treue:

> „Schaffen Sie sich eine neue, starkmütige Anschauung von Treue. Was die Menschen sonst Treue nennen, verweht so schnell. Was aber ma-

150 Steiner: GA 225, Vortrag vom 22.7.1923.

151 Ebd.

chen Sie zu Ihrer Treue? An dem anderen Menschen werden Sie Augenblicke erleben, schnell dahingehende. Da wird er Ihnen erscheinen wie erfüllt, wie durchleuchtet von dem Urbild seines Geistes. Und dann könnten – ja, werden – lange andauernde Zeiten kommen, da verdüstern sich die Menschen. Sie aber sollen lernen, zu solchen Zeiten zu sagen: Der Geist mache mich stark! Ich denke an das Urbild, ich sah es doch! Kein Trug, kein Schein raubt es mir. Ringen Sie immer um dieses Bild, das Sie sahen. Dieses Ringen ist Treue. Und so nach Treue strebend, wird Mensch dem Menschen wie mit Engel-Hüter-Kräften nahe sein."[152]

Es geht bei der spirituellen Dimension der Liebe nicht um die asketische Bemühung, äußerlich treu oder gar sexuell monogam zu leben, sondern um das Erinnern, Behalten und ständige Neuerschaffen eines inneren Bildes vom Eigentlichen im anderen. Diese Bemühung kann durchaus auch sexuelle Treue fordern – dann aber als meine eigene Maxime, nicht als äußere Norm.

„Treue ist das freiwillige Stehen zur Dauerhaftigkeit und Einmaligkeit", sagt Heinrichs.[153] Während die körperliche und die erotische Liebe viel mehr von der Flüchtigkeit leben, vom Moment, von der Gegenwart des Hier-und-Jetzt, sind Dauerhaftigkeit und Einmaligkeit Merkmale der kommunikativen und spirituellen Liebe. Hier „kommt die unauswechselbare, unersetzliche Einmaligkeit der menschlichen Individualität voll ins Spiel".[154] So ist auf der kommunikativen Ebene die gegenseitige Treue von Bedeutung, etwa in der Freundschaftsliebe (sowie außerhalb des Reviers der Liebe, juristisch, als Vertragstreue). In der spirituellen Liebe schließlich herrscht die Treue voraussetzungslos – also möglicherweise auch einseitig – als Haltung oder Gesinnung und ohne Erwartung einer Gegenleistung.

Unter solchen Gesichtspunkten kann Treue eine Ich-Kraft werden, die eine unerschütterliche Verbundenheit mit dem erkannten oder erahnten unvergänglichen Wesenskern eines Menschen bewirkt. Zwischen einer stillen, innerlichen Begleitung und hingebungsvollem, von der sozialen Struktur unabhängigem Dienen sind die mannigfaltigsten Erscheinungsformen möglich.

---

152 Steiner, aus einem unveröffentlichten Vortrag, zit. nach Emil Bock von Klaus Fischer in: Partnerschaft und Ehe, S. 179 f.

153 Vgl. Heinrichs, Stichwort: Treue.

154 Ebd.

In unserem Zeitalter erfordert jeglicher Umgang mit der Treue immer mehr Bewußtsein und „moralische Phantasie":

> „Konkrete Vorstellungen aus der Summe seiner Ideen heraus produziert der Mensch zunächst durch die Phantasie. Was der freie Geist nötig hat, um seine Ideen zu verwirklichen, um sich durchzusetzen, ist also die *moralische Phantasie.* Sie ist die Quelle für das Handeln des freien Geistes. Deshalb sind auch nur Menschen mit moralischer Phantasie eigentlich sittlich produktiv. Die bloßen Moralprediger, das ist: die Leute, die sittliche Regeln ausspinnen, ohne sie zu konkreten Vorstellungen verdichten zu können, sind moralisch unproduktiv. Sie gleichen den Kritikern, die verständig auseinanderzusetzen wissen, wie ein Kunstwerk beschaffen sein soll, selbst aber auch nicht das geringste zustande bringen können."[155]

Die spirituelle Seite der Liebe ist nicht etwas, das direkt durch äußere Bemühung und Arbeit erreichbar wäre. Sie wird mir geschenkt. Entweder ohne gezielte Bemühungen, etwa wie bei den zitierten Erfahrungen in Todesnähe. Manchmal auch als Folge erheblicher Anstrengung und inneren Ringens – allerdings oft gar nicht in gerader Linie als deren Krönung, sondern ebenfalls als Geschenk, für das ich durch die harte Arbeit nur den Boden bereiten konnte. Oder aber ich finde sie gar nicht, so sehr ich mich auch bemühe – vielleicht habe ich dann zu zielgerichtet, zu verbissen, zu erfolgsorientiert auf etwas hingearbeitet, das in Wirklichkeit ganz woanders zu finden ist. „Gott ehrt mich, wenn ich arbeite; er liebt mich, wenn ich singe", sagt Tagore. Die spirituelle Liebe hat weniger mit Ziel, Erfolg und Leistung zu tun als mit Begeisterung, Bewunderung, Hingabe und Treue.

[155] Steiner: GA 4, Kapitel XII: Die moralische Phantasie.

Interview mit einem anthroposophischen Arzt

Das Verhältnis von Sexualität und Spiritualität

Frage: Sexualität und Geist oder Spiritualität: Sind das zwei Prinzipien, die sich unversöhnlich oder gar feindlich gegenüberstehen?

Antwort: Der Mensch wird als geistiges Wesen auf der Erde geboren. Hier begegnet ihm die Körperlichkeit, die er von seinen Eltern mitbekommt. In diesem Körper wirkt die Natur – das sind nicht nur die physikalisch-chemischen Kräfte, wie die Naturwissenschaft sie beschreibt, sondern die „Natura“, die aus der kosmisch-geistigen Weisheit entsprungene, weiterentwickelte und differenzierte Natur, der wir etwa in der lebenden Pflanzenwelt und in der beseelten Tierwelt begegnen. Die Sexualität als Phänomen dieser Natur ist ganz wesentlich ein kosmisches Mysterium, dessen Sinn durch die nur naturwissenschaftliche Betrachtung unverstanden bleibt.

Um wenigstens den Anfang einer mehr spirituellen Sichtweise einzuleiten, können wir den menschlichen Entwicklungsschritt der Pubertät anschauen. Zwischen dem 12. oder 14. und dem 21. Lebensjahr erwachen im Menschen zwei Kräfte: der Intellekt und die Sexualität. Schon diese Gleichzeitigkeit sollte auf einen meistens nicht beachteten Zusammenhang hinweisen. Dieser Zusammenhang wird verständlicher beim Studium des dreigliedrigen Menschenbildes der Anthroposophie: Da wird eine Spannungspolarität festgestellt zwischen Kopfpol und Stoffwechselpol. Im Kopf ist das Denken zu Hause; es ist an sich kalt, analytisch, distanzschaffend; im Denken ist der Mensch sich seiner Selbst bewußt. Im Stoffwechsel dagegen ist der Wille (Instinkt, Trieb, Begierde, Tatkraft) zu Hause; im Willen verlangt der Mensch nach Wärme, Synthese, Einswerdung; es ist die Welt unseres Unterbewußtseins. Die Verbindung schafft die Mitte, das gefühlsbetonte Herz-Lungengebiet.

Was heißt das für das Verhältnis von Sexualität und Spiritualität?

Die Sexualität gehört zum Willenspol; sie ist ungeheuer stark und tiefgreifend in ihrem Verlangen nach Verschmelzung. Für ein gesundes Gleichgewicht braucht der Mensch ein ebenso starkes Denken und ein bewußtes Gestalten seines Lebens. Diese beiden Pole sollten aber weder zu weit auseinanderklaffen, noch dürfen sie zu eng aufeinandersitzen. Auch darf kein Pol den anderen beherrschen, sonst erstarrt das Leben oder erotisiert das Denken. Um das richtige Gleichgewicht zu finden, muß der Mensch ein starkes, ausgleichendes Gefühlsleben entwickeln. In diesem Ausgleich – der gegenseitigen Wahrnehmung, Anerkennung und teilweisen Opferung der je einen Dynamik gegenüber der anderen – kann die menschliche Liebe wachsen.

In dieser Sichtweise ist die Liebe eine Kunst, in der der Mensch sich immer weiter entwickeln kann. Dabei kann sein Denken die Wärme der sexuellen Energie aufnehmen und bildhaft-intuitiv werden, statt nur abstrakt; es kann Zusammenhänge sehen lernen, statt nur beschreibend zu sein. Und die Sexualität (wie der Wille überhaupt) kann vom Bewußtsein spirituelle Dichte und Richtung bekommen und ihre Kraft umschmelzen zu Kreativität und Tragfähigkeit in der Liebe. Zwischen beiden kann ein starkes Liebesvermögen wachsen.

Ist das nicht – gerade für einen jungen Menschen, Sie sprachen vom Lebensalter zwischen 12 und 21 Jahren – eine enorme Überforderung, seine Sexualität so bewußt vom Denken leiten zu lassen?

Wenn der Mensch geboren wird, überwiegt die Tätigkeit des Stoffwechsels (essen, trinken, ausscheiden und schlafen) gegenüber dem Bewußtsein. Wenn er alt wird, hat er fast keinen Stoffwechsel mehr, dagegen aber um so mehr Bewußtsein und oft auch Weisheit. Man könnte auch sagen: Bei seiner Geburt ist der Mensch ganz Natur; wenn er stirbt, ist er ganz Geist. Diese Entwicklung zwischen Geburt und Tod ist eine Metamorphose von Natur zu Geist, ja, sogar von Natur in Geist. Oder besser: Der Mensch, der als unbewußter Geist in einem Naturleib geboren wird, entwickelt in seinem Leben, in seiner Biographie, immer mehr geistige Kraft und Qualität, und er tut dies unter Ausnutzung der kreativen Energie seines Leibes. In dieser Metamorphose steht der Mensch als denkendes und aktives, d.h. bewußt richtunggebendes Wesen: Er kann die Vitalität seines Leibes, also auch die kreative Kraft der Sexualität, durch bewußte Pflege zu spiritueller Kraft und Einsicht umbilden. Natürlich ist dies für jeden Menschen eine gewaltige Aufgabe, die ihn sein ganzes Leben lang beschäftigen kann.

Für jeden Lebensabschnitt hat Rudolf Steiner entwicklungsgemäße Schritte dargestellt. So ist etwa schon das Schulreifwerden mit etwa sieben Jahren eine erste Metamorphose vitaler Kräfte in Bewußtseinskräfte, die dem Kind die Lernfähigkeit beibringen. Für den Erwachsenen hat Rudolf Steiner einen modernen Schulungsweg gezeigt, der in seiner Anthroposophie wiederzufinden ist. Das geistige Wachsen kommt nicht von selbst, es muß – oft gegen die Natur im Menschen – erarbeitet werden. Alle menschlichen Qualitäten muß sich der Mensch in der Auseinandersetzung mit der Natur erobern. So wie sich der Mensch sein bewußtes Denken aus dem Stoffwechsel erobert, so erobert er seine Ausdauer durch die Auseinandersetzung mit der leiblichen Müdigkeit, seinen Altruismus durch die Auseinandersetzung mit dem Eigennutzen usw.

Bei genauer Betrachtung ist diese Naturseite des Menschen etwas sehr Egoistisches. Nur bei der Pflanze – in ihren Fortpflanzungsprozessen wie in ihrem Stoffwechsel – kann man keine egoistische Begierde feststellen. Bei den Tieren ist das Verhalten schon durch Instinkte, Trieb und Begierde auf das eigene Weiterleben oder auf die Fortpflanzung der Art hingelenkt. Beim Menschen findet man dieselben Kräfte, aber er ist auch zu altruistischen Taten fähig. Der Altruismus stammt aber nicht aus seinem Stoffwechsel, sondern zeugt von einem geistigen Einschlag in seinem Wesen, von seinem Ich. Die Naturseite des Menschen trägt – vor allem in ihrer Sexualität, die ja noch stark von Trieb und Begierde dirigiert wird, und noch verstärkt, wenn sie den Menschen zu stark in Anspruch nimmt – ein den Menschen entfremdendes Element in sich, einen antisozialen Faktor.

Was kann oder soll der Mensch dem entgegensetzen?

In dem individuellen Wachstumsprozeß zu immer mehr Menschlichkeit wird jeder Lebensmoment dazu seine eigene kleine Aufgabe stellen, und jeder einzelne Mensch wird auf seiner eigenen, ihm angemessenen Art eine Antwort geben. Wichtig ist, was ihm dazu sein Herz sagt, in einer Art Zwiesprache zwischen bewußtem Geist im Bewußtsein und unbewußtem Geist im Leib. Aus einem von spirituellen Gedanken und leiblicher Wärme durchdrungenen Herzen kann die individuelle moralische Phantasie entstehen, die die individuellen Taten im individuellen Augenblick leiten kann. Das eine Mal kann das eine sexuelle Betätigung sein, das andere Mal eine asketische Zurückhaltung.

Askese?

Sie soll keine bloße Unterdrückung von Sexualität sein, und sie soll sicher nicht von äußeren Instanzen auferlegt werden, wie fast immer in den letzten Jahrhunderten. Sie kann aber auch verstanden werden als „Sublimation“ in einem positiven Sinne: Rückkehr des sexuellen Verlangens zu seiner ursprünglichen geistigen Daseinsform als eine kreative spirituelle Kraft, wie es etwa John F. Gardner darstellt. Ein Mensch kann versuchen, den Weg der Askese zu gehen, und man kann verstehen, daß Menschen, die einen eindeutigen spirituellen Weg gehen wollen, ein asketisches Leben vorziehen. Das aber muß bewußt gewollt werden; für die meisten Menschen wird es eher eine Aufgabe des täglichen Lebens sein, sich bei jeder Begegnung bewußt für das eine oder für das andere zu entscheiden.

Materialien zu einer Pädagogik der Liebe

Eine Pädagogik der Liebe hat zwei Aspekte. Der erste: Wie wird die Liebe den Schülerinnen und Schülern vorgestellt – in ihren vier Dimensionen, ihren verschiedenen Richtungen und in ihrer Vielfalt der Erscheinungsformen im Leben? Das wäre eine *Pädagogik über die Liebe.* Daneben gibt es einen zweiten Aspekt: die *Liebe in der Pädagogik.* Das ist die Haltung der Erziehenden gegenüber ihren Schülerinnen und Schülern. Liebe ist in der Pädagogik sowohl Inhalt als auch Quelle.

Jede dieser Seiten allein wirkt dünn und schmal. Was wäre eine ausführliche „Liebeslehre" – einschließlich der Behandlung von Liebes- und Lebensformen im Unterricht – ohne das lebensvolle Vorbild und die Authentizität und Echtheit der Lehrenden? Was wäre eine Schule mit „lieben Lehrern", die ihren Schülerinnen und Schülern nicht die Kunst des Liebens beibringen können?

Für eine ausführlichere Ausarbeitung dieser Gedanken stellen wir hier *Materialien zu einer Pädagogik der Liebe* zusammen. Eine besondere Rolle spielt auch hier wieder die gleichgeschlechtliche Liebe. Sie ist Gradmesser für die Bereitschaft, junge Menschen das werden und sein zu lassen, was aus ihnen heraus will, anstatt sie nur nach äußeren Maßstäben abzurichten.

Seit ca. 20 Jahren kann in Deutschland offener über Homosexualität gesprochen werden. Dennoch ist es für Lesben, Schwule und Bisexuelle nach wie vor schwer, eine stabile nicht eindeutig-heterosexuelle Lebensweise und Partnerwahl zu entwickeln. „Schwullesbische Jugendliche unternehmen zwei- bis dreimal häufiger Selbstmordversuche als andere Gleichaltrige", denn sie „gehören zu zwei besonderen Risikogruppen in Verbindung mit Suizidalität: zu Jugendlichen und Homosexuellen", konstatiert eine US-amerikanische Bundesstudie zur Suizidalität bei Jugendlichen.[156]

---

[156] Vgl. Hofsäss, Thomas: Exkurs zum Suizidalverhalten von Jugendlichen mit gleichgeschlechtlicher Orientierung, in: Senatsverwaltung für Schule, Jugend und Sport, S. 83.

Für Deutschland wird sogar „ein mindestens viermal höheres Suizidrisiko bei Jugendlichen und Heranwachsenden mit gleichgeschlechtlicher Orientierung vermutet".[157]

Warum dies so ist, läßt eine neue Untersuchung aus Berlin erahnen, in deren Rahmen in Deutschland erstmals eine größere Zahl (über 200) schwuler, lesbischer und bisexueller Jugendlicher zu den Schwierigkeiten ihres Coming-out befragt wurde. In der Zusammenfassung der Ergebnisse heißt es:

> „Die meisten Jugendlichen, die an der Befragung teilgenommen haben, merkten bereits relativ früh, daß sie ‚anders' sind, und sie erlebten ihr Coming-out genau in der Zeit, die ohnehin eher problembelastet ist: in der Pubertät bzw. der frühen Jugendphase.
>
> Tatsächlich scheinen sie während ihres Coming-out nicht nur relativ stark mit Problemen belastet zu sein, die direkt oder indirekt mit ihrer sexuellen Orientierung zusammenhängen, sondern es mangelt ihnen auch an Unterstützung und Hilfsangeboten aus ihrem näheren Umfeld: relativ wenige Jugendliche haben Eltern/Hauptbezugspersonen, die eine positive Einstellung gegenüber Homosexualität haben, in der Schule wird/wurde das Thema nur selten behandelt, und in den wenigsten Jugendfreizeiteinrichtungen gibt/gab es spezielle Angebote für junge Lesben, Schwule und Bisexuelle. Neben den nötigen Informationen und der emotionalen Unterstützung fehlen ihnen auch offen lesbische und schwule Vorbilder, die ihnen die homosexuelle Identität als ‚normale', glückliche Lebensweise vermitteln. Einsamkeit ist folglich auch das am häufigsten genannte Problem der Jugendlichen.
>
> Es ist daher nicht verwunderlich, daß sehr viele Befragte schon einmal versucht haben, ihre gleichgeschlechtlichen Gefühle zu unterdrücken, und insbesondere die Mädchen sich zunächst auf heterosexuelle Beziehungen einließen. Erschreckend hoch ist die Anzahl der Jugendlichen, die mit destruktiven Strategien auf ihre Probleme reagierten, Suizidgedanken hatten oder versucht haben, ihrem Leben ein Ende zu setzen.
>
> Um so bemerkenswerter ist es, daß über 40 % der weiblichen und über 60 % der männlichen Befragten ihr Coming-out bereits vor

[157] Vgl. ebd. (Ausführlichere Darstellung in Hofsäss: Jugendhilfe und gleichgeschlechtliche Orientierung.)

ihrem 18. Geburtstag erlebt haben. Dabei hat den meisten der Kontakt zu anderen Lesben, Schwulen und Bisexuellen geholfen, sich ihrer sexuellen Identität sicher zu werden. Offensichtlich stärkt das bewältigte Coming-out die Jugendlichen derart, daß die meisten von ihnen sich heute in ihrer Haut wohl fühlen und eine positive Einstellung gegenüber ihrer Homo-/Bisexualität haben.

Lesbisch-schwule Beratungsstellen leisten vielen Jugendlichen im Coming-out eine große Hilfe – zumindest für ein bestimmtes Segment, das diese Angebote kennt und keine Angst davor hat, sie zu nutzen. Neben der Beratung zu speziellen Problemen und der Beantwortung von Fragen zum Thema Homo-/Bisexualität spielt hier vor allem auch die Möglichkeit, andere Lesben und Schwule kennenzulernen, eine wichtige Rolle. Daß ein Bedarf an Beratungsangeboten gerade für *junge* Lesben, Schwule und Bisexuelle besteht, bestätigen die meisten Befragten.

Wenn die jungen Lesben, Schwulen und Bisexuellen ihr inneres Coming-out bewältigt haben, gehen sie meist recht offen damit um: fast alle Jugendlichen haben mit anderen Personen darüber gesprochen, meist mit FreundInnen, ein Großteil auch mit ihren Eltern. Während die FreundInnen fast ausschließlich positiv auf die Homosexualität ihres Freundes/ihrer Freundin reagierten, hat nur jede dritte weibliche und jeder vierte männliche Befragte ausschließlich positive Reaktionen von beiden Elternteilen erfahren.

Negative Reaktionen von ihrem sozialen Umfeld oder von Fremden – von Beschimpfungen bis hin zu körperlicher Gewalt – haben drei Viertel der weiblichen und sechs von zehn männlichen Befragten erlebt. Daneben fühlt sich aber auch eine Reihe von Jugendlichen durch eine gleichgültige Haltung belastet, die viele Personen ihres sozialen Umfelds ihnen entgegenbringen.

Wie bereits erwähnt, haben an dieser Befragung überwiegend Jugendliche teilgenommen, die ihr Coming-out hinter sich haben oder sich zumindest mit ihrer sexuellen Orientierung schon bewußt auseinandergesetzt haben, die sich bereits in der lesbisch-schwulen ‚Szene' bewegen. Daß die Belastung auch unter diesen Jugendlichen relativ hoch war und z.T. immer noch ist, ist ein alarmierendes Ergebnis dieser Studie."[158]

---

158 Ebd., S. 80.

In diesem Kapitel werden kurze Berichte homosexueller Frauen und Männer über die Zeit ihres Coming-out sowie Berichte von Lehrerinnen und Lehrern zu ihrer Situation an der Schule wiedergegeben. Die Namen sind geändert.[159] – Zuerst aber sollen noch einmal Sébastien und „Jean-Mak“ zu Wort kommen.

„Was heißt das, berühren?“

Das ganze Bad stand unter Wasser. Mélène hatte Sébastien unter anderem eine Plastikente geschenkt, die Wasser spritzen konnte, und die hatten wir gerade ausprobiert. Sébastien saß auf meinen angezogenen Knien und versuchte, das Gleichgewicht zu halten, während er mich mit lauwarmem Seifenwasser vollspritzte. Ich wollte ihm gerade sagen, daß das jetzt genug war, daß wir schon lang genug in der Wanne saßen, daß unsere Haut schon ganz verschrumpelt war, als er mich, völlig naiv und überraschend, fragte:

„Jean-Mak, was heißt das, berühren?“

Seine Frage machte mich stutzig. Ein vierjähriges Kind sollte dieses Wort kennen. Ich streckte meine Hand nach ihm aus und drückte seine Nasenspitze.

„Siehst du, jetzt habe ich dich berührt ...“

Er füllte seine Ente mit Wasser, war ganz konzentriert und ernst.

„Ja, ja, so berühren, das hab ich schon gekannt ... Aber letztes Mal hat Onkel Paulot mich gefragt, ob du mich berührst, manchmal, und ich hab ja gesagt, und er ist ganz böse geworden ... Heißt das, daß du mich haust? Du haust mich doch nicht, hm?“

Ich dachte, ich würde gleich in der Wanne versinken. Alles, was dieses Wort auch noch bedeuten konnte, stürzte mir wie ein Steinschlag auf den Kopf. Ich beruhigte erst einmal den Jungen, indem ich so banales Zeug sagte wie: Nein, nein, ich hau dich nicht, ich werde dich niemals hauen, darüber brauchst du dir keine Sorgen zu machen, mach dir keine Sorgen über das, was dein Onkel da erzählt hat, doch während ich redete, betäubte mich die ganze Zweideutigkeit des Wortes „berühren“: Irgend jemand schien irgendwo anzunehmen, daß ich für Sébastien gefährlich wäre, weil

[159] Einige der hier wiedergegebenen Berichte sind gekürzt in der Zeitschrift *Erziehungskunst* (6/1998) erschienen. Soweit erforderlich, erfolgt der Abdruck mit freundlicher Genehmigung.

ich schwul bin! Ich hätte brüllen, aus der Wanne steigen und den Hundesohn umbringen können, der es obendrein noch gewagt hatte, offen vor einem vierjährigen Kind darüber zu sprechen! Sébastien bemerkte mein Unwohlsein.

„Geht's dir nicht gut, Jean-Mak?"

„Nein, nein, aber laß uns mal aus der Wanne steigen, ich muß dich zu deiner Mama bringen ..."

Wie ein Geisteskranker habe ich seinen Koffer gepackt. Ich glaube, ich vergaß die Hälfte der Sachen, die ich hätte einpacken sollen. Ich war wütend und fühlte mich gleichzeitig völlig verloren, etwas wie nach einer Trennung. Irgendwo in mir war gerade etwas kaputtgegangen, ich wußte noch nicht was, doch ich spürte einen dumpfen Schmerz, der mich völlig fertig machte. Vielleicht war es die Enttäuschung, nach so vielen Anstrengungen alles zerstört zu wissen. Ich hatte dieses Kind lieben wollen, ich fing gerade an, es tatsächlich zu lieben, und schon kommt da so ein Ekel und macht mit einem Wort, einer einzigen Frage, alles kaputt!

Müßte ich gegen solche Anschuldigungen solange kämpfen, wie ich Sébastien sähe? Und von wem kämen sie? Würden sich alle Leute, früher oder später, solche Fragen stellen? Ich stand kurz vor einer echten Paranoia.

Sébastien machte sich leise davon. Ich glaube, er befürchtete, ich sei böse auf ihn, doch ich konnte ihn jetzt nicht so beruhigen, wie ich es vorhin getan hatte. Ich war in einem Schmerz befangen, der mich daran hinderte, zu denken und auf rationale Weise zu handeln. Ich fing an, im Haus herumzuirren, so als suchte ich etwas. Ich glaube, ich hatte große Angst.

*

„Papa und meine Brüder, vor allem Paulot, der ziemlich deutlich war, versuchen, meiner Mutter einzureden, daß das alles für Sébastien ziemlich gefährlich sein könnte. Du verstehst, Jean-Marc ist ein Homosexueller, und Sébastien ist ein kleiner Junge ..."

Louise sprang auf, als wenn Gaston sie geohrfeigt hätte, warf die Decke zurück, sprang aus dem Bett und kam erst auf ihren Platz zurück, als sie bemerkte, daß sie ihm keine Szene machen könnte, indem sie immer um das Bett herum im Zimmer hin und her liefe, während er sie von seinem Kissen her betrachtete.

„Ihr Idioten! Du kannst deinen brillanten Brüdern – vor allem dem einfühlsamen Paulot – sagen, daß ich, wenn ich ein kleines Mädchen in Sébastiens Alter hätte, Angst hätte, sie in ihre Nähe zu lassen ... aus genau den gleichen verdammten Gründen! Sie sehen mir nämlich eher wie Sexualverbrecher aus als Jean-Marc oder Mathieu! Jean-Marc und Mathieu fingen deinetwegen heute abend nicht zu sabbern an, und sie machten auch keine zweideutigen Witze über deinen Körperbau, während deine Brüder, wenn die mich kommen sehen ... Du hast dich selbst schon fast mal mit Paulot geschlagen, deshalb, vergiß das nicht! Aber das, das ist normal, das weiß man ja! Die haben wohl alle Rechte, nur weil ich ,ne Frau bin, und die sind Heteros! Sie haben sogar das Recht, blöde Späße über die Brüste deiner kleinen Nichte zu machen, die gerade zu wachsen anfangen! Und das soll nicht sexuell sein? Das soll nicht krank sein? Mein Gott, wie mich das wütend macht! Ich bin auch heterosexuell, aber das heißt noch lange nicht, daß ich eines Tages über Sébastien herfalle, nur weil ich Männer liebe! Du kannst ihnen von mir ausrichten, daß es im Leben noch was anderes gibt als Ärsche! Oh nein, sag das lieber nicht, sonst lachen sie noch über dich!“

Sie blieben lange still. Louise befürchtete, in ihrer Argumentation vor Wut nicht eben klar gewesen zu sein. Gaston konnte dagegen nichts sagen, weil all diese Schüsse gesessen hatten.

Er war mit seinen Brüdern zu großem Ekel vor der Homosexualität erzogen worden, sie hatten sich während ihrer ganzen Jugend darüber lustig gemacht – sein Repertoire an Tuntengeschichten war fast unerschöpflich –, einige Male war er sogar zum „Tuntenaufmischen“ mitgegangen, in den Lafontaine-Park, was darin bestand, daß eine Gang von Burschen sich zusammentat, um die anonymen Silhouetten zusammenzuschlagen, die nachts im Park herumspukten. Da war es nur konsequent, daß es entsetzlich für ihn war, zugeben zu müssen, daß der Sohn seines Blondchens einen schwulen Vater hatte: Die Macker im Clan hatten spitze Schreie ausgestoßen und von Vererbung gesprochen, von chronischem Kranksein, Abweichung und Gefahr. Sie konnten nicht verstehen, wieso Louise es zuließ, daß Mathieu seinen Sohn sah ...

(Aus: Michel Tremblay: Der Mann in Papis Bett, S. 214 f. und 192 f.)[160]

[160] © Der Abdruck erfolgt mit freundlicher Genehmigung des Bruno Gmünder Verlags, Berlin.

Biographische Berichte zum homosexuellen Coming-out

Konrad (49)

„Innerlich setzte ich meine Energien zunehmend zur Selbsterziehung ein, die letztlich zur Selbststrangulation wurde, weil allein die fremden Maßstäbe zu gelten hatten“

Als Kind und auch noch als Jugendlicher habe ich Sexualität als Tabu erlebt: Das war etwas Unaussprechliches, ja, eigentlich Undenkbares! Doch der Mensch schreitet in seiner Entwicklung zu Taten: Eindeutige Doktorspiele in einem leeren Neubau hängen an der ersten Schulerinnerung; Internatsgebäude waren bereichert durch gleichgeschlechtliche Praktiken, nächtens und heimlich; als Jugendlicher hatte ich einen Schulfreund zum gelegentlichen Austausch körperlicher Lustgefühle. Zu fragen gab es nichts, es fehlten selbst die Begriffe, um „es“ in Worte zu fassen. Es gab zwar den sündigen Weg voller Lausbubenstreiche mitsamt der Kontrolle durch alle Erwachsenen; Erwischtwerden bedeutete moralische Belehrung, Verbot und Bestrafung. Aber sonst war alles eingezwängt in den einen richtigen Weg: zu heiraten, für Kinder zu sorgen und im übrigen die Sexualität abzutrainieren und die Stufen der Tugend und Reinheit asketisch zu erklimmen.

In meiner Jugend war ich konditioniert auf Zuwendung durch Anpassung. Also tat ich nach außen, was Anerkennung brachte. Innerlich setzte ich meine Energien zunehmend zur Selbsterziehung ein, die letztlich zur Selbststrangulation wurde, weil allein die fremden Maßstäbe zu gelten hatten. Ab der Lebensmitte mündeten die chronisch gewordenen Depressionen in eine Klostersehnsucht und das Endgefühl des Grabes. Ein guter Freund, selbst verheiratet, sagte das drastischer: „Am liebsten würde ich das ganze Gehänge wegoperieren lassen!“

Gott sei Dank haben sich die Zeiten gewandelt. Seit einigen Jahren kann ich mich mit Gleichgesinnten austauschen und behutsam meinen eigenen Lebensfaden erforschen. Ja, Freiräume hätte ich von Anfang an gebraucht! Meine Tochter hat sie sich mehr und mehr erobert, und als Eltern hatten wir immer weniger Kontrollanfälle aus Angst vor Verantwortung. Intimsphäre und das Recht auf eigensinnige Meinungsäußerung wären ein guter Nährboden für soziale Menschlichkeit und Liebe gewesen.

Im übrigen weiß der Engel viel besser, welche Menschenbegegnung gerade an der Zeit ist.

Thomas (30)

„Schon vor der Pubertät verglich ich Männer und ihre Körper untereinander“

Die ersten erotischen Erlebnisse, an die ich mich erinnere, hatte ich, noch bevor ich sieben Jahre alt war: beim Anblick von halbnackten Bauarbeitern. In den folgenden Jahren waren zunächst auch Mädchen und Frauen interessant für mich. Mit zehn jedoch erfuhr ich von meiner Mutter, man müsse sich vor einem – mir sehr anziehend erscheinenden – jungen Mann aus unserem Ort vorsehen, da er wohl lieber Männer möge. Diese Bemerkung hinterließ durch ihre Beiläufigkeit und Unmittelbarkeit das Gefühl, ein solches Thema (keine Ahnung, welches!) solle man besser nicht zur Sprache bringen; eine lang andauernde merkwürdige Empfindung.

Mich reizten nun männlich aussehende Männer immer mehr, so daß ich mir sehr einen Bruder wünschte oder auch einen Freund für den Zeitvertreib. Meistens allerdings verbrachte ich meine Freizeit mit Mädchen. Schon vor der Pubertät verglich ich Männer und ihre Körper untereinander; mit 14 brachte ich meine Vorstellungen zeichnerisch zu Papier, heimlich, aber unbefangen und ohne innere Fragen – noch war ich unbeschwert. Mit zwölf oder 13 erhielt ich keine Geburtstagseinladungen mehr; um diese Parties rankten sich wilde Gerüchte – und ich „ging“ ja mit keinem Mädchen. Die ersten Fragen, warum das so sein könnte, kamen mir nach dem ersten Tanzunterricht, und ich erklärte es mir als Übergangsphase. Aufklärungsunterricht wie an anderen Schulen fand bei uns enttäuschenderweise nicht statt, und meine Unsicherheit Mädchen gegenüber wuchs immer mehr.

Aus heiterem Himmel bot mir dann eine Tante Rat in allen sexuellen Fragen an. So fand das erste Geständnis meines Lebens ihr gegenüber in einem völlig dunklen Raum statt – bei den Eltern war das Thema ja ein Tabu. In der Dunkelheit fühlte ich mich, als hätte ich mein Gesicht verloren, aber ich wurde ruhig angehört und beschwichtigt. So bekam meine Außenseiterrolle einen Namen und festigte sich. In der Klasse wurde ich wegen meiner Neutralität und sichtlichen Unschuld bei Mädchen aufgezogen, ohne daß auch nur ein einziger den wahren Hintergrund geahnt hätte. Wie sehr empfand ich mich hinter einer immer höher wachsenden Wand, hilflos, allein gelassen, ohne eine Möglichkeit, zu den anderen zu gehören!

Mit 18 hörte ich von Klassenkameraden über ihren etwas älteren Freund das Gerücht, er sei schwul. Ich empfand meine süßen Ahnungen als zwar widerwärtigen, aber willkommenen Reiz; nun wußte ich, daß „das" eine Realität und ich nur ein Wort von einem Erdbeben entfernt war. Ich litt unter meiner Isolierung und versuchte, bei schlechtem Gewissen und voller Selbstmordgedanken mit allem allein fertig zu werden.

Bei der Abiturfeier brachte mich der erwähnte Freund meiner Kameraden durch die Frage nach meiner Freundin zum „Auspacken": das erste Mal, daß ich mit einem „Leidensgenossen" über meine Homosexualität sprach. Er verstand mich gut, hatte sich selbst einmal aus einem fahrenden Zug werfen wollen – seine Meinung, ich solle das Ganze viel selbstverständlicher sehen, ging mir aber zu weit, dafür fehlte mir eine klare innere Orientierung. Ich fühlte mich schmutzig, solch ein Weg konnte doch nicht lebenswert sein!

Zwischen meinen Eltern und mir fühlte ich einen Keil, diese vertraute Heimat schien es nicht mehr zu geben. Ich konnte mich ihnen nicht öffnen – zu diesem widerwärtigen Thema hatte ich nur gehört, die Homosexuellen könnten schon anders, wenn sie nur wollten. Wenn mein Vater gewußt hätte, wer da bei ihm saß ... Jahrelang waren meine Gedanken nur um mein „Problem" gekreist. In der Schule hatte ich dementsprechend durch geistige Abwesenheit geglänzt. Ich hatte mich nur mit mir selbst beschäftigt, mit schlechtem Gewissen und ohne Ausweg; die Schule hatte mir keine Anregung gegeben, sondern mich mit Lehrstoff zugepflastert, der mich noch zusätzlich belastete. Hätte ich doch einen Freund, vielleicht einen Lehrer gehabt, der durch eine präzise Frage ins Schwarze getroffen – und mich im anschließenden „freien Fall" aufgefangen hätte, dann hätte ich mich nicht mehr isoliert fühlen müssen.

Silvia (35)

„Das höchste der Gefühle war zu sagen, sie sei meine ‚beste Freundin'"

Das erste, was ich über Lesben hörte – von einer Nachbarstochter auf dem Schulweg –, war, das seien Frauen, die sich nackt zusammen ins Bett legen und gegenseitig am ganzen Körper kneifen. Damit konnte ich mich natürlich überhaupt nicht identifizieren – also war ich wohl nicht lesbisch. In der Schule gab es Sprüche wie: „Heute ist Mittwoch, Tag der Schwulen und Lesben", oder, beim Zigarettenanzünden: „Eckbrand, das gibt schwule Kinder!" – schnell wurde nachgefeuert, damit die Zigarette richtig brannte. Oder eine Mitschülerin wehrte die völlig harmlose Zärtlichkeit einer anderen mit den Worten ab: „Laß das, wir sind doch nicht lesbisch!" Das alles erlebte ich etwa zwischen 13 und 15; es gab keine Möglichkeit, sich positiv *damit* zu identifizieren, all das war irgendwo zwischen lächerlich und eklig und nicht, wie ich gern sein wollte.

Zu dieser Zeit war mir das aber gleichgültig, da ich mich, wie ich glaubte, sowieso immer nur in Jungen verliebte. Später, als ich meine erste Freundin hatte, wurde mir allerdings bewußt, daß ich durchaus auch vorher schon ab und an in eine Frau verliebt gewesen war. Es war mir nur nicht bewußt geworden, weil ich so eine Möglichkeit für ausgeschlossen gehalten hatte. Ich kannte keine Worte für meine Empfindungen und interpretierte sie einfach als „Freundschaft"; das höchste der Gefühle war zu sagen, sie sei meine „beste Freundin". Ich litt aber nicht, da mir meine Verliebtheit nicht bewußt war, ich war einfach froh, wenn ich mit dieser Frau zusammen war. Quälende sexuelle Wünsche hatte ich nicht, und die Jungen reizten mich zu der Zeit durchaus. Zum pubertären Experimentieren kam ich so zur Genüge und hatte auch viel Spaß daran. Meine erste große Liebe war männlich, und die Zeit mit ihm habe ich sehr genossen.

Daß ich für Frauen mehr als Freundschaft empfinden, ja, daß ich mich sogar in eine Frau verlieben könnte, dafür öffnete mir erst eine Schulfreundin die Augen, mit der ich oft lange und intensive Gespräche führte. Sie selbst war zwar hetero, aber schon damals außerordentlich an allem interessiert, was mit der Frauenbewegung zu tun hatte. Sie steckte mich mit ihrem Feminismus an, den ich anfangs völlig ablehnte, denn ich fühlte mich ja kein bißchen unterdrückt ... Die Auseinandersetzung mit diesen Themen führte bei mir u.a. auch zu der Erkenntnis, daß mir Frauen im Grunde meines Herzens viel mehr bedeuteten, als ich bis dahin geahnt hatte. Ohne diese Freundin hätte ich das sicherlich erst viel später bemerkt.

Als ich mich das erste Mal bewußt in eine Frau verliebte, hatte ich noch nicht den Mut, es ihr zu sagen; beim zweiten Mal dauerte es zwar ewig, bis ich soweit war, aber irgendwann schaffte ich es und hatte das unglaubliche Glück, daß meine Gefühle erwidert wurden. Probleme mit Lehrerinnen/Lehrern und Mitschülerinnen/Mitschülern hatten wir keine, und auch mit meinen Eltern gab es keine Schwierigkeiten. Sie hielten sich bis auf eine einzige dumme Bemerkung völlig heraus. Nur die Eltern meiner Liebsten versuchten jahrelang, uns auseinanderzubringen, aber da wir nicht an uns und unseren Gefühlen zweifelten, hatten sie keine Chance. Wir waren nur über so viel Engstirnigkeit empört.

Im Vergleich zu vielen anderen hatten wir eine Menge Glück: Wir merkten sehr früh, daß wir uns viel stärker zu Frauen hingezogen fühlen als zum anderen Geschlecht. Wir hatten kaum Probleme mit unserer Umgebung, und wenn, waren wir durch die feministischen Bücher und Zeitschriften, die wir lasen, gestärkt genug, um uns nicht verunsichern zu lassen; vielmehr kreideten wir den anderen ihre Intoleranz an. Trotzdem wäre es natürlich schöner gewesen, ich hätte lesbische Liebe von Anfang an als etwas Positives kennenlernen können, das genauso schön und normal angesehen wird wie Hetero-Liebe auch.

Matthias (26)

„Meine Triebphantasien verbanden sich mit einem hohen Ideal von mann-männlicher Zugeneigtheit“

Ich begann bereits im Grundschulalter, sexuelle Erfahrungen mit einem Klassenkameraden zu sammeln. Hierbei spielte die Neugierde auf den männlichen Körper die bestimmende Rolle, aber es entstanden keine Fragen, die sich auf meine gleichgeschlechtliche Ausrichtung bezogen hätten. Durch meine Eltern wurde mir lediglich ein Gefühl des Verbotenen vermittelt, das nicht nur auf Sexuelles, sondern bereits auf jede Art von Nacktheit gemünzt war. Ich weiß nicht, ob es für sie ein größeres Vergehen gewesen wäre, mich eines Tages mit einem Jungen statt mit einem Mädchen bei Doktorspielen zu erwischen; mir wäre eine solche zusätzliche Wertung damals nicht nachvollziehbar gewesen.

Anders zu sein als meine Klassenkameraden kam mir erst mit Eintritt der Pubertät in den Sinn. Dem Aufklärungsteil einer Jugendzeitschrift entnahm ich allerdings, daß die Zuneigung zu Personen des gleichen Geschlechts bzw. sexuelles Interesse an ihnen in der Pubertät relativ normal sei – und vorüberginge. So wartete ich denn, frönte meiner Neigung rein autosexuell und in der Phantasie, verschlang alle Bücher, in denen auch nur entfernt von gleichgeschlechtlichen Beziehungen die Rede war und hatte keinerlei Bedürfnis, mit jemandem über meine „Leiche im Keller“ zu sprechen: Die Zeit würde es schon heilen. Und so entwickelte ich mich zum Experten in Sexualaufklärung, der den eigenen Vater beruhigte, er müsse sich keine Sorgen über die häufige Masturbation des Sohnes machen; die ohnehin verspäteten Aufklärungsversuche der Eltern wirkten auf mich mittlerweile nur noch lächerlich. Auch von der Schule versprach ich mir wenig Kompetenz in Aufklärungsfragen, war aber doch sehr neugierig, was im Biologiebuch über Homosexualität stand.

Mit 16 fiel mir ein Buch in die Hände, in dem das Thema in für mich völlig neuer Weise behandelt wurde: als Geschichte einer schließlich erfüllten Liebesbeziehung zwischen zwei jungen Männern meines Alters, einer Beziehung, in der beide Partner lernten, für alle Aspekte ihrer Liebe, körperliche wie seelische und geistige, einzustehen und dies auch noch zu genießen! Es widersprach all meinen bisherigen realen und Büchererfahrungen, daß es das geben konnte. Etwa von da an „wuchs in mir etwas zusammen, das zusammengehörte": Meine Triebphantasien verbanden sich mit einem hohen Ideal von mann-männlicher Zugeneigtheit, was darin gipfelte, daß ich mir über eine Freundschaftsbeziehung, die ich hegte, plötzlich uneingeschränkt klar wurde: Dies war nichts anderes als homosexuelle Liebe, zu der ich mich in Zukunft erst vor mir selbst, dann vor dem – leider heterosexuellen – Geliebten und schließlich auch vor allen Menschen, die in meinem Leben eine Bedeutung hatten, bekannte.

Erst jetzt hatte ich das Bedürfnis, mit Menschen darüber zu sprechen, was mich so langwierig beschäftigt hatte. Heute sehe ich zwar, daß mir vielleicht der eine oder andere Umweg erspart geblieben wäre, wenn ich auch nur daran geglaubt hätte, daß es Ansprechpartner geben könnte; andererseits baute das Selbstbewußtsein, das ich mit Anfang 20 hatte, wesentlich darauf auf, daß ich aus eigener Kraft aus der Talsohle herausgelangt war, in der ich die Angst vor dem Entdecktwerden für selbstverständlich gehalten hatte. Als der, der ich heute bin, kann ich zwar nicht beurteilen, wie mein Weg anders hätte verlaufen können; dennoch: Warum sollte es nicht möglich sein, einen Jugendlichen kompetent, freilassend und umfassend aufzuklären, ohne ihm zu nahe zu treten? Dieses Ideal suchte ich für mich in der Lektüre eines möglichst breiten Spektrums von Büchern – einen Menschen kannte ich nicht, der in der Lage gewesen wäre, mir dies zu bieten.

Alexandra (37)

„Sexuelle Selbstfindung hielt ich für egoistisch und moralisch abzulehnen“

Schon vor der Pubertät fragte ich mich, inwieweit ich lesbisch oder heterosexuell veranlagt bin – und ich frage mich eigentlich immer noch. Während meiner ganzen Jugend habe ich mit niemandem darüber gesprochen – teils weil ich es nicht wagte, teils weil ich niemanden zu kennen glaubte, der oder die etwas darüber wußte. Kam irgendwo das Thema auf, spitzte ich die Ohren, erfuhr aber nie etwas Nennenswertes. Mit 15 hörte ich einmal, Lesben seien hyperfeminin. So wollte ich auf keinen Fall sein – also unterdrückte ich solche Tendenzen eine Weile, versuchte aber wenig später doch wieder herauszufinden, ob ich bei zarten Mädchen eine Chance hätte.

Mein erster Versuch mit zwölf Jahren, eine Klassenkameradin zu küssen, scheiterte kläglich: Sie sah mich an, als sei ich ein Monster – und ich wich aus und verleugnete mich. Seitdem blieben alle Annäherungsversuche so dezent, daß mir jederzeit der Rückzug frei blieb – und die Gemeinte es wahrscheinlich oft gar nicht merkte. Flirten und unverbindliche Berührungen waren nie spontan, ich kontrollierte mich und andere ständig in der Hoffnung auf ein günstiges Zusammentreffen – was sich auf diese Weise aber leider nie ergab.

Wenn ich mich traute, widersetzte ich mich gern den üblichen Rollenzuschreibungen. Einmal pfiff ich z.B. einer schicken Dame hinterher, wofür ich als Mädchen prompt zurechtgewiesen wurde. Ich hatte den Eindruck, die Erwachsenen meiner Umgebung waren blind dafür und merkten nicht, worauf solche Äußerungen hindeuteten. Wenn irgend etwas zu deutlich war, sagten sie sinngemäß: „Aber du bist doch normal, gell?“ Falls sie eine Antwort abwarteten, sagte ich nur „Ja“. Ich war enttäuscht – es gab keine Gesprächsbasis. Da ich mich auch für Jungen interessierte, war ich unauffällig. Jede Art von lesbischen Äußerungen – etwa zusammen tanzen – war so lange okay, wie es „nicht ernst“ war. Wurden aber ernsthafte Gefühle dahinter vermutet, hatten alle vor den einfachsten Dingen Angst. Dabei suchte ich doch nur Nähe und Zärtlichkeit!

Ich versuchte herauszufinden, was in meinem Innern so viel Erschrekken bei anderen auslösen konnte, wurde aber mangels Hellsichtigkeit nicht fündig. Außerdem hatte ich Versagensängste für den Fall, daß ich tatsächlich einmal auf eine Lesbe träfe, da ich keine Vorstellung von richtigem Sex mit einer Frau hatte – und eigentlich auch keinen konkreten Wunsch danach. Mit der Zeit wurde mir bewußt, wie kräfteraubend es war, bei jedem Annäherungsversuch um die weitere Freundschaft fürchten zu müssen. Ich gab aber trotzdem nie auf. Meinen gutaussehenden Körper empfand ich jahrelang als fremd. Ich wehrte mich gegen die Rolle, die mir aufgrund meines Äußeren aufgedrängt wurde. Deshalb galt ich als unattraktiv.

Ich hatte den Eindruck, es sei ein waldorfpädagogisches Ideal, bis zum 21. Lebensjahr jedes sexuell-erotische Interesse im Unbewußten zu halten, weil „die Jugendlichen damit sowieso noch nicht verantwortlich umgehen können". (Nur die reine Liebe hat im Bewußtsein was verloren.) Das dritte Jahrsiebt war folglich falsch eingerichtet und korrekturbedürftig. Da ich aus anderen Gründen die pubertären Auseinandersetzungen nicht richtig durchmachen konnte, fühlte ich mich auch sonst wie in einer Warteschleife. Obwohl ich äußerlich immer aktiv war, schloß ich mich innerlich ein, um nicht mit meinen Ideen und Idealen ausgelacht zu werden. Sexuelle Selbstfindung als Ziel hielt ich damals für egoistisch und moralisch abzulehnen. Statt dessen entwickelte ich ein „Verantwortungsbewußtsein", mit dem ich mich selbst überforderte.

Ein Schlüsselerlebnis mit 30 Jahren brachte mich meinem Coming-out näher: Meine Kollegen bewarfen einen Bekannten hinter seinem Rücken mit Dreck, weil er schwul war und sie auf absurd-irrationale Weise befürchteten, sich bei ihm mit Aids anzustecken. Ich wollte mich distanzieren und ihm etwas Solidarisches sagen – brachte aber kein Wort heraus und stand mindestens eine Viertelstunde hilflos da. In dieser Situation wurde mir erst klar, wie sehr ich mich in der Sprachlosigkeit eingesperrt hatte und mir selbst damit schadete. Ich hatte einen Spiegel. Bis dahin hatte ich es nicht für nötig gefunden, meine Gefühle ernst zu nehmen und dafür einzutreten. Als ich es jetzt für einen anderen versuchen wollte, merkte ich erst, daß ich es nicht schaffte. Das gab mir zu denken, und ich schämte mich ziemlich.

Joseph (40)

„Schon damals erlebten wir nicht das Schwulsein als Problem, sondern die Tabuisierung alles Sexuellen durch Eltern, Schule und Kirche“

Daß ich als Jugendlicher mit der Frage konfrontiert wurde, ob ich schwul oder „normal“ sei, hing mit den ersten sexuellen Erlebnissen zusammen, die ich seit dem Alter von 17 Jahren mit einem etwas jüngeren Schulfreund genoß. Von Elternhaus oder Schule im streng katholischen Milieu kaum aufgeklärt – Sexualität war das Tabuthema schlechthin, Homosexualität nicht einmal ein unverständliches Fremdwort, sondern in unserer Begriffswelt einfach nicht existent –, waren wir nach jahrelanger kumpelhafter „bester Freundschaft“ unseren Gefühlen und dem Bedürfnis nach Zärtlichkeit und Nähe gefolgt und hatten so die eigene Sexualität und die des anderen entdeckt und genießen gelernt.

Normal war das nicht, so viel war klar. Was wir da erlebten, mußte zwar nach außen hin versteckt und verheimlicht werden, war zwischen uns jedoch kein Anlaß für ein schlechtes Gewissen. Schon damals erlebten wir nicht das Schwulsein als Problem, sondern eher die Tabuisierung alles Sexuellen durch Eltern, Schule und Kirche. Niemand wußte von uns, und das blieb bis heute so, denn als wir durch einen Wohnortwechsel nach zwei Jahren voneinander getrennt wurden, wandte sich mein Freund dem anderen Geschlecht zu und blieb ihm treu – mittlerweile als wirklich glücklicher Familienvater. Damals litten wir nicht unter der Heimlichkeit – uns war gar kein anderer Umgang mit Sexualität vorstellbar, erst recht nicht mit unserer als unnormal abgestempelten, und glücklicherweise blieb unser Versteckspiel ja unentdeckt.

Rückblickend weiß ich aber, daß die uns umgebende Sprachlosigkeit in meinem eigenen Leben ernsthafte Krisen verursacht hat. Eine lange Zeit schwerer Depressionen, eine gescheiterte Ehe und die lang anhaltende Quälerei mit der Frage, ob ich meine schwule Beziehung offen und öffentlich leben kann oder gezwungen bin, ein Doppelleben zu führen, wären mir sicherlich erspart geblieben, wenn ich als Kind und Jugendlicher bereits ein Klima von Offenheit und Toleranz im Umgang mit sexuellen – inklusive homosexuellen – Fragen hätte erleben können. Zwar kann ich heute sagen, daß ich an diesen (Über-)Lebenskämpfen seelisch gewachsen bin; ich denke aber, daß die Erziehenden von heute sich ihrer Verantwortung dafür bewußt sein müssen, für Jugendliche, gleich welcher sexuellen

Neigung, Lebensbedingungen zu gestalten, die ihnen eine freie individuelle Entwicklung auch im erotisch-sexuellen Bereich ermöglichen – in Richtung auf eine Liebesfähigkeit, die auf Ehrlichkeit und gesundes Selbstbewußtsein gegründet ist.

Uwe (44)

„Weil ich die Liebe nicht kannte, mußte ich in die dumpfe Angst vor primitivem Sex einstimmen"

Neben vielen, vielen hohen Idealen begegnete mir in der Waldorfschule oft eine abgestandene, bürgerliche, veraltete Lebensrealität. Zukünftige, Jahrhunderte vorausweisende Ideen bildeten einen seltsamen Kontrast zu sozial rückständigen, unzeitgemäßen Lebensformen. So weit, wie viele führende Anthroposophen und etliche meiner Lehrer – zugegeben – geistig ihrer Zeit voraus zu sein schienen, fielen sie im Sozialen hinter die sich allgemein in der Gesellschaft verbreitende Toleranz und Liberalität zurück.

Bei der Suche nach Beispielen für diese pauschale Behauptung merke ich, daß ich gar nicht so viele konkrete Erinnerungen finde. Es waren mehr Vermeidungen als Handlungen. Nie wurde etwa über gleichgeschlechtliche Liebe gesprochen. Wir Kinder und Jugendlichen konnten nicht lernen, daß es Liebe ohne die zwanghafte Bindung an das andere Geschlecht überhaupt geben kann, ja, daß so etwas vielleicht gar zum Weltenplan gehört. Statt dessen wurden wir den üblichen anzüglichen Lästersprüchen und Schwulenwitzen der Gleichaltrigen überlassen. Aufklärung und Bildung in sexuellen und liebesmäßigen Dingen bestand nicht in pädagogischem Handeln, sondern in Vermeiden.

Erst dadurch bekam insbesondere auch die Homosexualität einen so schmutzigen Beigeschmack: weil sie uns nicht als eine Form der Liebe begegnete, sondern als etwas, über das man nicht spricht. Und das sind irgendwie immer schlimme Sachen ... Die Erziehungspersonen ließen durch die Tabuisierung alles Geschlechtlichen – und speziell durch ihre Vorurteile gegenüber dem Gleichgeschlechtlichen – bei uns Bilder entstehen, die Angst machten. Wahrscheinlich waren sie aus der eigenen Angst der Erziehenden geboren, allerdings aus mindestens zum Teil berechtigter Angst: Homosexualität zwischen Erwachsenen war vor 1969 ein Straftatbestand; seit mehr als 30 Jahren gilt dies aber nicht mehr.

Zuerst fällt mir die entsetzte Reaktion der Erziehungspersonen auf ganz harmlose genitale Doktorspiele zweier zwölfjähriger vorpubertärer Jungen ein. Wir wären deswegen fast von der Schule geflogen. Ich habe die Einzelheiten dieser Reaktion der Erwachsenen bis heute verdrängt und bräuchte wohl eine Psychoanalyse, um mich wieder zu erinnern. Die Entwicklung meiner Liebesfähigkeit gegenüber Männern hat sie mit Sicherheit für Jahre zurückgeworfen.

Einen über die Inhalte von Schwulenwitzen hinausgehenden Begriff von Homosexualität bekam ich erstmals mit 16 oder 17 Jahren. Ich fand an einem Waldparkplatz im Straßengraben eine herausgerissene Seite aus einer Homo-Sexzeitschrift, so etwas wie *„St. Pauli Nachrichten"* für Homosexuelle. Dort waren nackte Männer mit furchterregend großen Genitalien abgebildet. Meine heimlichen, mit niemand geteilten Wünsche und Sehnsüchte nach Nähe und Zärtlichkeit mit anderen Jungen oder Männern konnte ich darin überhaupt nicht wiederentdecken. Dieser unglückliche Fund hat mir die Möglichkeit, Liebe zwischen Männern zu erfahren, für Jahre verbaut – weil ich dachte, ich müßte dann all das tun und so werden, wie ich es dort gesehen hatte. Weil ich die Liebe zwischen Männern nicht kannte, mußte ich in die dumpfe Angst der Erziehenden vor primitivem Sex einstimmen.

Erst ein oder zwei Jahre später konnte ich, sozusagen von ferne, eine homoerotische Jungenfreundschaft kennenlernen – einerseits mit Begeisterung, weil ich endlich meine Gefühle gespiegelt fand; andererseits aber auch mit Trauer, denn ich war nur Beobachter und überdies auf rege Phantasie angewiesen: Wir lasen in der Schule *Tonio Kröger* von Thomas Mann. Schade, daß der Lehrer die unterdrückte Homosexualität des berühmten Autors nicht zum offenen Thema im Deutschunterricht gemacht hat. Das hätte mir viel geholfen.

(Waldorf-)Pädagogik soll das Neue, das Kinder in die Welt bringen, zutage fördern, und nicht sie dem Alten anpassen. Der oder die Lehrende muß immer gleichzeitig zwei gegensätzliche Dinge tun: Vorbild geben und freilassen, sich einbringen und das Kind sich entwickeln lassen, formen und zur Eigenformung anregen. Und sich authentisch selbst vorleben, ohne aber den jungen Menschen auf nur diese eine Möglichkeit einzuengen. Eine paradoxe Aufgabe!

Homosexualität und Waldorfpädagogik – unvereinbar?

Kann es das überhaupt geben: schwule Lehrer, lesbische Lehrerinnen? – Es gibt sie. Manche kennen sich sogar. Von einigen wenigen ist „es“ sogar öffentlich bekannt. – Wieso nur von wenigen? Statistiken besagen, daß mindestens 5 % der Bevölkerung, ob männlich oder weiblich, homosexuell sind, also eine von 20. Ein Lehrerkollegium, das etwa zwischen 30 und 80 Menschen umfaßt, dürfte also bis zu vier „solcher“ Kolleginnen und Kollegen in seinen Reihen haben. Man könnte nun meinen, daß die oben gestellte Frage völlig unerheblich ist. Anthroposophen und ethische Individualisten gehen schließlich davon aus, daß jeder Mensch sein Leben in die Hand zu nehmen hat, ohne daß über das individuelle Schicksal ein moralisches Urteil zu fällen ist. Also: Jede lebe frei, so wie sie ist, will und kann ...?

Friedmut K. (43)

Warum ich mich (noch?) nicht „oute“

Leider klafft auch an Waldorfschulen, wie überall im Leben, eine beträchtliche Lücke zwischen dem Ideal der Toleranz und der gelebten Wirklichkeit. Diese Kluft mag in verschiedenen Kollegien unterschiedlich groß sein – schwule Lehrer und lesbische Lehrerinnen laufen jedoch stets Gefahr, hineinzutappen und sich Verletzungen zuzuziehen; ich persönlich vermute, daß dieses Risiko für schwule Lehrer um einiges größer ist als für ihre lesbischen Kolleginnen.

Ich arbeite seit einigen Jahren im Kollegium einer Schule, an der es nur wenig personelle Fluktuation gibt. Im Laufe der Zeit lernt man die meisten Mitarbeiter mit ihren persönlichen Eigenheiten recht nah kennen; dies ist Grund für Konflikte, für intensive Zusammenarbeit, manchmal für Verwunderung und – meinerseits – gelegentlich für heftiges Erschrecken. Auch bei meinen Kollegen blühen nämlich, wie überall in der Gesellschaft, liebgewordene Vorurteile weiter, die mir kalte Schauer über den Rücken jagen. Das beginnt beim Erstaunen über die „kindlichen Negerkulturen“, setzt sich fort im Lamento über die wachsende Zahl von Ehescheidungen und alleinerziehenden bzw. berufstätigen Müttern sowie deren angeblich mangelhafte pädagogische und allgemeinmenschliche Fähigkeiten und gipfelt in abfälligen Bemerkungen über „die Perversen, die ihre Beziehungen nun auch noch legalisieren wollen" – o tempora, o mores! Manchmal komme ich mir vor wie im Vatikan.

Wenn es dabei bliebe, wäre es vielleicht noch nicht so schlimm, bei meinem gesunden Selbstbewußtsein würden mir schon passende Antworten einfallen, die diesen oder jene sogar zum Nachdenken anregen könnten. Das Ganze ist aber doch komplizierter, denn an einer Schule gibt es ja auch noch die Schüler – und deren Eltern. Vor meinen Schülern dazu zu stehen, daß ich eben nicht mit einer Freundin oder Ehefrau, sondern mit einem Mann partnerschaftlich verbunden bin, wäre für mich das kleinste Problem. Ich nehme ja immer wieder ihr ehrliches menschliches Interesse und eine unvoreingenommene fragende Haltung wahr, die bestimmt ein unbefangenes sachliches Gespräch möglich machen würden. Erlebe ich hingegen, was immer wieder geschieht, daß manche Eltern in der Gerüchteküche rühren, um gegen einzelne Lehrer Stimmung zu machen, und erfahre so z.B. über drei Ecken, der Kollege K. sei wohl „vom anderen Ufer" („Kein Wunder, daß der die Klasse nicht im Griff hat, ist halt kein richtiger Mann!"), dann geht mir der Hut hoch. Aber nur innerlich – denn: Könnte ich damit umgehen, wenn mein Privatleben in dieser Weise in die Öffentlichkeit gezogen würde? Und wenn man mir gar unterstellte, mein gutes Verhältnis zu den Oberstufenschülern beruhe auf ....? Nicht auszudenken! Ganz gleich, was man tut: Wer Homosexualität negativ auslegen will, hat die Möglichkeit dazu.

Ich will nicht ungerecht sein. Drei meiner Kolleginnen und Kollegen wissen, weshalb ich in einer anderen Stadt wohne, und verhalten sich ganz freundschaftlich. Und die meisten Eltern, mit denen ich zu tun habe, sind sicher reif genug, dieses Thema als völlig nebensächlich einzustufen. Was mich aber nachdenklich macht: Es sind ausgerechnet „tief in der Anthroposophie verwurzelte" und in der Schule tonangebende Kolleginnen und Kollegen, deren Äußerungen mich so vorsichtig machen. (Ich hätte ja eigentlich auch mal gerne, wie die neue Handarbeitskollegin, im Lehrerzimmer fröhlich erzählen wollen, mit wem ich am Frühstückstisch so gelacht habe – oder nach der Trennung von meinem Partner ehrlich auf die Frage antworten dürfen, weshalb ich zwei Wochen lang krank und zwei weitere kaum ansprechbar war.)

Wer ich bin, Herr Kollege? Letzten Donnerstag saß ich in der Internen Konferenz hinten rechts am Fenster!

Ralf M. (28)

„Sexualität ist für mich nur ein Mosaikstein der Persönlichkeit"

Erst seit wenigen Jahren bin ich Klassenlehrer an einer Waldorfschule. Seit einigen Wochen bin ich ein offen schwuler Klassenlehrer, der sowohl bei seinen Kollegen als auch bei den meisten seiner Klasseneltern Verständnis für seine manchmal schwierige Situation findet. Anlaß für mein „Outing" an einem Elternabend waren massive Vorwürfe einiger Eltern, die sie – gut vorbereitet – an diesem Abend vorbringen wollten: Ich sei pädagogisch unfähig, ich ließe mir nichts sagen und würde mich im übrigen mit den Kindern so verhalten, daß sexuelle Übergriffe befürchtet werden müßten. Daß solche Anschuldigungen zu erwarten seien, erfuhr ich durch einen wohlmeinenden Schülervater, der von den „Vorbereitungen" für den Elternabend gehört hatte.

Natürlich war ich entsetzt und völlig ratlos, wie ich reagieren sollte – vor allem in bezug auf den letzten Punkt. Was alles in meinem Kopf herumging, kann ich gar nicht beschreiben. Ich fühlte mich wie in einem Film, einem Psychothriller, wie bei einer Hexenjagd, wie in einem Alptraum. Ich hoffte nur immer, bald aufzuwachen. Die Vorwürfe betrafen mich nicht, aber sie trafen. Die Kollegin, die ich um Hilfe bat, vermutete sofort, daß hinter der „Verschwörung" die Frage nach meiner Homosexualität stünde. Dieses Thema hatte ich in der Schule bislang nie angesprochen, weil es mir nicht wichtig erschien und mich auch niemand danach gefragt hatte.

Ich führte nun ein Gespräch mit mehreren Eltern und Kollegen, um die Situation zu klären; hier konnte ich die für mich entwürdigenden und diffamierenden Unterstellungen, daß ich angeblich sexuelles Interesse an Kindern hätte, entkräften. Zur Vorbereitung auf den Elternabend teilte ich auch der Klassenkonferenz mit, was sich in diesem Gespräch ergeben hatte. Wir überlegten gemeinsam, daß es das beste wäre, wenn ich das Thema selbst offen anspräche.

Der Elternabend verlief nun „planmäßig", für mich zum Guten. Mehr als drei Viertel der Eltern sprachen mir ihr Vertrauen aus; ich war ganz gerührt, denn damit hatte ich nicht gerechnet. Noch auf der Fahrt zur Schule hatte ich in Gedanken alles in Frage gestellt. In der nächsten Konferenz berichtete ich von meinem Elternabend und outete mich damit auch für das ganze Kollegium. Was mein Privatleben angeht, stellten sich alle Kolleginnen und Kollegen hinter mich. Zwar hatte ich ein doofes

Gefühl, mich mit meinem „Anderssein" exponieren zu müssen. Aber man verstand meine Einstellung, daß Sexualität nur eines von vielen Mosaiksteinchen einer Persönlichkeit ist, und ich habe jetzt das Gefühl, daß mich mein Kollegium als das akzeptiert, was ich bin: ein individueller Mensch.

Cäcilie Müller (33)

Bekenntnisse einer unsichtbaren Dorfschullehrerin

Eigentlich gibt es mich nicht. Das heißt, es gibt mich schon als Frau Müller, als die nette Lehrerin, die stets pünktlich, sauber und zuverlässig zur Schule kommt und ihren Unterricht zu allseitiger Zufriedenheit abhält. Aber mich, Cäcilie Müller, gibt es in diesem Hause eigentlich nicht. Zum Beispiel im Klassenzimmer gibt es mich nicht. Wenn die Schülerinnen und Schüler vom Wochenende erzählen, schweige ich. Wenn ich nach meinem Freund gefragt werde, schweige ich. Und wenn mich gar jemand nach meiner Freundin fragt, schweige ich noch mehr. Auch im Lehrerzimmer gibt es mich nicht. Wenn die anderen von ihren Männern und Kindern erzählen, bleibe ich stumm. „Meiner kocht sehr gut!" – „Meiner hat ein neues Auto!" – „Meiner hilft mir immer am Computer!" Meine – die gibt es nicht. Das heißt, es gibt sie eigentlich doch, aber hier gibt es sie eben nicht. Es *darf* sie einfach nicht geben. Und weil es sie nicht geben darf, darf es auch mich nicht eigentlich geben. So ist das.

Es gibt mich auch nicht im Dorf, in dem meine Schule steht, denn ich wohne und lebe in der Stadt. Sobald ich mich nach Schulschluß in mein Auto gesetzt und das Dorf verlassen habe, bin ich den Blicken der Eltern und Schüler entzogen. Das ist schon suspekt! Warum wohnt die eigentlich nicht bei uns, wo wir's doch hier so schön haben? Bei den anderen Kolleginnen und Kollegen im Dorf kann man immer sehen, wer wie oft und wie lange welchen Besuch bekommt – und wann nachts das Licht gelöscht wird. Aber die? Muß die so weit weg wohnen? Sie muß. Anders wäre es für sie nicht auszuhalten. All die Fragen der Kolleginnen und Kollegen, der Eltern, der Schülerinnen und Schüler. All das Gerede im Dorf. All die Sensationslust der Leute, die sich wie die Geier auf alles stürzen, was anders ist als sie, bunter, freier. Wer so lebt und liebt, kann doch nicht unsere Kinder erziehen! Rauswerfen müßte man sie, jawohl, kündigen auf Lebenszeit – und sonstwohin stecken ...

Es ist ein Wunder, daß es sie, Cäcilie Müller, trotz allem immer noch gibt – eigentlich.

Herr S. (50)

„Haben Sie einen Freund, Herr S.?"

Vor einiger Zeit erlebte ich folgende Situationen: Eine Gruppe von Neuntkläßlern wollte von mir wissen, ob ich verheiratet sei, ob ich eine Freundin hätte oder ob ich einen Freund hätte. Die ersten beiden Fragen verneinte ich wahrheitsgemäß, bei der dritten meldete sich in meinem Innern nicht nur ein pädagogischer Instinkt, der mich die Frage als unstatthaft, da die Intimsphäre berührend, abweisen ließ, sondern es trat außerdem die spontane Reaktion einer drastischen Pulsbeschleunigung in Verbindung mit eiskalten Händen ein. Entsprechend drastisch fiel dann auch meine Antwort aus, nachdem ich in den folgenden Wochen mehrmals mit indirekten Zurufen in öffentlichen Verkehrsmitteln und auf dem Schulhof belästigt worden war und schließlich noch einmal mit derselben Frage konfrontiert wurde.

Im Affekt – und für die umstehenden Kameraden des 15jährigen Fragers durchaus hörbar – entgegnete ich sinngemäß, daß ich ihn ja auch nicht nach seinem Intimleben befragen würde. Die Direktheit meiner Formulierung (die ich hier nicht wörtlich wiedergeben will) ließ den Jungen förmlich zurückschrecken; seine Kameraden schienen eher humorvoll berührt. Von da an war das Verhältnis zwischen mir und den Jungen der 9. Klasse angenehm freundlich. Trotzdem blieb ein unangenehmer Nachgeschmack, denn es steht bis heute offen, ob die Neugierde der Schüler reiner Sensationslust entsprang oder ob sie – mindestens einzelne – ein wirkliches und berechtigtes Interesse am Thema Homosexualität äußern wollten.

Eine Episode, die ich kürzlich miterlebte und die in bezeichnender Weise anders verlief, weckte wieder die Erinnerung: Herr N., 30 Jahre alt, ist erst seit kurzem Eurythmielehrer an unserer Schule. Es waren ebenfalls Neuntkläßler, die ihm eines Tages – erst unsicher, dann von Neugierde gedrängt – die Frage stellten, ob er schwul sei. – „Schwul? Ich? Nein, da muß ich euch enttäuschen. Aber das werde ich öfter gefragt." – Da er seine Schülerinnen und Schüler gern einmal mit ungewohnter Offenheit verblüfft, hat er hier nun einen gewissen Unkonventionalitätsbonus gewonnen – und für ihn ist die Sache damit erledigt, denn er ist wirklich nicht schwul. „Sein Glück!“ dachte ich bei mir. Aber wenn er's wäre, hätten vielleicht alle etwas aus der Situation lernen können.

David G. (35)

Fragen und Überlegungen eines schwulen Lehrers

Zwei Grundsätze. Der eine: Der nur persönliche Mensch ist am Garderobenständer abzulegen, wenn der Lehrer die Klasse betritt. Der andere: Das Geschehen mit den Schülern hat aus einer lebendigen Gegenwärtigkeit seine Inspiration zu finden. Es ist klar, daß damit nicht gemeint sein kann, daß der Unterrichtende ein Neutrum ist. Er wirkt durch seine Persönlichkeit, durch das, was er ist, durch sein „Sein“. Seine Erfahrungen und Fähigkeiten haben einzufließen. Sein Unterricht gelingt dann, erreicht die Schüler dann, wenn der Lehrer sich authentisch einbringt.

Als schwulen Lehrer führen mich diese Überlegungen, die Grundsätzliches über mein Selbstverständnis im Sinne der Waldorfpädagogik ausdrükken, in ein Dilemma. Ist meine sexuelle Orientierung mein Persönliches, das ich am Kleiderhaken abzulegen habe, bevor ich die Klasse betrete, oder beraubt mich das künstliche Bestreben, alles das wegzuretuschieren, was auf meine Homosexualität hindeuten könnte, meiner Kraft und Spontaneität? Werde ich so nicht zu einem blassen, ungreifbaren Menschen, der ein schwarzes Loch mit sich herumträgt, der sich nicht zeigt, der blockiert ist? Gehört die erotisch-sexuelle Ausrichtung nicht auch zu meinem Sein? Ist die Zugehörigkeit zu einer unterdrückten Minderheit nicht ein Erfahrungsfeld, das auch den Schülern bei gegebenem Anlaß dargestellt werden sollte? Wird nicht von meiner jüdischen Kollegin mit Recht erwartet, daß sie die Erfahrungen aus ihrer Minderheitensituation in den Unterricht einbringt? Sollte ein Gleiches nicht auch für meine Situation als Homosexueller gelten? Und schließlich: Ist es nicht wichtig, dem Schüler eine positive Identifikationsmöglichkeit dem Homosexuellen gegenüber zu bieten?

Ich stelle diese Fragen – und ihre Beantwortung ist für mich entschieden. Trotzdem sieht meine Lebenswirklichkeit als Waldorflehrer und Homosexueller recht kläglich aus. Ein Kollege erzählt im Lehrerzimmer von der angeblichen „Gefährdung zur Homosexualität“. Ich halte kurz dagegen, es wird nachgehakt, ich schweige. – Die Mechanismen der Unterdrükkung sind subtil. Denn die Überzeugungen, die ich gewonnen habe, müssen sich mit einem gewohnheitsmäßigen Verhaltensrepertoire und mit alten seelischen Verletzungen und Ängsten auseinandersetzen. Was ich von mir verlangen möchte, wird mir immer klarer.

Lothar G. (48)

Schüler-Lehrer-Begegnungen

Seit 22 Jahren arbeite ich – mit einer Unterbrechung – als Lehrer an Waldorfschulen. Ich bin mit meinem Schwulsein nicht aktiv-offen gegenüber Kollegen und Schülern umgegangen, aber auch nicht aktiv-verbergend.

Im Laufe der Jahre, die ich an drei Schulen arbeitete, gab es immer Kollegen, mit denen ich darüber ins Gespräch kam, weil ich mich mit ihnen angefreundet hatte. Es gab auch Kollegen, die wußten, daß ich mit einem Mann zusammenlebte, und die sich ihren Reim darauf machten, wie auch solche, die es von sich aus ahnten. Diskriminierung habe ich bis jetzt nicht erfahren, weder offen noch versteckt. Sicherlich fällt es einigen, meist männlichen Kollegen schwerer, mit mir umzugehen, als mit einem heterosexuellen Kollegen.

Die Verhaltensweisen von Schülern sind sehr vielfältig. Vor etwa zwei Jahren waren in den U-Bahnen Ankündigungen zum Christopher-Street-Day geklebt – der CSD ist eine in vielen Städten mit Umzügen bzw. Demonstrationen und Festen begangene Gedenkveranstaltung gegen das repressive Eingreifen der New Yorker Polizei vor ca. 30 Jahren im dortigen Schwulenviertel. Eines Tages klebte ein solches Plakat an meiner Tür in der Schule. Die Mittelstufenschüler hatten es aber auch in ihrer Klasse an die Fenster geklebt. Als ich mein Plakat in einer Pause zu den anderen in diese 7. Klasse hängte, grinsten viele Schüler, manche schauten weg, und andere fragten, ob ich zu dieser Demonstration ginge. Ich sagte, daß ich das noch nicht wüßte, lächelte, und erntete noch den Satz: „Da müssen Sie aber hin!" Aus dem Mittelstufenbereich erlebte ich bisher sonst keine Anspielungen.

Als Oberstufenlehrer und Klassenbetreuer wurde ich aber mehrmals mit solchen „Verhaltenstests" konfrontiert. Das englische Wort „homogenous" wurde von einer Schülerin der 10. Klasse laut und – offensichtlich vorbereitet – mit „homosexuell" übersetzt, und dann ruhten die Blicke der Klasse auf mir. Ich korrigierte den Fehler, wies auf die Unterschiede in der Schreibweise beider Worte im Deutschen und Englischen hin, worauf ein

Schüler sagte: „Oh, he is an expert!" Auf Englisch sagte ich, daß man im Leben hoffentlich weniger verwechsle als in der Rechtschreibung.

In einer 11. Klasse war eine Schülerin, die ich zum Lesen aufforderte, offensichtlich sehr indisponiert, was ich nicht sensibel genug bemerkte. Ich bat sie mehrmals mit zunehmender Intensität, doch bitte lauter und deutlicher zu lesen, was aber die gegenteilige Wirkung hatte, bis sie schließlich in Tränen ausbrach. Einige Mitschülerinnen liefen sofort zu ihr, tuschelten und streichelten sie und warfen mir gleichzeitig zornige Blicke zu. Ich war völlig perplex, was ich auch kräftig zum Ausdruck brachte, worauf sich ein Mädchen direkt vor mir positionierte und mich fast anschrie: „Sie trösten Ihren Freund doch auch, wenn er traurig ist." Daraufhin konnte ich nur lächeln und schlug vor, daß sie die Angelegenheit doch besser außerhalb der Klasse regeln sollten.

Bei der Aufsicht in unserem Oberstufenraum ging täglich ein Schüler der 11. Klasse auffällig tuckig an mir vorbei, feminin gestikulierend, während er ausgesprochen laut und intonationsreich ein „G-u-t-e-n---M-o-r-g-e-n" tirilierte. Ich war davon verunsichert. Die umherstehenden Schüler grinsten und waren sichtlich amüsiert. Nachdem diese Pauseneinlagen wiederholt vorkamen, habe ich den Schüler vor Beginn einer Stunde in der Klasse aufgesucht und ihn unausweichlich zu mir zitiert. Ich fragte ihn, ob er mir dadurch etwas zeigen oder sich profilieren wolle oder ob er eine Frage an mich hätte. Er verneinte alles und tat sehr überrascht. Ich sagte, daß ich mich durch seine Karikaturen zwar angesprochen, aber gar nicht erkannt fühlte. Ich führte dies aber nur auf seine vielleicht einseitigen Wahrnehmungen von gewissen Menschen zurück. Er könne sich gerne an mich wenden, wenn er noch Fragen entwickeln würde. Nach einigen Wochen Pause grüßte er mich freundlich, normal und mit kurzem, klarem Blickkontakt.

Das schönste Erlebnis dieser Art hatte ich bei einer Probeklausur in der Abiturklasse. Eine Schülerin, die ich schon seit Jahren unterrichtet hatte, war eine notorische Schummlerin. Sie saß immer in der ersten Reihe und war stets äußerst waghalsig gekleidet (handbreitkurze Röcke, nabeltiefe Ausschnitte ...). An jenem Tag schummelte sie natürlich wieder, reagierte auch nicht auf meine Ermahnung, und schließlich forderte ich sie auf, mir den Schummelzettel zu geben. Sie holte ihn mit großer Gebärde zwischen ihren Schenkeln hervor und versenkte ihn tief in ihrem Ausschnitt. Lächelnd sagte sie anschließend: „Holen Sie ihn sich doch – das wäre doch mal was Neues!"

Die Aktionen und Reaktionen von Schülern zeigen mir immer wieder, daß ein schwuler Lehrer für Mädchen meist interessant und rätselhaft ist. Bei den Jungs stößt Schwulsein eher auf Verständnislosigkeit, es ist ihnen auch peinlich, und doch läßt es sie nicht unberührt. Die meisten 14- bis 17jährigen Jungs können und wollen, glaube ich, über Homosexualität nicht sprechen. Menschenkundlich betrachtet ist ihr frisch-entschlüpfter Astralleib ja auch „gröber" und „ungegliederter" als der der Mädchen. Das Ich der Jungs lebt stark nach innen, ist verborgen, ist viel weniger mutig als das der Mädchen in diesem Alter. In Jungsgruppen wird über dieses Thema immer noch gern gelästert, während sich viele Mädchen mit ihrem vom Astralleib „aufgesogenen" Ich fragen, warum alle toll aussehenden Männer bloß schwul seien.

Meine Ansicht ist, daß man diesen mehr individuellen, astralen Vorstößen der Mädchen und den oft eher gruppenhaften der Jungs möglichst humorvoll, selbstbewußt und vor allem gesprächsbereit begegnen sollte. So eine astral geführte Provokation muß man aus dem Ich heraus erkennen, und man zeigt dann vielleicht auch ohne Worte: Ich habe den Wink, die versteckte Frage verstanden. Ja, ich bin schwul und trotzdem intakt. Schwulsein an sich ist keine Schwäche. Schwächen – wie jeder Mensch – habe ich andere.

Wie Schwule von jungen Menschen in der Stadt oder im Fernsehen wahrgenommen werden, ist ja nie repräsentativ für die Homosexuellen. Die Menschen, die man so als schwul erkennt, sind zumeist nur peinlich-extravertiert, weil auf den ersten Blick die Sexualität das lebensbeherrschende Thema ist. Diese Gruppe „individualisiert" sich, äußerlich betrachtet, durch ihr Schwulsein. „Proud to be gay" – ich bin stolz, weil ich schwul bin, erklingt als Lebensmotto, und hier spüren die meisten Jugendlichen, daß das nicht reicht. Recht haben sie!

Ein schwuler Lehrer hat meiner Ansicht nach die Aufgabe, den eigenen Intimbereich den Jugendlichen nicht aufzudrängen, der Sensationslust gleichzeitig durch Ehrlichkeit den Stachel zu nehmen und auf ausgesprochene wie auch auf unausgesprochene Fragen (Provokationen, Tests) wahrhaftig zu reagieren. Das kann so sein, wie ich das erzählte, aber auch so, daß der schwule Lehrer Grenzen aufzeigt und sie setzt. Wenn ich mir etwas absolut verbeten habe, wurde das immer sehr gut verstanden und akzeptiert.

Jeder Lehrer, auch der nichtschwule, ist für Schüler in diesem Alter wie ein Trainingsgerät, an dem der junge Mensch seinen freigewordenen Astralleib kräftigt. Und der schwule Lehrer kann somit eine Facette des zu weckenden Weltinteresses authentisch befriedigen: sensibel, stark und möglichst humorvoll.

Interview mit Paul-Anton (17), Waldorfschüler, Sohn einer lesbischen Mutter

„Ich finde es auf jeden Fall gut, so zu leben, wie man das will"

Frage: Kannst du dich erinnern, wann dir bewußt wurde, daß deine Mutter lesbisch lebt?

Paul-Anton: Zum ersten Mal richtig bewußt wurde es mir vielleicht so vor eineinhalb oder zwei Jahren, als ich das Lesbischsein meiner Mutter nur so nebenbei in einem Gespräch gegenüber meinem Freund Markus erwähnte. Er unterbrach mich und fragte: „Was, deine Mutter ist lesbisch?" Worauf ich ihm antwortete: „Ja, klar, weißt du das nicht?" Und er sagte: „Nein, das wußte ich noch nicht." In diesem nur sehr kurzen Gespräch stellte sich für mich zum ersten Mal heraus, daß ihm das völlig neu war. Ich hingegen war, ohne darüber nachzudenken, immer davon ausgegangen, daß er das Lesbischsein meiner Mutter genauso als Realität wahrnimmt wie ich. Er kennt sie fast genauso lange wie ich.

Und wie hast du das in der Zeit vorher erlebt? Deine Mutter hatte ja vorwiegend Umgang mit Frauen. Wie war das so für dich, daß da nie ein Mann war?

Völlig normal, weil ich es ja nicht anders kenne.

Und du hattest von dir aus da auch keine besonderen Fragen?

Nein, ich hatte damit überhaupt keine Probleme. Irgendwie war das für mich immer schon selbstverständlich, daß meine Mutter lesbisch ist oder einfach mit Frauen zusammenlebt.

Mich würde interessieren, wann dir das erste Mal ins Bewußtsein gekommen ist, daß es außer deiner Mutter noch andere homosexuelle Menschen gibt und die sogenannte Normalität eigentlich woanders liegt?

Wahrscheinlich in der Situation mit Markus, weil er auf das Lesbischsein meiner Mutter völlig erstaunt und fragend reagierte. In dieser Situation wurde mir bewußt, daß die meisten Menschen davon ausgehen, daß alle anderen heterosexuell leben, und nicht auf die Idee kommen, daß es auch anders sein könnte.

Deshalb habe ich nach dem Gespräch mit Markus zunächst meinen Freund Tobias angesprochen, denn auch er kennt meine Mutter schon seit vielen Jahren. Er hatte es auch nicht vermutet, und so sprach ich nach und nach immer mehr aus meiner Schulklasse darauf an. Auf diese Weise wußten es dann bald alle in der Klasse. Sie fragten mich, ob das wahr sei, und ich sagte „Ja, klar“, worauf keiner mehr darüber geredet hat.

War es dir also ein Bedürfnis, den anderen das Lesbischsein deiner Mutter mitzuteilen?

Ja.

Hattest du dann manchmal auch das Bedürfnis, mit anderen darüber ausführlicher zu reden?

Eigentlich nicht, weil es für mich ja keinerlei Erklärungsbedarf gab.

Kannst du dich an Reaktionen erinnern?

Nicht mehr so konkret, weil ich darauf nicht so geachtet habe. Die meisten haben es eher erstaunt zur Kenntnis genommen, aber nicht weiter nachgefragt.

Aber später passierte doch etwas?

Ja, aber das war sehr viel später, bestimmt ein Vierteljahr danach.

Erzähl doch mal ...

Einige meiner damaligen Freunde hatten einen Haß gegen meine Mutter, weil ich abends nie so lange wie sie wegdurfte oder erst gar nicht mit ausgehen durfte. Sie wollten mich öfter mitnehmen, z.B. zum Übernachten im Proberaum der Band. Weil ich nie mitdurfte, haben sie eine Wut auf meine Mutter gekriegt und die schließlich rausgelassen.

Wie?

Eines Nachts klingelten sie hier und schrien in die Sprechanlage: „Du lesbische Sau!“ und sind dann schnell abgehauen.

Und du meinst, das hatte wirklich nur damit zu tun, daß deine Mutter nicht wollte, daß du bei den nächtlichen Unternehmungen dabei bist?

Ja, weil meine Freunde schon die ganze Zeit vorher gemotzt haben von wegen „so blöde Erziehungsmethoden". So baute sich das auf, und so war meine Mutter schon die ganze Zeit vorher ins Gespräch gekommen.

Ich finde es verwunderlich, daß sie dann gerade das in die Sprechanlage schreien. Sie hätten deine Mutter ja auch anders beleidigen können ...

Ich weiß nicht, wieso sie gerade das geschrien haben oder wie das zustande kam. Wahrscheinlich dachten sie, da ist sie am meisten verletzbar.

Hast du die Jungs später darauf angesprochen?

Ja. Sie fanden das im nachhinein doch nicht so gut. Sie sagten, daß dies die Rache dafür war, daß ich nie mit ausgehen durfte.

Gab es da nicht noch mal eine ähnliche Situation, als deine Mutter in das Klassenzimmer kam?

Ja. Einer von den Jungs zischte durch das Klassenzimmer: „Ich bin lesbisch." Da haben alle gelacht. Ich fand das nicht so schlimm.

Hast du es schon erlebt, daß Lehrerinnen oder Lehrer in irgendeiner Weise das Thema Homosexualität angesprochen haben? Ich meine damit nicht unbedingt konkret im Zusammenhang mit deiner Mutter, sondern ganz allgemein.

Ein Lehrer hat mal davon gesprochen, daß Kinder von Schwulen auch schwul werden. Ich glaube, das war in der 10. Klasse in Menschenkunde. Er sagte auch, daß die Kinder von alleinerziehenden Müttern eine Ich-Störung hätten.

Wie hast du das erlebt?

Ich habe mich damals wahnsinnig über ihn aufgeregt. Aber zu der Zeit hat mich sowieso alles aufgebracht, was er gesagt hat. So bin ich auch oft aus dem Unterricht geflogen.

Wenn du die freie Wahl hättest und noch mal in die 10. Klasse gingst und sagen könntest, was du dir von einem Lehrer wünschst, der dich in Menschenkunde unterrichten soll: Worauf käme es aus deiner Sicht als Schüler an?

Daß er das so rüberbringt, daß man einen richtigen Eindruck davon bekommt, wie es ist, und nicht, daß er irgendeinen Mist erzählt. Ich würde das einfach so erzählen: „Es gibt auch Schwule und Lesben, und die leben so und so ..."

Mir fällt dabei ein, daß wir uns über dieses Thema auch schon mal in der 9. Klasse im freien Religionsunterricht unterhalten haben. Das Thema hat der Lehrer angeschnitten, aber ich weiß nicht mehr, in welchem Zusammenhang. Jedenfalls ging es ganz kurz darum, wieso es überhaupt Schwule und Lesben gibt. Da hat ein Mitschüler gesagt, daß das wahrscheinlich Gott so gewollt hat wegen der Überbevölkerung. Diese Idee hat mir sehr gut gefallen.

Meinst du das so, daß die Schwulen und Lesben genauso wie Heterosexuelle ihren Platz auf dieser Welt haben und ihren Sinn darin erfüllen?

Ja, genau so.

Insofern, als sie keine Kinder haben?

Ja.

Findest du das nicht widersprüchlich zu dem Leben deiner Mutter, die Lesbe ist und trotzdem sozusagen für die Überbevölkerung mitgesorgt hat, indem sie dich auf die Welt gebracht hat?

Soweit habe ich da noch gar nicht gedacht. Mir hat einfach nur gut gefallen, mal in positiver Haltung darüber nachzudenken, woher das eigentlich kommen könnte, daß es schwule und lesbische Lebensformen neben heterosexuellen Lebensweisen gibt. Das Thema wurde darüber hinaus aber sonst nie mehr in der Schule aufgegriffen.

Und wie geht deine Freundin damit um, daß du eine lesbische Mutter hast?

Sie findet das richtig gut und könnte sich Lesbischsein auch noch gut vorstellen. Ihr gefällt, daß meine Mutter nichts mit „so blöden Männern" zu tun hat.

Und dein bester Freund Michael?

Für ihn ist das auch völlig normal. Er ist derjenige, der diese Lebensform am meisten verteidigt.

Wir haben darüber gesprochen, wie dein Freundeskreis und deine Mitschülerinnen und Mitschüler auf die Tatsache reagieren, daß deine Mutter lesbisch ist. Wie geht deine Mutter selbst deiner Meinung nach mit ihrem Lesbischsein um? Wie erlebst du das?

Sie ist auf jeden Fall so selbstverständlich damit umgegangen, daß ich als kleines Kind immer gedacht habe, eigentlich ist das das „Normale". Das war für mich eher das Richtige. Bis ich dann irgendwann gemerkt habe: Nein, eigentlich ist es andersherum „normal". Wir haben nicht oft darüber gesprochen. Für mich war das einfach so. Das war selbstverständlich, daß da ihre Freundinnen kamen. So ging das die ganze Zeit, und ich hatte auch nie etwas dagegen. Im Gegenteil, ich freue mich auch heute noch oft auf die Besuche ihrer Freundinnen, weil ich die meisten sehr gerne habe.

Ich möchte noch etwas wissen. Hast du mal davon gehört, daß schwule und lesbische Menschen bei uns häufig diskriminiert, also benachteiligt werden, z.B. bei der Wohnungssuche?

Ich habe schon oft davon gehört, es jedoch selbst noch nie mitgekriegt. Das ist doch nicht normal, ich meine, was soll das denn bringen? Die einen leben halt so, und die anderen leben eben so. Ich finde es auf jeden Fall gut, so zu leben, wie man das will. Ich habe da überhaupt nichts dagegen.

Und du würdest auch nicht sagen, daß du irgendwie zu leiden gehabt hättest?

Auf gar keinen Fall.

Wieso nicht?

Ich weiß nicht, wieso sollte man darunter leiden?

Manche vertreten die Meinung, ein Kind brauche einen Vater oder wenigstens eine männliche Bezugsperson. Wäre deine Mutter nicht lesbisch und würde auf Männer stehen, würden hier vielleicht nicht so viele Frauen ein- und ausgehen und du hättest vielleicht mehr Männer erlebt.

Ich habe ja meinen Vater – manchmal (lacht). Der reicht mir.

Literatur

Amborn, Erich: Und dennoch Ja zum Leben. Die Jugend eines Intersexuellen in den Jahren 1915–1933. Schaffhausen 1981. (Meier)

Bavastro, Paolo: Aids – Gesichtspunkte zur Sexualität. Bad Liebenzell 1988. (Verein für ein erweitertes Heilwesen)

Beauvoir, Simone de: Das andere Geschlecht. Sitte und Sexus der Frau. Reinbek ^{4}1979. (Rowohlt Tb.)

Beck-Gernsheim, Elisabeth: Was kommt nach der Familie? Einblicke in neue Lebensformen. München 1998. (Beck'sche Reihe)

Bleibtreu-Ehrenberg, Gisela: Mannbarkeitsriten. Zur institutionellen Päderastie bei Papuas und Melanesiern. Frankfurt/M. 1980. (Fischer)

Bleibtreu-Ehrenberg, Gisela: Tabu Homosexualität. Geschichte eines Vorurteils. Frankfurt/M. 1978. (Fischer [Tb. 1981])

Brinkley, Dannion/Perry, Paul: Zurück ins Leben. Die wahre Geschichte des Mannes, der zweimal starb. München 1994. (Knaur Tb.)

Bruder, Klaus-Jürgen/Richter-Unger, Sigrid (Hg.): Monster oder liebe Eltern? Sexueller Mißbrauch in der Familie. Berlin 1992. (Aufbau-Verlag)

Debus, Michael/McKeen, Thomas/Schad, Wolfgang/Treichler, Markus: Aids. Stuttgart 1989. (Urachhaus)

Die Christengemeinschaft. Monatszeitschrift, Stuttgart. (Urachhaus)

Die Kommenden. Zeitschrift [heute: Novalis], erschien in Freiburg. (Verlag Die Kommenden)

Dover, Kenneth J.: Homosexualität in der griechischen Antike. München 1983. (Beck)

Duby, Georges: Die Frau ohne Stimme. Liebe und Ehe im Mittelalter. Frankfurt/M. ^{4}1995. (Fischer Tb.)

Dunde, Siegfried Rudolf (Hg.): Handbuch Sexualität. Weinheim 1992. (Deutscher Studien Verlag)

Eldorado. Homosexuelle Frauen und Männer in Berlin 1850–1950. Geschichte, Alltag, Kultur. Berlin 1984. (Frölich & Kaufmann)

Erziehungskunst. Monatsschrift zur Pädagogik Rudolf Steiners, Stuttgart. (Freies Geistesleben)

Feldhorst, Anja: Bisexualitäten. Eine Dokumentation zu bisexuellen Lebensstilen und Lebenswelten. Bd. XI. Aids-Forum der Deutschen Aids-Hilfe e.V. Berlin 1993

Fromm, Erich: Die Kunst des Liebens. Frankfurt/M./Berlin ^{45}1993.

Glöckler, Michaela: Die männliche und weibliche Konstitution. Medizinisch-menschenkundliche Aspekte zur Ehe. Stuttgart ^{2}1989. (Urachhaus)

Hagemann-White, Carol: Sozialisation: Weiblich-männlich? Opladen 1984. (Leske & Budrich)

Heinrichs, Johannes: Die Liebe buchstabieren. Stichworte zu einem Menschheitsthema. Frankfurt/M. 1987. (Fischer Tb.)

Hofsäss, Thomas u.a.: Jugendhilfe und gleichgeschlechtliche Orientierung. Berlin 1999. (Verlag für Wissenschaft und Bildung)

Howard, Alan: Sexualität im Lichte von Reinkarnation und Freiheit. Stuttgart 1985. (Freies Geistesleben)

HuK Hannover: Partnerschaftssegnung. Eine Stellungnahme. Ökumenische Gemeinschaft Homosexuelle und Kirche (HuK) Hannover e.V. in Zusammenarbeit mit der ev.-luth. Thomaskirchengemeinde Laatzen. 1998

Info3. Monatsmagazin für Spiritualität und Zeitfragen, Frankfurt/M. (Info3-Verlagsgesellschaft)

Kamprad, Barbara/Schiffels, Waltraud (Hg.): Im falschen Körper. Alles über Transsexualität. Zürich 1991. (Kreuz)

Kirchhoff, Sabine: Sexueller Mißbrauch vor Gericht. Bd. I: Beobachtung und Analyse. Opladen 1994. (Leske & Budrich)

Kretschmer, Herbert: Ehe und Familie. Dornach 1988. (Verlag am Goetheanum)

Laabs, Klaus (Hg.): Lesben, Schwule, Standesamt. Die Debatte um die Homoehe. Berlin 1991. (Ch. Links)

Lähnemann, Lela: Lesben und Schwule mit Kindern – Kinder homosexueller Eltern. Dokumente lesbisch-schwuler Emanzipation des Fachbereichs für gleichgeschlechtliche Lebensweisen der Senatsverwaltung für Schule, Jugend und Sport, Nr. 16. Berlin 1997.

Lauster, Peter: Die Liebe. Psychologie eines Phänomens. Reinbek 1982. (Rowohlt)

Lautmann, Rüdiger: Die Lust am Kind. Portrait des Pädophilen. Hamburg 1994. (Klein)

Lievegoed, Bernard: Lebenskrisen – Lebenschancen. München 1979. (Kösel)

Lievegoed, Bernard: Der Mensch an der Schwelle. Stuttgart 1985. (Freies Geistesleben)

Looser, Gabriel: Gleichgeschlechtlichkeit ohne Vorurteil. Basel 1980. (Reinhardt)

McWhirter, David P./Mattison, Andrew M.: Männerpaare. Ihr Leben und ihre Liebe. Berlin 1986. (Gmünder)

Moscovici, Serge: Perspectives on Minority Influence. Cambridge 1985. (Cambridge University Press)

Partnerschaft und Ehe. Flensburger Hefte Sonderheft 1. Flensburg [5]1995. (Flensburger Hefte Verlag)

Plato: Symposion (Das Gastmahl). Reinbek 1957. (Rowohlt)

Rat und Tat Zentrum für Homosexuelle: Schwule in Auschwitz. Bremen 1990. (Broschüre, Selbstverlag)

Rauchfleisch, Udo: Alternative Familienformen. Eineltern, gleichgeschlechtliche Paare, Hausmänner. Göttingen 1997. (Vandenhoek & Ruprecht)

Reinisch, June M./Beasley, Ruth: Der neue Kinsey Institut Report – Sexualität heute. Die neuesten Erkenntnisse über das Sexualverhalten von Männern und Frauen. München 1990. (Heyne)

Rheinblick. Publikationsorgan der PDS im Bundestag. Bonn/Berlin.

Riemeck, Renate: Glaube – Dogma – Macht. Geschichte der Konzilien. Stuttgart 1985. (Urachhaus)

Ritchie, George G./Sherrill, Elizabeth: Rückkehr von morgen. Marburg [6]1984. (edition C, Verlag der Francke-Buchhandlung)

Rutschky, Katharina: Erregte Aufklärung. Kindesmißbrauch: Fakten und Fiktionen. Hamburg 1992. (Klein)

Schellenbaum, Peter: Homosexualität im Mann. München 1991. (Kösel)

Schmidt, Gunter: Sexuelle Verhältnisse. Über das Verschwinden der Sexualmoral. Reinbek 1998. (Rowohlt)

Schmidt-Brabant, Manfred: Spirituelle Grundlagen einer menschengemäßen Hausmütterarbeit. Dornach 1993. (Verlag am Goetheanum)

Schoppmann, Claudia: Nationalsozialistische Sexualpolitik und weibliche Homosexualität. Pfaffenweiler 1991. (Centaurus)

Senatsverwaltung für Schule, Jugend und Sport, Fachbereich für gleichgeschlechtliche Lebensweisen, Berlin (Hg.): Sie liebt sie. Er liebt ihn. Eine Studie zur psychosozialen Situation junger Lesben, Schwuler und Bisexueller in Berlin. Berlin 1999

Steiner, Rudolf [GA 4]: Die Philosophie der Freiheit. Grundzüge einer modernen Weltanschauung – Seelische Beobachtungsresultate nach naturwissenschaftlicher Methode (1894). (Gesamtausgabe [GA], Rudolf Steiner Verlag, Dornach)

Steiner, Rudolf [GA 9]: Theosophie. Einführung in übersinnliche Welterkenntnis und Menschenbestimmung (1904).

Steiner, Rudolf [GA 11]: Aus der Akasha-Chronik (1904–1908).

Steiner, Rudolf [GA 13]: Die Geheimwissenschaft im Umriß (1910).

Steiner, Rudolf [GA 56]: Die Erkenntnis der Seele und des Geistes. Öffentliche Vorträge (10.10.1907–14.5.1908).

Steiner, Rudolf [GA 58]: Metamorphosen des Seelenlebens – Pfade der Seelenerlebnisse, Erster Teil. Öffentliche Vorträge (14.10.1909–14.3.1910).

Steiner, Rudolf [GA 93]: Die Tempellegende und die Goldene Legende als symbolischer Ausdruck vergangener und zukünftiger Entwickelungsgeheimnisse des Menschen. Vorträge vor Mitgliedern (1904–1914).

Steiner, Rudolf [GA 99]: Die Theosophie des Rosenkreuzers. Vorträge vor Mitgliedern (22.5.–6.6.1907).

Steiner, Rudolf [GA 103]: Das Johannes-Evangelium, Vorträge vor Mitgliedern (18.–31.5.1908).

Steiner, Rudolf [GA 118]: Das Ereignis der Christus-Erscheinung in der ätherischen Welt. Vorträge vor Mitgliedern (25.1.–13.4.1910).

Steiner, Rudolf [GA 120]: Die Offenbarungen des Karma. Vorträge vor Mitgliedern (16.–28.5.1910).

Steiner, Rudolf [GA 121]: Die Mission einzelner Volksseelen im Zusammenhang mit der germanisch-nordischen Mythologie. Vorträge vor Mitgliedern (7.–17.6.1910).

Steiner, Rudolf [GA 177]: Die spirituellen Hintergründe der äußeren Welt. Der Sturz der Geister der Finsternis. Geistige Wesen und ihre Wirkungen, Bd. I. Vorträge vor Mitgliedern (29.9.–28.10.1917).

Steiner, Rudolf [GA 186]: Die soziale Grundforderung unserer Zeit – In geänderter Zeitlage. Vorträge vor Mitgliedern (29.11.–21.12.1918).

Steiner, Rudolf [GA 225]: Drei Perspektiven der Anthroposophie. Kulturphänomene, geisteswissenschaftlich betrachtet. Vorträge vor Mitgliedern (5.5.–23.9.1923).

Steiner, Rudolf [GA 312]: Geisteswissenschaft und Medizin. Vorträge für Ärzte und Medizinstudierende. (Erster Ärztekurs, 21.3.–9.4.1920).

Steiner, Rudolf [GA 317]: Heilpädagogischer Kurs. Vorträge für Heilpädagogen und Ärzte (25.6.–7.7.1924).

Stöckel, Matthias: Pädophilie: Befreiung oder sexuelle Ausbeutung von Kindern. Fakten, Mythen, Theorien. Frankfurt/M. 1998. (Campus)

Streib, Uli (Hg.): Das lesbisch-schwule Babybuch. Ein Rechtsratgeber zu Kinderwunsch und Elternschaft. Berlin 1996. (Quer-Verlag)

Suchantke, Andreas/Leber, Stefan/Schad, Wolfgang: Die Geschlechtlichkeit des Menschen. Gesichtspunkte zu ihrer pädagogischen Behandlung. Stuttgart 1989. (Freies Geistesleben)

Tremblay, Michel: Der Mann in Papis Bett. Berlin 1990. (Gmünder). [Originaltitel: Le Coeur Découvert. 1986.]

Wachsmuth, Guenther: Die ätherische Welt in Wissenschaft, Kunst und Religion. Vom Weg des Menschen zur Beherrschung der Bildekräfte, 2. Bd. Dornach 1927. (Philosophisch-anthroposophischer Verlag am Goetheanum)

Wehr, Gerhard: Der Urmensch und der Mensch der Zukunft. Das Mysterium männlich-weiblicher Ganzheit im Lichte der Anthroposophie Rudolf Steiners. Freiburg [2]1979. (Die Kommenden)

Wickler, Wolfgang/Seibt, Uta: Männlich Weiblich. Der große Unterschied und seine Folgen. München 1983. (Piper)

Wiedemann, Hans-Georg: Homosexuelle Liebe. Für eine Neuorientierung in der christlichen Ethik. Stuttgart 1982. (Kreuz)

Wolff, Charlotte: Bisexualität. Frankfurt/M. 1977. (Fischer [Tb.: 1981])

Johannes Rogalla von Bieberstein
Die These von der Verschwörung 1776–1945
Philosophen, Freimaurer, Juden, Liberale und Sozialisten als Verschwörer gegen die Sozialordnung
216 S., kt. DM 33,–
ISBN 3-926841-36-2

Jimmy Carter
Frieden schaffen im Gespräch
Ein Impuls für die nächste Generation
206 S., kt. DM 32,–
ISBN 3-926841-71-0

Carola Cutomo
Medialität, Besessenheit, Wahnsinn
188 S., kt. DM 19,80
ISBN 3-926841-19-2

Klaus Engels
Destruktive Kulte im Spannungsfeld von Kirche und Gesellschaft
212 S., kt. DM 28,–
ISBN 3-926841-46-X

Hans-Diedrich Fuhlendorf
Rückkehr zum Paradies oder Erbauen des Neuen Jerusalem?
Geschichtsbetrachtungen in apokalyptischer Zeit
352 S., kt. DM 39,–
ISBN 3-926841-37-0

Wolfgang Gädeke
Anthroposophie und die Fortbildung der Religion
448 S., Leinen, DM 48,–
ISBN 3-926841-23-0
kt. DM 36,–
ISBN 3-926841-24-9

Dieter Hornemann
Geheimnisvolles Afrika
Anthroposophische Arbeit im Urwald
102 S., 32 farb. Abb., kt. DM 26,–
ISBN 3-926841-60-5

Johannes Kiersch
Fragen an die Waldorfschule
Neuauflage ca. Frühjahr 2000, ca. 160 S., kt. ca. DM 28,00 / ISBN 3-926841-33-8

Peter Krause
Das Judasproblem
Von den spirituellen Hintergründen der Gewalt
128 S., kt. DM 19,80
ISBN 3-926841-38-9

Peter Krause
Feuer in Tschernobyl
Die Ukraine nach dem SuperGAU
168 S., 37 farb. Abb., kt. DM 28,–
ISBN 3-926841-58-3

Peter Krause, Faustus Falkenhahn (Hg.)
Einsam – gemeinsam
Jugend im Gespräch
192 S., kt. DM 22,80
ISBN 3-926841-43-5

Ernst-Martin Krauss
Holzwege, Steinwege ...
Erlebnisse mit Elementarwesen
92 S., Großformat, 13 farb. Abb., gebunden, DM 56,–
ISBN 3-926841-35-4

Jukka Kuoppamäki
Einsam – gemeinsam
Jugendliche singen Lieder mit Jukka Kuoppamäki
Musikkassette, DM 22,–

Andreas Meyer (Hg.)
Seele und Geist
Ansätze zu einer spirituellen Seelentherapie
160 S., kt. DM 26,–
ISBN 3-926841-47-8

Hans Philippsen
Götter, Hexen und Naturgeister
Sagen und Sagenhaftes der Insel Föhr
144 S., 16 farb. Abb., kt. DM 24,80
ISBN 3-926841-84-2

Sidney Saylor Farr
Tom Sawyers Nah-Todeserfahrung und die Wandlung seines Lebens
204 S., kt. DM 32,–
ISBN 3-926841-82-6

Heinz Schimmel (Hg.)
Tanz der Seelen
Der Tod als Verwandler der Seele. Die Totentanzdichtung von Joachim Fernau und ihre eurythmische Darstellung
108 S., 14 farb. Abb., kt. DM 25,–
ISBN 3-926841-53-2

Wolfgang Weirauch
Im Spiegel der Finsternis
Roman für Jugendliche und Erwachsene. Ab 13 Jahren.
252 S., geb. DM 33,–
ISBN 3-926841-86-9

Siehe auch die folgenden Seiten.

FH 11
Über Tod und Sterben
4. Aufl., 232 S., kt. DM 28,–
ISBN 3-926841-11-7

FH 13
Hexen, New Age, Okkultismus
3. Aufl., 196 S., kt. DM 19,80
ISBN 3-926841-08-7

FH 14
Erneuerung der Religion
Die Christengemeinschaft, Sakramente, Kirche und Kultus
4. Aufl., 184 S., kt. DM 16,80
ISBN 3-926841-07-9

FH 15
Waldorfschule und Anthroposophie
3. Aufl., 132 S., kt. DM 9,80
ISBN 3-926841-00-1

FH 16
Kulturvergiftung: Rauschgift, Sucht und Therapie
2. Aufl., 228 S., kt. DM 16,80
ISBN 3-926841-21-4

FH 17
Kulturvergiftung: Alkohol
2. Aufl., 160 S., kt. DM 16,80
ISBN 3-926841-34-6

FH 18
Biologisch-dynamische Landwirtschaft, Ökologie, Ernährung
2. Aufl., 184 S., kt. DM 19,80
ISBN 3-926841-03-6

FH 19
Musik
2. Aufl., 184 S., kt. DM 16,80
ISBN 3-926841-06-0

FH 20
Sexualität, Aids, Prostitution
2. Aufl., 170 S., kt. DM 14,80
ISBN 3-926841-09-5

FH 21
Aids
164 S., kt. DM 14,80
ISBN 3-926841-10-9

FH 22
Erkenntnis und Religion
Zum Verhältnis von Anthroposophischer Gesellschaft und Christengemeinschaft
132 S., kt. DM 14,80
ISBN 3-926841-13-3

FH 23
Engel
3. Aufl., 196 S., 9 farb. Abb., kt. DM 28,–
ISBN 3-926841-15-X

FH 24
Direkte Demokratie / 1789–1989
240 S., kt. DM 14,80
ISBN 3-926841-16-8

FH 25
Rechtsleben und soziale Zukunftsimpulse
Von der Dreigliederungsidee Rudolf Steiners zur Volksgesetzgebung
244 S., kt. DM 16,80
ISBN 3-926841-17-6

FH 26
Michael
Januskopf Bundesrepublik
184 S., 8 farb. Abb., kt. DM 16,80
ISBN 3-926841-22-2

FH 27
Strafprozeß, Strafvollzug, Resozialisierung
224 S., kt. DM 16,80
ISBN 3-926841-20-6

FH 28
Naturwissenschaft und Ethik
204 S., kt. DM 16,80
ISBN 3-926841-25-7

FH 29
Freie Schule
248 S., kt. DM 19,80
ISBN 3-926841-28-1

FH 30
Märchen
224 S., kt. DM 16,80
ISBN 3-926841-29-X

FH 31
Biographiearbeit
4. Aufl., 192 S., 7 farb. Abb., kt. DM 24,80
ISBN 3-926841-31-1

FH 32
Anthroposophen und Nationalsozialismus
168 S., kt. DM 16,80
ISBN 3-926841-32-X

FH 33
Destruktive Kulte, schwarze Magie, Sexualmagie
232 S., kt. DM 22,80
ISBN 3-926841-40-0

FH 34
Alte und neue Seelenfähigkeiten
192 S., kt. DM 19,80
ISBN 3-926841-41-9

FH 35
Die Christengemeinschaft heute
Anspruch und Wirklichkeit
212 S., kt. DM 19,80
ISBN 3-926841-42-7

FH 36
Schwangerschaftsabbruch
212 S., kt. DM 22,80
ISBN 3-926841-44-3

FH 37
Indianer
212 S., 6 farb. Abb., kt. DM 24,80
ISBN 3-926841-45-1

FH 38
Konfliktbewältigung
2. Aufl., 220 S., 10 farb. Abb., kt. DM 24,80
ISBN 3-926841-50-8

FH 39
Christus
184 S., 16 farb. Abb., kt. DM 24,80
ISBN 3-926841-51-6

FH 40
Ausländerhaß, Nationalismus, Rassismus
188 S., 13 farb. Abb., kt. DM 24,80
ISBN 3-926841-52-4

FH 41
Anthroposophie und Rassismus
212 S., kt. DM 24,80
ISBN 3-926841-54-0

FH 42
Sind wir noch zu retten?
Zerstörung oder Verwandlung der Erde?
224 S., 26 farb. Abb., kt. DM 24,80
ISBN 3-926841-56-7

FH 43
Gebet heute
168 S., kt. DM 24,80
ISBN 3-926841-57-5

FH 44
Scheidung – warum?
Partnerschaftsprobleme und ihre Bewältigung
2. Aufl., 228 S., 11 farb. Abb., kt. DM 28,–
ISBN 3-926841-59-1

FH 45
Hüter der Schwelle
Der Mensch am Abgrund
172 S., kt. DM 24,80
ISBN 3-926841-61-3

FH 46
Jugendideale
208 S., kt. DM 24,80
ISBN 3-926841-62-1

FH 47
Übungen zur Selbsterziehung
2. Aufl., 216 S., 16 farb. Abb., kt. DM 28,–
ISBN 3-926841-65-6

FH 48
Angst
188 S., 16 farb. Abb., kt. DM 24,80
ISBN 3-926841-66-4

FH 49
Depression
200 S., 8 farb. Abb., kt. DM 24,80
ISBN 3-926841-67-2

FH 50
Erziehung
188 S., 8 farb. Abb., kt. DM 24,80
ISBN 3-926841-68-0

FH 51
Nah-Todeserfahrungen
Rückkehr zum Leben
2. Aufl., 180 S., kt. DM 28,–
ISBN 3-926841-72-9

FH 52
Auferstehung
Von der Gegenwart Christi
168 S., 8 farb. Abb., kt. DM 26,–
ISBN 3-926841-73-7

FH 53
Gedächtnis und Erinnerung
184 S., kt. DM 26,–
ISBN 3-926841-74-5

FH 54
Ernährungsfragen
176 S., kt. DM 26,–
ISBN 3-926841-75-3

FH 55
Naturgeister
Vom Wirken der Elementarwesen
196 S., 16 farb. Abb., kt. DM 26,–
ISBN 3-926841-76-1

Siehe auch das Verzeichnis auf der vorangehenden Seite.